선동의 기록

: 대중은 어떻게 이용되어 왔는가?

선동의 기록
: 대중은 어떻게 이용되어 왔는가?

펴 낸 날 2026년 01월 22일

지 은 이 이주현, 이정열, 김영훈, 이제성, 박인성, 이승규, 안욱진, 이승민, 이재환
펴 낸 이 이기성
기획편집 최인용, 권희연, 이서은
표지디자인 최인용
책임마케팅 이수영, 김정훈
펴 낸 곳 도서출판 생각나눔
출판등록 제 2018-000288호
주 소 경기도 고양시 덕양구 청초로 66, 덕은리버워크 B동 1708호, 1709호
전 화 02-325-5100
팩 스 02-325-5101
홈페이지 www.생각나눔.kr
이 메 일 bookmain@think-book.com

• 책값은 표지 뒷면에 표기되어 있습니다.
ISBN 979-11-7048-964-1(03340)

"선동의 기록

: 대중은 어떻게 이용되어 왔는가?"

이주현 이정열 김영훈
이제성 박인성 이승규
안욱진 이승민 이재환

생각나눔

출간사

최근 신입 당원 교육의 일환으로 김덕영 감독님의 영화 「건국전쟁 2」을 당원분들과 함께 단체 관람한 적이 있습니다. 제주 4·3 사건을 깊이 있게 다룬 이 작품을 보면서, 우리 사회 곳곳에 퍼져 있는 가짜 뉴스와 왜곡된 서사들이 얼마나 쉽게 사실을 흐리고 갈등을 증폭시키는지 다시 한 번 절감했습니다. 이러한 문제의식을 바탕으로, 저는 역사와 사회를 바라보는 기준을 '사실' 위에 세우기 위해 이 책 『선동의 기록』을 준비하게 되었습니다.

이번 작업에는 우리 지역 내에 위치한 단국대학교의 정치외교학과 학생들이 함께했습니다. 특정 이념의 색을 덧입히지 않기 위해, 좌우의 경계에서 한 걸음 물러서 객관적인 자료와 검증할 수 있는 사실만을 토대로 기록하자는 원칙에 따라 공동 연구를 진행했습니다. 자료 수집부터 분석, 교차 검증까지 모든 과정이 치밀하게 이루어졌고, 학생들과의 협업은 놀라울 정도로 순조로웠습니다.

특히 이번 작업에서 청년들이 보여준 정확성, 균형감각 그리고 '사실을 존중하는 태도'는 매우 인상적이었습니다. 미래 세대를 이끌어갈 젊은 연구자들이 이러한 올바른 가치관과 비판적 사고를 실천하는 모습을 보며 큰 희망을 느꼈고, 그들의 노력과 성실함에 깊은 경의를 표합니다.

이 책 『선동의 기록』은 단순히 사건을 나열하는 데 그치지 않습니다. 우리 사회 곳곳에서 반복되는 왜곡, 선동 그리고 사실의 흐림을 어떻게 바로잡아야 하는지에 대한 문제의식을 담고 있습니다. 잘못된 정보가 넘쳐나는 시대일수록, 진실에 대한 끊임없는 질문과 검증이 더욱 중요합니다.

이 책이 독자 여러분께서 세상을 바라보고 판단하는 데 작은 기준점이 되기를 바랍니다. 그리고 우리 사회가 진실에 조금 더 가까워지는 데 보탬이 되길 희망합니다.

국민의힘 용인시정 당협위원장

프롤로그

2008년 5월, 서울 광화문 광장을 메운 수만 명의 촛불이 있었다. 미국산 쇠고기 수입을 둘러싼 우려가 거대한 민심의 파도로 변모한 현장이었다. 그 뜨거운 현장에서 시민들은 30개월 이상 소고기 수입에 대한 우려를 표출했고, 정부의 일방적인 협상에 대한 분노를 쏟아냈다. 시간이 흐른 뒤 되돌아보면, 당시 시민들의 요구가 결국 "미국은 한국에 30개월령이 안 된 소에서 나온 쇠고기만 수출해야 한다."라는 합의로 이어졌다는 점에서 일정한 성과를 거둔 시민 참여의 사례로 평가되기도 한다.

그러나 동시에 이 사건은 정보의 왜곡과 과장이 어떻게 집단적 감정을 증폭시킬 수 있는지를 보여준 대표적 사례이기도 했다. 당시 인터넷에서 많은 가짜뉴스가 확산한 건 사실이었고, 과학적 근거보다는 막연한 불안감이 여론을 주도하는 양상을 보였다. 광우병에 대한 과도한 공포와 반미 감정이 뒤섞이면서 합리적 토론보다는 감정적 대립이 사회 전체를 지배했던 것이다.

이것이 바로 '선동'의 복합적 얼굴이다. 정당한 시민 참여와 비합리적 집단행동 사이의 미묘한 경계선에서, 진실과 거짓이 뒤엉키고 이성과 감정이 충돌하는 현상. 우리 시대는 정보의 홍수 속에서 살아가고 있지만, 역설적으로 그 많은 정보가 오히려 진실을 가리는 장막이 되고 있다. 실시간으로 쏟아지는 소식과 의견의 파도 속에서, 우리는 때로 이성적 판단이 아닌 감정의 격랑에 휩쓸리는 경험을 반복하고 있다.

선동은 인간의 역사와 함께 시작되었다. 고대 그리스의 아테네에서 데마고그(demagogue)들이 민중의 감정을 자극해 정치적 이익을 추구했고, 로마의 정치가들은 원로원에서 웅변술로 민심을 사로잡았다. 중세의 종교 지도자들은 십자군 전쟁을 선동했으며, 근대의 혁명가들은 민중을 혁명의 대열로 이끌어왔다.

선동은 본질적으로 양면적 성격을 지닌다. 마틴 루터 킹 주니어의 "I Have a Dream." 연설이나 넬슨 만델라의 반 아파르트헤이트 투쟁처럼, 정의로운 대의를 위해 민중의 마음을 움직이는 긍정적 힘으로 작용하기도 한다. 이들의 메시지는 억압받는 자들에게 희망을 주고 사회 변화의 동력이 되었다.

그러나 역사 속 대부분의 선동은 그와는 정반대의 모습으로 발현되었다. 히틀러가 독일 국민의 경제적 불안과 민족적 자존심을 교묘히 이용해 홀로코스트라는 인류 최악의 비극을 만들어냈고, 마오쩌둥이 문화대혁명이라는 미명 하에 중국 사회를 혼란과 파괴의 소용돌이로 몰아넣었다. 이들의 선동은 단순한 정치적 수사를 넘어서 수백만 명의 생명을 앗아간 거대한 재앙이 되었다.

특히 대한민국의 근현대사는 수많은 '선동'의 격랑을 겪어왔다. 일제강점기와 해방 공간, 한국전쟁과 분단 고착화, 군사정권 시대와 민주화 과정 그리고 현재의 민주화 이후 시대까지, 시대마다 서로 다른 형태의 선동이 우리 사회를 뒤흔들었다. 그리고 역설적으로 시간이 흐른 뒤에야 그것이 '선동'이었음을 깨닫는 경우가 많았지만, 우리는 이내 그 쓰라린 경험을 잊고 비슷한 실수를 반복하는 경향을 보였다.

민주주의 사회에서 주권자인 국민은 합리적 판단을 통해 올바른 선택할 권리와 의무를 지닌다. 이는 민주주의의 가장 기본적인 전제다. 그런데 과연 우리는 왜 자신의 고귀한 '자유'를 선택할 '자유'를 놓치고 마는가? 이 질문은 단순해 보이지만 그 답은 절대 단순하지 않다.

심리학적 관점에서 보면, 인간의 뇌는 복잡한 정보를 처리할 때 인지적 편향과 휴리스틱(간편추론법)에 의존하는 경향이 있다. 확증편향, 가용성 편향, 집단사고 등의 심리적 메커니즘은 우리가 객관적 사실보다는 기존 믿음이나 감정에 부합하는 정보를 선택적으로 수용하도록 만든다. 특히 불확실한 상황에서 이러한 편향은 더욱 강화된다.

여기에 사회적 요인이 더해진다. 소셜미디어와 디지털 플랫폼의 발달로 인해 정보의 확산 속도는 전례 없이 빨라졌지만, 동시에 '필터 버블'과 '에코 챔버' 현상이 심화되었다. 우리는 자신과 비슷한 생각을 하는 사람들과만 소통하고, 자신의 기존 믿음을 강화하는 정보만을 접하게 되는 폐쇄적 정보 환경에 갇히게 되었다. 이러한 환경에서 선동은 더욱 효과적으로 작동한다.

이러한 현상은 단순히 개인의 선택 오류에 그치지 않는다. 민주주의의 성숙을 가로막고, 사회적 불신을 심화시키며, 결국 공동체의 안정과 발전을 저해하는 구조적 문제로 발전한다. 프랜시스 베이컨이 "이성이 없는 열정은 화산과 같아서 때로는 아름다운 빛을 발하지만, 결국은 파괴만을 남긴다."라고 경고했던 것처럼, 맹목적인 열정은 결국 모두에게 비극적인 결과를 가져올 뿐이다.

21세기 디지털 혁명은 선동의 양상을 근본적으로 바꾸어놓았다. 과거 선동이 주로 대중매체나 대중집회를 통해 이루어졌다면, 이제는 소셜미디어, 유튜브, 각종 온라인 플랫폼을 통해 실시간으로, 개인화되어, 더욱 정교하게 이루어진다. 알고리즘이 개인의 관심사와 성향을 분석하여 맞춤형 정보를 제공하고, 딥페이크와 같은 기술이 진실과 거짓의 경계를 더욱 모호하게 만든다.

특히 한국은 세계에서 가장 높은 인터넷 보급률과 스마트폰 사용률을 자랑하는 디지털 선진국이다. 하지만 이러한 기술적 앞선 환경이 오히려 선동에 더욱 취약한 사회 구조를 만들어내고 있다는 역설적 상황에 직면해 있다. 빠른 정보 확산은 검증되지 않은 정보의 급속한 전파를 의미하기도 하며, 개인화된 미디어 소비는 편향된 정보 환경을 고착화시킬 위험을 내포한다.

이 책은 단순히 선동의 역사를 나열하거나 문제점을 지적하는 데 그치지 않는다. 먼저 해외의 극단적인 선동 사례들을 통해 선동의 보편적 패턴을 이해할 것이다. 나치 독일의 괴벨스가 구축한 정교한 선전 체계와 중국 문화대혁명 시기 홍위병들의 광기를 면밀히 분석하여, 선동이 가져올 수 있는 최악의 결과를 보여주는 반면교사로 삼을 것이다.

이어서 대한민국 현대사 속에서 발생했던 주요 선동 사례들을 객관적 사실에 기반하여 재검토할 예정이다. 제주 4.3 사건에서의 이데올로기적 선동, 경부고속국도 건설을 둘러싼 정책 갈등, 미선·효순 사건에서의 반미 감정 조작, 각종 대선후보 병역 의혹들, 사드 배치 과정에서의 전자파 위험성 과장, 천안함 폭침을 둘러싼 음모론 그리고 후쿠시마 오염수 방류 논란에 이르기까지 다양한 사례를 심층 분석한다.

개인 차원에서는 합리적 판단력을 함양하고 비판적 사고를 훈련하는 구체적인 방법들을 제시한다. 정보 리터러시 교육의 중요성, 다양한 관점의 정보를 능동적으로 탐색하는 습관, 감정적 반응과 이성적 판단을 구분하는 연습 등 실용적인 가이드 라인을 제공할 예정이다.

사회 차원에서는 건전한 정보 생태계를 구축하고 올바른 공론의 장을 형성하는 방안에 대해 깊이 있게 논의한다. 언론의 책임과 역할, 교육제도의 개선 방향, 플랫폼 기업들의 사회적 책무 그리고 정부와 시민 사회의 협력 방안 등을 종합적으로 검토할 것이다.

베이컨이 "지식은 힘이다(Knowledge is Power)."라고 했듯이, 무지가 선동의 가장 좋은 먹이가 될 때 지성은 가장 강력한 무기가 된다. 하지만 여기서 말하는 지식은 단순한 정보의 축적이 아니라, 비판적 사고력과 판단력을 바탕으로 한 진정한 지혜를 의미한다. 볼테르가 남긴 "나는 당신의 의견에 동의하지 않지만, 당신이 그것을 말할 권리를 위해 목숨을 바칠 것이다."라는 관용과 다원주의의 정신이야말로 참된 지식인이 갖춰야 할 자세이다.

이 책을 통해 독자들은 선동의 정교한 메커니즘을 이해하고, 군중심리의 복잡한 역동성을 파악하며, 스스로가 맹목적인 군중의 일부가 아닌 독립적인 이성적 판단 주체가 될 힘을 기를 수 있을 것이다. 복잡하고 때로는 혼탁한 정보의 바닷속에서 올바른 나침반을 찾고, 더 나아가 건강한 민주사회를 만들어 나가는 데 이바지할 수 있는 지혜를 얻길 희망한다.

이 책의 여정은 세 단계로 나누어진다. 먼저 선동의 주체, 이유, 방법 등에 대한 기본 구조를 파악한다. 다음으로 국내외의 대표적인 선동 사례들을 심층 분석하여 그 패턴과 특징을 이해한다. 마지막으로 우리가 선동으로부터 보호받고 올바른 판단하는 데 필요한 실질적인 대안을 모색한다.

독자 여러분 각자의 고귀한 '자유'와 '선택할 자유'를 쟁취하기 위하여, 이 책이 작지만 의미 있는 길잡이가 될 것이다. 우리는 선동과 조작이 난무하는 혼란의 시대를 넘어서, 진실과 이성이 승리하는 참된 민주주의의 길로 나아가야 한다. 그 여정에서 이 책이 여러분의 든든한 동반자가 되기를 진심으로 바란다.

이정열 김영훈

이제성 박인성

이승민

차 례

I. 선동의 주체, 이유, 방식

이재환(단국대 정치외교학과 23학번)

1. 선동의 본질을 이해하다

현대 민주주의 사회는 정보의 홍수 속에 살고 있다. 하지만 정보가 많다고 해서 진실이 많아지는 것은 아니다. 오히려 거짓과 과장이 넘쳐나며, 대중은 점점 더 진실을 구별하기 어려워진다. 그 중심에 있는 것이 바로 '선동'이다. 선동은 민주주의의 토대를 잠식하며, 정치적 합리성을 감정적 동조로 대체한다.

정치학자 해럴드 라스웰은 선동을 "상징을 통해 집단적 태도를 조작하는 것."이라 정의했다. 이 정의는 단순한 언어유희를 넘어, 현대 사회에서 '감정이 어떻게 정치적 무기로 전환되는가.'를 보여준다. 설득이 논리와 사실을 기반으로 한다면, 선동은 감정과 불안을 기반으로 작동한다.

정치학자 양무진은 나치 독일, 중국, 북한의 사례를 통해 선동의 본질이 단순한 정보 왜곡이 아니라 '정치적 감정의 산업화.'라고 분석한다. 즉 선동은 체계적으로 분노, 공포, 증오, 희망을 제조하여 대중의 감정을 정치자원으로 전환한다. 나치의 괴벨스가 "거짓말을 반복하면 진실이 된다."라고 했듯, 감정의 반복은 이성의 마비로 이어진다.

오늘날 민주주의 사회에서도 이 구조는 변하지 않았다. 단지 기술이 더 정교해졌을 뿐이다. 인공지능, 빅데이터, SNS 플랫폼은 개인의 심리와 취향을 정밀하게 분석해, 가장 자극적이고 선동적인 메시지를 맞춤형으로 노출한다. 과거 괴벨스의 라디오 연설이 대중을 움직였다면, 이제는 알고리즘이 그 역할을 대신한다.

언론학자이자 이화여대 교수인 김영욱은 현대의 보수 정치 세력과 언론의 관계를 분석하며, 선전이 단순히 거짓을 퍼뜨리는 것이 아니라 '해석의 방향'을 통제하는 것이라고 설명한다. 즉, 언론을 통해 특정 이슈를 강조하고 다른 이슈를 묻음으로써 대중의 인식을 재구성한다는 것이다. 이는 라스웰이 말한 '상징의 조작'이 미디어 체계를 통해 제도화된 형태라 할 수 있다.

이처럼 선동은 단순한 거짓말이 아니다. 그것은 권력, 기술, 감정, 미디어가 결합한 복합적 조작 행위이며, 민주주의 사회의 모든 영역을 위협한다.

2. 선동의 주체들

1) 권력의 언어로서의 선동

정치권은 선동의 가장 오래되고 강력한 주체이다. 권력은 단순히 '획득'되는 것이 아니라, 대중의 신념 속에 '정당화'되어야 유지된다. 이때 선동은 그 정당화의 언어로 기능한다.

양무진은 나치 독일에서의 괴벨스, 중국 문화대혁명기의 마오쩌둥, 북한의 김일성 체제를 비교하며, "지도자는 감정의 중심이며, 선동은 신앙의 언어로 기능한다."라고 지적했다. 지도자는 감정적 신뢰를 통해 합리적 비판을 무력화하고, 대중은 '자발적으로 복종'하게 된다.

이러한 현상은 전체주의만의 문제가 아니다. 김영욱은 한국의 보수 정치 세력이 1990~2000년대 '잃어버린 10년' 담론을 통해 국민의 불안과 위기의식을 조작했다고 지적한다. '안보 불안', '경제 몰락', '좌파 정권' 같은 단어들은 객관적 사실이 아니라 정치적 감정의 기호로 사용되었다. 언론은 이를 반복 보도하며, 보수 진영의 '국가 구원' 이미지를 강화했다.

이런 선전 전략은 민주주의 사회에서도 '합법적 선동'으로 포장된다. 표면적으로는 자유로운 언론 활동과 정당 경쟁이지만, 그 이면에는 감정의 조작과 적대의 확산이 있다. 문제는 이러한 선동이 시간이 갈수록 점점 '팬덤 정치(fandom politics)'로 변질된다는 점이다.

최근 한국 정치에서 나타나는 팬덤 정치는 정치 지도자나 정당에 대한 합리적 지지라기보다, 감정적 충성과 집단 동일시에 기반한다. 정당 지도자는 거의 '상징적 인물'로 신격화되고, 비판은 배신으로 간주한다. SNS를 중심으로 형성된 온라인 당원 커뮤니티는 '비판 금지 문화'를 강화하며, 당 내부에서도 이견이 봉쇄된다.

이는 정치의 이성적 토론 공간을 감정의 전장으로 만든다. 진영 간의 합리적 비판이 사라지고, '우리 편 vs 저쪽'이라는 구도가 절대화된다. 양극화는 심화되고, 정치적 타협은 불가능해진다. 즉, 선동이 민주주의의 필수 조건인 '숙의'를 파괴하는 것이다.

정치권은 이러한 팬덤적 동원을 적극 활용한다. 온라인 후원, 당원 투표, 집회 동원 등이 '정치적 선동의 민주화'로 포장된다. 하지만 이는 실제로는 대중의 자발성을 가장한 감정의 정치화이며, 지도자의 권력을 공고히 하는 수단이다.

결국 선동은 민주주의의 언어를 빌려 민주주의를 해체하는 모순을 드러낸다. 자유와 참여를 내세우지만, 그 결과는 감정의 독점과 비판의 침묵이다.

2) 이익집단

현대 사회에서 이익집단은 또 다른 형태의 선동 주체다. 담배회사가 "흡연의 위험은 확실하지 않다."라고 주장하며 과학을 왜곡했던 사례, 석유 기업이 "기후변화는 자연현상."이라며 의심을 조장한 사례는 모두 자본의 선동이다.

이들은 '전문가'의 권위를 이용해 정보의 신뢰를 조작하고, 경제적 이익을 정치적 여론으로 전환시킨다. 양무진이 말한 '권력 유지의 언어적 기술'은 자본주의 사회에서 '이윤 유지의 기술'로 바뀌었다.

김영욱은 이를 '비정치적 정치화'라 부른다. 기업 광고나 산업 캠페인은 정치와 무관한 듯하지만, 실상은 특정 이념과 정책 방향을 은밀히 강화한다. '경제 성장'이라는 가치 뒤에는 '노동 유연화'나 '규제 완화' 같은 정치적 아젠다가 숨어 있다. 대중은 이를 의식하지 못한 채 감정적으로 동조하게 된다.

결국, 현대 사회의 선동은 단지 정부나 정당의 전유물이 아니다. 언론, 기업, 여론조사 기관, 심지어 개인화된 플랫폼이 모두 '선동의 네트워크'를 구성한다.

3) 미디어

언론은 본래 민주주의의 수호자여야 한다. 그러나 김영욱은 한국 언론이 종종 '정치권력의 이데올로기적 파트너'로 기능해 왔다고 지적한다. 신문과 방송이 특정 정파의 메시지를 '사실'처럼 포장하면서, 대중은 객관적 판단 대신 감정적 반응을 하게 된다.

대표적인 수법이 '프레이밍'이다. 정치인의 발언이나 사건을 특정 각도에서 반복 노출하면, 사실보다 해석이 진실이 된다. 예컨

대 '법과 질서', '애국심', '공정' 같은 단어들은 중립적 가치로 들리지만, 실제로는 특정 정파의 이념을 강화하는 감정적 코드로 작동한다.

SNS의 확산은 이 선동 구조를 완전히 바꾸어놓았다. 이제 미디어는 중앙집중적 선전이 아니라, '분산된 감정의 네트워크' 속에서 작동한다. 유튜브, 트위터, 페이스북, 카카오톡 오픈채팅방은 각기 다른 진영의 정보 생태계를 만들어냈다.

팬덤 정치의 근저에는 바로 이 미디어 구조가 있다. 특정 정치인의 팬페이지, 유튜브 채널, 팬카페는 단순한 지지 모임이 아니라 '감정공동체'로 기능한다. 이들은 상징적 언어(OO는 정의다, OO를 지켜라)를 반복하며 집단 정체성을 강화하고, 다른 의견을 배제한다. 결국 '정보의 다양성'이 '신념의 독점'으로 바뀐다.

양무진이 지적한 것처럼, "전체주의 선동은 감시와 폭력으로 유지되었지만, 민주주의의 선동은 자발성과 신념으로 강화된다." 팬덤 정치는 바로 이러한 '자발적 복종'의 현대적 형태다.

4) 개인 선동가 — 감정의 인플루언서들

과거 선동의 중심이 지도자였다면, 오늘날에는 수많은 개인 선동가가 존재한다. 유튜버, 인플루언서, 온라인 방송인, 심지어 일반 시민들까지 정치적 메시지를 생산하고 전파한다.

이들은 "나는 진실을 말한다."라는 태도로 권위를 대체하며, 기존 언론보다 더 큰 영향력을 갖는다. 하지만 그들의 '진실'은 대부분 감정의 언어로 포장된다. 분노, 배신감, 애국심 같은 감정이 정치적 담론을 대체한다.

김영욱은 "현대 정치에서 카리스마는 더 이상 연설의 힘이 아니라 미디어 노출의 빈도에서 나온다."라고 지적했다. 대중은 더 이상 '지도자'에게 선동당하지 않는다. 대신 '좋아요'와 '공유'를 통해 스스로 선동에 참여한다.

이러한 개인 선동가는 팬덤 정치의 확산에 핵심적 역할을 한다. 온라인 방송인들은 '당의 목소리'보다 '팬의 감정'을 대변하며, 당 내부 갈등을 '배신'과 '충성'의 문제로 단순화한다. 그 결과 정당은 이성적 토론의 공간이 아니라 감정의 전쟁터로 변한다.

5) 정치권과 팬덤의 결합

결국 오늘날의 선동은 '정당–미디어–팬덤'의 삼각 구조 속에서 제도화되고 있다. 정치인은 팬덤의 감정을 자원으로 활용하고, 미디어는 그 감정을 콘텐츠로 상품화하며, 팬덤은 정치인의 정당성을 '신앙화'한다.

양무진은 "선전은 신앙을, 신앙은 복종을 낳는다."라고 했다. 민주주의에서 이 신앙의 대상이 '지도자'가 아니라 '정당'이나 '팬덤'이 되었다는 점이 오늘날의 차이일 뿐이다.

팬덤 정치는 민주주의의 핵심 원리인 '숙의'와 '비판적 시민성'을 약화시킨다. 당내 토론 대신 '지도자 찬양'이, 정책 검토 대신 '감정적 결속'이 우선된다. 이러한 구조가 지속될수록 정치적 양극화는 심화되고, 서로 다른 진영은 더 이상 '토론할 상대'가 아니라 '적'으로 인식된다.

결국 선동은 더 이상 일방적 조작이 아니다. 그것은 시민이 '스스로' 참여하고, 공유하고, 확산시키는 상호적 감정 체계다. 민수수의 사회에서 선동이 효과적인 이유는 바로 이 '참여의 착각' 때문이다. 대중은 스스로 정치적 주체라고 느끼지만, 실제로는 감정의 구조 속에 갇혀 있다.

3. 선동의 동기

권력은 언제나 선동의 중심 동기였다. 그러나 단순한 권력 욕망을 넘어, 오늘날의 정치 선동은 '감정 자원의 통제'를 핵심 전략으로 삼는다. 대중의 분노, 불안, 자부심, 피해의식이 권력의 주요 연료가 되는 것이다.

양무진은 전체주의 체제의 선동을 분석하면서, 나치 독일과 북한이 "두려움과 영웅 숭배를 교차적으로 활용해 감정적 충성을 제도화했다."라고 설명한다. 두려움은 복종을, 영웅은 헌신을 낳았다. 지도자는 공포와 희망의 이중적 상징이 되어, 대중은 비판 대신 신앙을 선택했다.

이 논리는 민주주의에서도 동일하게 작동한다. 김영욱은 보수 정치 세력이 언론을 매개로 '국가 위기' 담론을 반복하며 대중의 불안심리를 자극했다고 지적했다. "나라가 무너진다", "이념 전쟁이 시작됐다."라는 메시지는 불안과 분노를 동시에 자극하며, 정치적 선택을 감정적 반응으로 전환시켰다.

이처럼 선동의 본질은 '권력 유지의 감정 관리'다. 현대 민주주의에서 정치권력은 표의 총합으로 정당화되지만, 표의 형성 과정은 감정에 의해 좌우된다. 선동은 표면적으로는 대중의 의사를 존중하는 민주적 참여처럼 보이지만, 실제로는 감정의 흐름을 조작하여 합리적 판단을 마비시킨다.

한국 정치의 팬덤 구조는 이러한 감정 정치의 정점이다. 당 지도자가 특정 진영의 '감정적 상징'으로 자리 잡으면, 그는 더 이상 비판의 대상이 아니라 신념의 대상이 된다. 선거는 정책 경쟁이 아니라 감정 충돌의 장이 되고, 대중은 논리보다 소속감으로 투표한다.

결국 권력의 유지란 감정의 관리이며, 선동은 그 관리 기술이다. 그리고 그 감정의 체계화가 바로 오늘날 민주주의의 위기를 낳는다.

또한 경제적 이익을 위한 선동은 정치보다 은밀하지만, 그 파급력은 결코 작지 않다. 담배 산업, 석유 기업, 제약회사, 금융기관은 모두 '과학'과 '전문가'라는 가면을 썼다.

김영욱은 언론이 자본의 이해관계와 결합할 때, 선전은 '정치적 진실의 변형'을 넘어 '경제적 현실의 조작'으로 확장된다고 분석한다. 즉, 언론은 공공의 감시자이자 동시에 자본의 홍보자 역할을 수행한다.

기후변화 부정, 백신 음모론, 오피오이드 위기, 서브프라임 금융

사기 등은 모두 정보의 왜곡을 통한 경제적 선동이다. 이들은 대중의 '두려움'과 '편안함'을 교묘히 오가며, 이윤을 극대화했다. 담배 회사의 "흡연은 자유의 상징."이라는 선동은 단순한 광고가 아니라 '가치의 전도'였다.

양무신이 발한 '권력의 언어적 기술'은 자본주의 사회에서는 '이윤의 심리적 기술'로 변형된다. 경제적 선동은 개인의 욕망을 조작하고, 소비를 정치적 행위처럼 착각하게 만든다. '애국 소비', '국산품 애용', '경제 성장 신화' 같은 구호는 경제적 선택을 국가적 의무로 포장하는 정치적 선동의 변형된 형태다.

이데올로기 선동은 특정 가치관을 사회에 '감정적으로 각인'시키는 과정이다. 양무진은 중국 문화대혁명을 분석하며, "이념은 학습이 아니라 체험으로 주입되었다."라고 했다. 대중은 마오의 '어록'을 암기하는 것이 아니라, 집단적 광신을 '체험'함으로써 사상을 내면화했다.

한국 사회 역시 이러한 감정적 이념화를 겪고 있다. 정치적 진영이 '애국', '민주', '공정', '자유' 같은 단어를 서로 독점하려 하면서, 언어는 합리적 의미를 잃고 감정적 신호로 변한다. 김영욱의 표현대로 "선전은 언어의 탈정치화와 동시에 과잉정치화를 낳는다."

팬덤 정치의 담론에서도 이데올로기적 감정이 심화되고 있다. "우리 지도자는 희생자다", "저쪽은 악마다."라는 감정적 구도가 형성되면, 이념은 사실상 종교적 신념으로 기능한다. 이러한 구조 속에서는 정책 논쟁이 불가능하고, 민주주의의 합리적 대화 공간은 붕괴한다.

선동이 지속되는 이유는 단지 권력의 의도 때문만이 아니다. 그것은 인간의 심리적 욕구를 충족시키기 때문이다.

양무진은 "선전의 성공은 공포가 아니라 확신에서 나온다."라고 했다. 대중은 불확실한 세계에서 확신을 갈망하며, 선동은 그 확신을 제공한다. "우리만이 옳다", "이 길만이 정답이다."라는 단순한 명제는 불안한 현실을 안정된 질서로 바꾸어 준다.

현대 한국의 팬덤 정치 역시 이러한 확신의 욕구를 충족시킨다. 복잡한 정책보다 명료한 구호, 불안한 현실보다 강렬한 동일시가 사람들을 끌어당긴다. "우리 편은 결코 틀리지 않는다."라는 신념은 집단의 결속을 강화하지만, 동시에 타인을 배제하고 혐오를 확산시킨다.

결국 선동은 인간의 심리적 피로를 덜어주는 '인지적 마취제'다. 복잡한 사회를 단순화하고, 불확실한 세계를 선악 구도로 정리함으로써, 사람들은 안도감을 얻는다. 그러나 이 안도감은 비판적 사고의 대가로 얻어진 것이다.

4. 선동의 기법을 해부하다

단순화는 선동의 출발점이다. 나치 독일이 '민족 공동체'를 내세우며 계급 갈등을 감춘 것처럼, 현대의 정치 슬로건은 복잡한 현실을 단순한 감정으로 압축한다.

김영욱은 언론과 정당이 협력해 "감정적 어휘를 반복 노출함으로써 인식의 왜곡을 제도화한다."라고 분석했다. '공정', '안보', '서민', '자유' 같은 단어는 사실상 모든 진영이 사용하지만, 각기 다른 의미로 감정화되어 대립을 강화한다.

현대의 팬덤 정치에서도 이러한 슬로건은 '정체성의 언어'가 된다. "우리가 곧 정의다", "리더를 지켜라", "진짜 보수", "진짜 신보." 같은 문장은 정보가 아니라 감정의 표지다. 반복될수록 진실처럼 느껴지고, 비판은 불가능해진다.

선동의 본질은 감정의 조작이다. 양무진은 북한의 체제 선전에서 '공포와 자부심의 이중구조'를 분석했다. 김일성 체제는 외부의 적을 강조해 공포를 조성하고, 동시에 내부의 충성을 자랑스럽게 만들었다. 두 감정이 교차할 때 체제는 가장 강력해졌다.

이 메커니즘은 현대 민주주의에도 그대로 적용된다. 한국 정치의 경우, 진보·보수 양 진영은 서로를 '국가의 위협'으로 규정하며 공포와 분노를 동원한다. "이대로 가면 나라가 망한다", "저들은 대한민국을 무너뜨릴 세력."이라는 담론은 공포를 동원한 감정 정치의 전형이다.

김영욱은 이를 '분노의 프레이밍'이라 부른다. 언론과 정치권이 분노를 상품화하고, 여론조사와 클릭 수로 감정의 강도를 측정하며, 이를 다시 정치적 전략으로 환원한다. 선동은 이처럼 '정치적 감정 산업'의 구조 속에서 순환한다.

현대의 선동은 진실을 부정하기보다, 진실을 넘어서 '다른 현실'을 만든다.

양무진은 중국 문화대혁명과 북한 체제를 비교하며, "선전의 목적은 현실을 은폐하는 것이 아니라, 대체 현실을 창조하는 것."이라고 했다. 현실이 아니라 '신화'를 믿게 하는 것이다.

김영욱은 언론이 특정 이슈를 과잉 보도하거나 왜곡함으로써 "정치적 신화를 현실처럼 느끼게 하는 효과."를 지적했다. '잃어버린 10년', '경제 회복의 골든타임', '적폐 청산' 같은 프레임은 사실의 문제가 아니라 감정의 동원구조다.

SNS 시대의 허위 정보는 더욱 정교하다. 알고리즘은 자극적인 내용만을 증폭시키고, 팬덤 내에서는 '우리만의 진실'이 생성된다. 팬덤 정치의 핵심은 바로 이 '대체 현실의 생산'이다. 각 진영은 자신만의 유튜버, 커뮤니티, 언론을 통해 완전히 다른 세계를 경험한다. 진실이 파편화될수록, 대중은 '진실보다 편한 믿음'을 택한다.

김영욱은 "현대 언론은 전문가를 동원해 감정의 논리를 합리화한다."라고 했다. 즉, 선동은 더 이상 '거짓'이 아니라 '포장된 사실'의 형태를 띤다.

팬덤 정치에서도 이런 구조가 반복된다. 특정 정치인의 발언은 언제나 '전문가의 해석'을 동반하며, 반대 의견은 '비전문적', '비애국적'으로 배제된다. 선동의 권위화가 이루어지는 것이다.

양무진이 지적한 '지도자 숭배와 신앙화'는 현대 민주주의에서

'전문가 숭배' 혹은 '유튜브 전문가 의존'으로 대체되었다. 진짜 지식은 사라지고, 믿음이 지식의 자리를 차지한다.

∴ 침묵의 나선

엘리자베트 노엘레-노이만의 '침묵의 나선' 이론은 선동의 사회적 기반을 설명한다. 사람들은 다수 의견에 동조하려는 경향이 있고, 소수의견을 표현하는 것을 두려워한다.

김영욱은 한국 언론이 정치적 다수 의견을 반복 노출함으로써, "비판적 소수의 침묵을 구조화한다."라고 비판했다. 팬덤 정치에서도 이 구조는 뚜렷하다. 특정 정치인에 대한 비판은 '배신', '적 진영 협력'으로 낙인찍히며, 당 내부의 이견은 온라인 린치로 제거된다.

이로써 민주주의의 근본인 '다양성'은 감정의 획일성 속에 묻히고, 여론은 하나의 목소리로 위장된다.

∴ 디지털 시대의 선동 — 알고리즘과 감정의 공모

21세기의 선동은 인간의 감정뿐 아니라 기술의 알고리즘과 결합했다.

양무진이 말한 '체계적 감정 조작의 자동화'는 오늘날 인공지능을 통해 완벽히 실현되었다. 페이스북의 마이크로 타겟팅, 유튜브의 추천 알고리즘, 트위터의 자동 계정은 모두 감정의 흐름을 조절하는 기술적 장치다.

김영욱은 "정보의 통제권이 국가에서 플랫폼으로 이전되었다."라고 분석했다. 선전의 주체는 더 이상 정부가 아니라, 클릭과 데이터를 통제하는 기업이다. 그러나 정치권은 다시 이 구조를 역이용해, 온라인 팬덤을 통해 여론을 '사유화'한다.

정치인들은 데이터를 기반으로 '감정 세분화'를 실천한다. 분노형 지지자에게는 자극적 언어를, 불안형에게는 위기 담론을, 소외형에게는 구원 서사를 제공한다. 이렇게 감정은 완벽히 시장화된다.

5. 선동을 이해하는 것: 민주주의를 지키는 첫걸음

선동은 더 이상 전체주의 체제의 도구가 아니다. 그것은 민주주의의 언어로, 자유의 이름으로, 참여의 형식으로 우리 안에 스며들어 있다.

김영욱은 "선전은 민주주의를 부정하지 않는다. 오히려 그 언어를 빌려서 민주주의를 왜곡한다."라고 했다. 투표, 여론조사, 언론 보도, 팬덤 커뮤니티. 즉, 이 모든 것이 '자유로운 시민참여'처럼 보이지만, 실제로는 감정의 회로에 갇힌 집단 동조다.

양무진은 "선동의 역사는 인간 불안의 역사."라 했다. 불안이 클수록 확신이 강해지고, 확신이 강해질수록 선동은 성공한다. 한국 사회의 정치적 양극화는 바로 이 구조를 반영한다. 팬덤 정치는 정치 참여의 새로운 형태처럼 보이지만, 사실상 감정적 복종의 재현이다.

민주주의를 지키는 데 필요한 것은 기술적 규제보다 시민적 성찰이다. 비판적 사고, 언론 교육, 정보 리터러시, 토론 문화가 선동의 해독제다.

정치권은 감정의 전쟁을 멈추고, 이성의 언어를 회복해야 한다. 언론은 클릭 경쟁을 넘어 진실의 책임을 져야 하며, 시민은 '편한 확신'보다 '불편한 진실'을 선택할 용기를 가져야 한다.

선동은 인간의 본능을 이용하지만, 민주주의는 인간의 이성을 믿는다.

따라서 선동을 이해한다는 것은, 결국 인간의 이성과 자유를 회복하는 일이다.

참고문헌

1. 김영욱. (2011). 「선전, 보수세력 그리고 언론」 한국언론학회보, 55(6), 87115.
2. 양무진. (2011). 「선전선동 사례연구: 나치독일, 중국, 북한」 통일정책연구, 20(1), 4579.
3. 하버마스, J. (1990). 「공론장의 구조변동」 (홍성민 역). 나남.
4. 노엘레-노이만, E. (1984). 「침묵의 나선: 여론과 사회적 통제」 시카고 대학 출판부.
5. Castells, M. (2012). 「Networks of Outrage and Hope: Social Movements in the Internet Age」 Polity Press.

II. 나치 선동의 실체

〈역사상 가장 큰 비극의 시작〉

안욱진(단국대 정치외교학과 21학번)

◆ 인류 역사상 가장 치밀한 대중 조작의 교훈

1933년 1월 30일, 독일 베를린의 브란덴부르크 문 앞에 모인 군중들은 횃불을 들고 열광하며 새로운 지도자를 환영했다. 그들이 환영한 인물은 아돌프 히틀러였고, 이날은 인류 역사상 가장 체계적이고 파괴적인 선동의 시작을 알리는 날이었다.

당시 독일인들은 자신들이 어떤 선택을 했는지 알지 못했다. 그들은 단지 혼란스러운 현실에서 벗어나 다시 한 번 위대한 독일을 건설하겠다는 약속에 희망을 걸었을 뿐이었다. 하지만 12년 후, 1945년 베를린이 폐허가 되었을 때, 그들은 선동이라는 악마적 기술이 얼마나 무서운 파괴력을 지니고 있는지 뼈저리게 깨달아야 했다.

나치의 선동은 단순한 정치적 수사에 머물지 않았다. 그것은 인간의 심리적 약점을 과학적으로 분석하고 체계적으로 활용한 정교한 조작 시스템이었다. 이들은 인간의 인지적 편향과 대중·사회심리학의 원리들을 악용하여 한 나라의 국민 전체를 광기로 이끌어 갔다. 그 결과는 제2차 세계대전과 홀로코스트라는 인류 최악의 비극으로 나타났다.

21세기를 살아가는 우리에게 나치의 선동은 단순한 역사적 사실이 아니다. 소셜미디어와 인공지능 기술이 발달한 오늘날, 선동의 기술은 더욱 정교해지고 은밀해졌다. 가짜뉴스, 확증편향을 조장하는 알고리즘, 개인 맞춤형 정치 광고 등은 나치 시대의 선동 기법을 디지털화한 것에 불과하다.

따라서 나치 선동의 메커니즘을 이해하는 것은 현대를 살아가는 우리에게 필수적인 지적 면역력을 제공한다. 이 글은 심리학적 관점에서 나치 선동이 어떻게 작동했는지, 왜 그토록 효과적이었는지 그리고 그 결과가 얼마나 참혹했는지를 면밀히 분석한다.

◆ 나치 등장의 요인들

∴ 패전의 상처, 집단적 굴욕감의 탄생

제1차 세계대전 패전은 독일인들에게 단순한 군사적 패배 그 이상의 의미였다. 그것은 '집단적 나르시시즘적 상처(collective narcissistic injury)'[1]라고 불리는 심리적 트라우마를 남겼다. 한

1) '집단적 나르시시즘적 상처(collective narcissistic injury)'는 특정 집단이 공유하고 있던 자신들의 우월성이나 위대함에 대한 믿음(집단적 나르시시즘)이 현실의 사건에 의해 심각하게 손상되거나 부정당했을 때 겪는 집단적인 심리적 충격, 굴욕감, 분노를 의미한다.

때 유럽의 강대국이었던 독일이 굴욕적인 항복을 당하면서, 독일인들의 집단 자존감은 치명적인 타격을 입었다.

1919년 베르사유 조약은 이 상처에 소금을 뿌렸다. 현재 가치로 환산하면 수천억 달러 규모로 추정되는 막대한 배상금, 유럽 영토의 13%에 해당하는 땅의 상실, 군대 규모를 10만 명으로 제한하는 굴욕적 조건들이 독일에 강요되었다. 이는 독일인들에게 단순한 경제적 부담이 아니라 정체성의 위기를 가져다주었다.

사회심리학자 에리히 프롬이 『자유로부터의 도피』에서 분석했듯이, 개인이나 집단이 극도의 불안과 굴욕감에 시달릴 때 나타나는 반응 중 하나가 권위주의적 지도자에 대한 의존이다. 자유와 책임의 무게를 견디기 어려워진 대중들은 강력한 지도자에게 자신의 운명을 맡기려 하는 경향을 보인다. 독일인들에게 히틀러는 바로 그런 존재였다.

∴ 경제적 절망, 중산층의 몰락

1920년대 초반의 초인플레이션은 독일 사회의 기반을 뿌리째 흔들었다. 1923년, 독일 마르크화의 가치는 천문학적으로 폭락했다. 전쟁 비용을 세금 인상이 아닌 국채 발행에 의존했으며, 전쟁 배상금을 지불하기 위해 화폐를 찍어 외화를 샀기 때문이다. 특히 프랑스와 벨기에가 독일의 공업지대인 루르를 점령해 석탄, 철강 등 현물을 징수하려 하자 루르 지역 노동자들에게 점령군을 위한 생산 활동을 중단하고 파업할 것을 지시했고 정부는 파업한 노동자들에게 생계비를 지급해야 했다. 그리고 생계비 지급을 위해 제한 없이 돈을 찍어냈고 이것이 인플레이션을 불러오는 결정타였다.

이제는 한 덩어리의 빵을 사기 위해 수레에 돈을 가득 싣고 다녀야 했다. 어떤 사람들은 농담 삼아 "돈으로 벽지를 바르는 게 실제 벽지보다 싸다."라고 말했을 정도였다.

이러한 초인플레이션은 독일 중산층의 정체성을 파괴했다. 평생 저축한 돈이 하루아침에 휴지 조각이 되자, 근면 성실함과 절약이라는 전통적 가치에 대한 믿음이 무너졌다. 중산층의 몰락은 사회 전체의 도덕적 기반을 흔들었고, 기존 정치 체제에 대한 불신을 극도로 증폭시켰다.

설상가상으로 1929년 대공황이 독일을 강타했다. 실업률이 30%에 육박하면서 거리는 일자리를 찾는 절망적인 사람들로 가득 찼다. 이러한 상황에서 "일자리를 주겠다", "독일을 다시 위대하게 만들겠다."라는 히틀러의 약속은 절망에 빠진 대중들에게 달콤한 유혹이었으며, 이들에게 나치는 단순한 정치 집단이 아니라 구원의 희망으로 비쳤다.

∴ 정치적 혼란 속에서 갈망한 강력한 리더십

바이마르 공화국(1919~1933)의 정치적 불안정성은 선동이 뿌리내릴 수 있는 완벽한 환경을 제공했다. 14년 동안 21번의 내각이 바뀌는 극심한 정치적 혼란 속에서 국민은 정치에 대한 불신과 피로감을 느꼈다. 매일 바뀌는 정책, 끝없는 정치적 갈등, 해결되지 않는 사회 문제들이 대중들로 하여금 "이런 식으로는 안 된다."라는 절망감을 품게 했다.

정치학자 세이모어 마틴 립셋은 정치적 위기 상황에서 대중들은 '카리스마적 권위'에 의존하려는 강한 욕구를 보인다고 분석했다. 복잡하고 혼란스러운 현실을 단순하고 명확하게 정리해 줄 강력한 지도자를 갈망하게 되는 것이다. 그리고 히틀러는 바로 이러한 심리적 공백을 정확히 파악하고 자신을 '구원자'로 포지셔닝했다.

기존 정당들이 경제 위기를 해결하지 못하자, 국민은 극단적인 해결책을 제시하는 공산당과 나치당에 주목하기 시작했다. 우선 히틀러는 복잡한 경제 이론을 말하지 않았다. 그는 당시 독일 국민이 가장 원했던 두 가지, '일자리와 빵'을 약속했다. 이는 실업자, 노동자, 농민, 중산층 모두에게 강력하게 파고드는 단순하고 본능적인 메시지가 되었다.

또한 히틀러는 "오직 나만이 이 혼란을 끝낼 수 있다."라는 강력한 지도자 이미지를 내세웠다. 그의 열정적인 연설은 절망에 빠진 국민에게 유일한 희망처럼 비쳤다.

그 결과 1928년에 지지율이 2.6%에 불과했던 소수당이 1932년에는 지지율 37.4%에 달하는 의회 제1당에 등극하였다.

∴ 선동의 토양이 된 독일의 사회문화적 배경

아돌프 히틀러와 나치당의 급격한 부상은 1차 세계대전의 패배나 대공황이라는 직접적인 위기만으로는 온전히 설명되지 않는다. 나치의 선동이라는 씨앗이 그토록 빠르고 깊숙하게 뿌리내릴 수 있었던 것은, 독일 사회가 오랜 기간 축적해 온 독특한 심리적, 문화적, 역사적 토양을 갖추고 있었기 때문이다.

첫째, 독일 사회의 심리적 기저를 분석한 사회심리학적 접근이 존재한다. 프랑크푸르트학파의 테오도르 아도르노(Theodor Adorno)는 『권위주의적 성격(The Authoritarian Personality)』에서 이러한 현상을 분석했다. 그의 이론에 따르면, 독일의 전통적인 가부장적 가정교육과 엄격하고 위계적인 사회 구조는 개인들로 하여금 '권위주의적 성격'을 내면화하게 했다. 이러한 성격은 자신보다 강한 권위(아버지, 국가, 지도자)에는 맹목적으로 복종하고, 자신보다 약하다고 인식되는 대상(타민족, 소수자)에게는 억압된 공격성을 표출하는 이중적 특성이 있다. 히틀러의 독재적 리더십은 이러한 심리 구조에 완벽하게 부합했으며, 수많은 독일인이 비판적 사고 없이 지도자의 명령을 수용하는 심리적 기반이 되었다.

둘째, 프로이센(Preußen) 시대부터 내려온 문화적 전통이 나치즘의 확산을 용이하게 했다. 독일 제국의 형성을 주도했던 프로이센은 '국가를 가진 군대'로 불릴 만큼 군국주의적 성격이 강했다. 이로 인해 독일 사회 전반에는 '명령과 복종(Befehl und Gehorsam)'을 최고의 미덕으로 삼는 문화가 깊이 뿌리내렸다. 개인의 자유나 민주적 토론보다는 국가에 대한 절대적 충성과 사회적 '질서(Ordnung)'가 우선시되었다. 이러한 문화적 토양에서 바이마르 공화국의 민주주의는 '혼란'이자 '나약함'으로 간주하기 쉬웠다. 국민은 이 혼란을 종식할 강력한 지도자를 갈망했고, 나치 이데올로기와 히틀러의 권위적 통치 방식은 이러한 문화적 기대와 정확히 맞아떨어졌다.

셋째, '존더벡(Sonderweg)', 즉 '독일의 특수 경로' 이론으로 설명되는 역사적 구조가 존재한다. 이 이론은 영국, 프랑스 등이 시민 혁명을 통해 '아래로부터' 민주주의를 발전시킨 것과 달리, 독일은 융커(Junker)와 군부 등 권위주의적 엘리트가 주도하는 '위로부터의 근대화'를 겪었다고 본다. 그 결과, 독일은 경제적으로는 고도화된 산업 국가가 되었으나 정치적으로는 여전히 전근대적인 권위주의 문화가 잔존하는 심각한 불균형을 안게 되었다. 민주주의의 토대가 부실했던 바이마르 공화국은 이러한 불균형 속에서 뿌리내리지 못했고, 경제 위기가 닥치자 손쉽게 무너져 내렸다.

결국, 이 모든 조건이 복합적으로 작용하면서 독일은 선동이 자라날 수 있는 완벽한 온상이 되었다. 아도르노가 분석한 권위주의적 심리, 프로이센적 복종의 문화 그리고 존더벡이 야기하여 취약한 민주주의의 토양 위에 1차 대전의 패배와 대공황이라는 절망이 겹쳤다. 절망과 불안, 혼란과 좌절 속에서 독일인들은 단순하고 극단적인 해답을 제시하는 나치의 메시지에 귀를 기울였으며, 이는 독일 특유의 구조적 배경과 결합하며 파괴적인 시너지를 발휘할 수 있었다.

◆ 악마적 천재들의 등장

∴ 대중 심리를 꿰뚫은 직관의 소유자

아돌프 히틀러는 어떤 면에서 대중심리학의 천재였다. 정규 교육을 제대로 받지 못했지만, 그는 인간의 심리적 약점을 꿰뚫어 보는 무서운 직관력을 가지고 있었다. 자신의 저서 『나의 투쟁』에서 그는 선동의 핵심 원리를 냉소적으로 정리했다.

"대중의 수용 능력은 매우 제한적이며, 이해력은 작고, 망각성은 크다. 따라서 모든 효과적인 선전은 극히 적은 수의 요점에 한정되어야 하며, 이 요점들은 구호처럼 반복되어야 한다."

이는 현대 인지심리학의 '인지 부하 이론'과 상당 부분 부합한다. 인간의 뇌는 한 번에 처리할 수 있는 정보의 양에 한계가 있으며, 복잡한 논리보다는 단순하고 반복적인 메시지를 더 쉽게 받아들인다. 히틀러는 이를 학문적으로 배운 것이 아니라 직관적으로 깨달았다.

히틀러의 연설을 분석한 심리학자들은 그가 청중의 감정 상태를 정교하게 조작하는 탁월한 능력을 갖추고 있었다고 평가한다. 그의 연설 패턴은 거의 공식화되어 있었다. 낮고 차분한 톤으로 시작해서 점차 목소리를 높이고, 몸짓을 크게 하며, 절정에서는 광적인 열광을 불러일으키는 것이었다. 마치 오케스트라 지휘자가 교향곡을 연주하듯 청중의 감정을 자유자재로 조종했다.

특히 히틀러는 청중의 심리 상태에 따라 메시지를 미묘하게 조절하는 능력이 뛰어났다. 절망에 빠진 청중에게는 희망을, 분노한 청중에게는 적에 대한 증오를, 혼란스러워하는 청중에게는 단순한 해답을 제시했다. 이는 현대 심리학에서 말하는 '공감적 소통'을 악용한 것이었다.

∴ 현대 선전학의 창조자

요제프 괴벨스는 히틀러의 직관적 재능을 체계적이고 과학적인 선전 시스템으로 발전시킨 인물이다. 하이델베르크 대학에서 철학 박사 학위를 받은 지식인인 그는 이론적 배경을 바탕으로 나치 선전을 하나의 과학으로 발전시켰다.

1933년 국민계몽선전부 장관으로 임명된 괴벨스는 자신의 일기에 이런 말을 남겼다. "프로파간다는 사랑과 같다. 일단 성공한 것에 대해서는 누구도 그 과정에 대한 책임을 물을 수 없다." 이는 목적이 수단을 정당화한다는 그의 냉혹한 철학을 보여주는 말이다.

괴벨스가 구축한 선전 시스템의 가장 큰 특징은 통합성이었다. 그는 모든 문화 영역을 하나의 거대한 선전 기계로 통합했다. 라이히 문화원이라는 조직을 통해 라디오, 신문, 영화, 연극, 미술, 음악 등 모든 미디어와 문화 활동을 국가의 통제 아래 두었다. 이는 현대 마케팅의 '통합적 마케팅 커뮤니케이션' 개념을 선전에 적용한 것으로 볼 수 있다.

괴벨스는 또한 정보의 독점과 통제의 중요성을 깊이 이해하고 있었다. 그는 나치 메시지를 적극적으로 유포하는 동시에 반대 의견을 철저히 검열했다. 이는 단순한 정보 통제를 넘어서 사람들의 사고방식 자체를 바꾸려는 시도였다. 사람들이 다른 관점의 정보에 노출되지 않으면, 자연스럽게 나치의 관점을 유일한 진실로 받아들이게 된다는 것을 알고 있었던 것이다.

∴ 선전 기계의 완성

나치의 선전 조직은 현대 대기업의 매트릭스 조직 구조만큼이나 체계적이고 효율적이었다. 국민계몽선전부 아래에는 각 미디어를 담당하는 전문 부서들이 설치되었다. 언론부는 모든 신문과 잡지를 통제했고, 라디오부는 방송 콘텐츠를 제작하고 배급했다. 영화부는 영화 제작과 배급, 극장 운영까지 담당했으며, 연극부는 공연예술을, 음악부는 음악 창작과 연주를, 미술부는 미술 작품과 전시를 관리했다.

이러한 중앙집권적 조직은 지역별로도 세밀하게 분화되어 있었다. 베를린의 중앙부에서 내려온 지시가 각 지역의 선전부를 거쳐 최말단의 마을과 동네까지 전달되는 체계적인 시스템이 구축되어 있었다. 이는 나치의 메시지가 독일 전역에 일관되고 신속하게 전파될 수 있게 해주었다.

더욱 무서운 것은 이 조직이 단순히 위에서 아래로의 일방향 소통만을 담당한 것이 아니라는 점이다. 각 지역의 선전 담당자들은 주민들의 반응과 여론을 수집해서 중앙으로 보고하는 역할도

했다. 이를 통해 나치는 선전의 효과를 실시간으로 측정하고 필요에 따라 메시지를 조정할 수 있었다. 현대의 여론조사나 빅데이터 분석과 유사한 기능을 1930년대에 이미 구축하고 있었다.

◆ 모든 감각을 장악하는 선전

∴ 구호와 반복의 심리학

나치 선동의 가장 기본적이면서도 강력한 무기는 단순명료한 구호였다. "한 민족, 한 제국, 한 지도자(Ein Volk, Ein Reich, Ein Führer)"와 같은 구호는 복잡한 정치적 현실을 극도로 단순화시켰다. 이는 인지심리학의 '반복 노출 효과'를 악용한 것이었다.

로버트 자이언스가 발견한 이 효과에 따르면, 사람들은 반복적으로 노출된 자극에 대해 저절로 긍정적인 감정을 갖게 된다. 처음에는 낯설고 어색하게 느껴졌던 것도 계속 접하다 보면 친숙해지고, 친숙함은 곧 호감으로 이어진다. 나치는 이 원리를 체계적으로 활용했다.

나치의 주요 구호들은 모두 특별한 구조적 특징을 가지고 있었다. 먼저 운율과 리듬이 있어 기억하기 쉬웠다. 독일어의 특성을 살려 강렬한 자음들이 연속되는 구조로 만들어져 마치 망치질하는 것 같은 강한 인상을 남겼다. 또한 감정적 호소력이 강했다. 민족주의적 자긍심을 자극하는 내용으로 구성되어 듣는 사람의 가슴을 뛰게 했다.

무엇보다 이분법적 구조로 되어 있었다. 선악을 명확히 구분하여 복잡한 현실을 단순한 대립 구조로 만들었다. '우리 vs 그들', '독일인 vs 유대인', '아리아인 vs 열등한 민족들'과 같은 이분법적 사고는 사람들에게 복잡한 사회 문제를 쉽게 이해할 수 있다는 착각을 불러일으켰다.

∴ 집단적 경험의 창조

라디오는 나치 선동의 가장 강력한 무기였다. 괴벨스는 라디오의 잠재력을 일찌감치 간파하고 '국민 수신기'라는 저렴한 라디오를 대량 보급했다. 1933년 베를린 국제가전박람회에서 선보인 VE301 모델은 독일 노동자의 평균 임금으로 약 2주만 일하면 살 수 있는 가격으로 책정되었다. 이는 거의 모든 독일 가정이 라디오를 소유할 수 있게 만들려는 치밀한 전략이었다.

라디오가 갖는 심리적 효과는 실로 혁명적이었다. 무엇보다 즉시성이 강력했다. 히틀러의 연설을 전국의 수백만 명이 동시에 듣게 되면서, 개별적인 경험이 집단적인 경험으로 바뀌었다. 혼자 집에서 라디오를 듣는 사람도 마치 거대한 군중 속에 서 있는 것 같은 느낌을 받게 되었다.

또한 친밀감을 조성하는 효과도 컸다. 라디오는 청취자의 가장 사적인 공간인 가정으로 침투했다. 히틀러의 목소리가 거실에서, 부엌에서, 침실에서 울려 퍼지면서 마치 지도자가 직접 말하고 있는 듯한 착각을 불러일으켰다. 이는 정치적 메시지에 개인적이고 감정적인 차원을 부여했다.

무엇보다 라디오는 권위성을 자동으로 부여했다. 전국적으로 동시에 방송되는 메시지는 그 자체로 공식적이고 권위 있는 것으로 인식되었다. 개인의 의견이 아니라 국가의 공식 입장으로 받아들여지는 것이었다.

나치는 라디오 방송의 내용을 치밀하게 계획했다. 하루 종일 나치 이데올로기가 담긴 다양한 콘텐츠가 방송되었다. 히틀러의 연설은 물론이고, 나치 행진곡, 선전 드라마, 편향된 뉴스 등이 끊임없이 흘러나왔다. 심지어 오락 프로그램 중간중간에도 선전 메시지가 자연스럽게 삽입되었다.

∴ 감성 조작의 극치

나치는 영화라는 새로운 매체의 가능성을 누구보다 일찍 깨달았다. 특히 레니 리펜슈탈이 제작한 『의지의 승리』는 선전 영화의 걸작이자 동시에 인류 문명사의 오점으로 남아있다.

이 영화는 1934년 뉘른베르크 나치당 전당대회를 촬영한 다큐멘터리였지만, 실제로는 치밀하게 연출된 선전물이었다. 영화는 히틀러가 하늘에서 구름 사이로 내려오는 장면으로 시작된다. 비행기에서 내려다본 독일 땅의 웅장한 모습과 함께 히틀러의 그림자가 땅 위를 지나가는 모습은 마치 신이 강림하는 듯한 종교적 경외감을 불러일으켰다.

영화 전반에 걸쳐 수십만 명이 완벽하게 정렬된 장면들이 반복된다. 기하학적으로 완벽한 대형, 일사불란한 동작, 통일된 복장은 나치 체제의 질서와 힘을 시각적으로 강조했다. 개인은 거대한 집단 속에서 하나의 점에 불과했지만, 그 점들이 모여서 만든 전체는 압도적이고 숭고해 보였다.

음악과 영상의 결합도 절묘했다. 리하르트 바그너의 웅장한 오케스트라 음악이 시각적 스펙터클과 결합하면서 감정적 몰입을 극대화했다. 관객들은 이성적 판단을 잃고 감정의 소용돌이에 휩쓸리게 되었다.

∴ 집회를 통한 집단 최면

뉘른베르크에서 열린 나치당 전당대회(Reichsparteitag)는 독일 나치당이 매년 개최했던 대규모의 공식 집회다. 하지만 이는 단순한 정치 집회가 아니었다. 일반적인 정당의 정책 토론이나 투표를 위한 대회도 아니었다. 그것은 나치 이데올로기를 과시하고, 총통 아돌프 히틀러에 대한 숭배를 유도하며, 독일 국민과 전 세계에 나치 정권의 힘과 단결을 보여주기 위한 거대한 '선전 예술'이자 '정치적 종교 의식'에 가까웠다.

집회의 모든 요소는 참가자들의 의식을 변화시키기 위해 정교하게 설계되었다. 수백 개의 서치라이트가 하늘로 뻗어 올라가며 만든 '빛의 대성당'은 초현실적인 분위기를 연출했다. 통일된 구호, 일사불란한 행진, 반복적인 경례는 집단적 무의식 상태를 유도했다. 하켄크로이츠 깃발과 독수리 문양 등 강력한 시각적 상징들이 공간을 장악하면서 참가자들의 마음속에 나치의 이미지를 각인시켰다.

니치당 전당대회 실제 사진

심리학자 구스타프 르 봉이 『군중심리』에서 분석했듯이, 거대한 군중 속에서 개인은 이성적 판단력을 잃고 감정적이고 충동적인 행동을 하게 된다. 나치는 이 원리를 완벽하게 활용했다. 집회에 참여한 사람들은 평소라면 절대 하지 않았을 행동들을 자연스럽게 하게 되었다. 히틀러를 향한 광적인 환호, 유대인에 대한 증오 표출, 전쟁에 대한 열광적 지지 등이 그것이었다. 수십만 명이 모인 가운데서 개인은 자신의 정체성을 잃고 거대한 집단의 일부가 되었다.

∴ 교육과 청소년 조직

나치는 현재 세대를 장악하는 것만으로는 부족하다는 것을 알고 있었다. 진정한 변화는 미래 세대부터 시작되어야 한다는 믿음으로 교육과 청소년 조직에 특별한 관심을 기울였다.

히틀러 유겐트는 10세부터 18세까지의 독일 청소년들을 대상으로 한 조직이었다. 1939년에는 참여가 의무화되어 약 890만 명의 청소년이 가입했다. 표면적으로는 건전한 청소년 활동처럼 보였다. 야외 캠핑, 스포츠 활동, 음악과 예술 교육, 기술 훈련 등이 주된 활동이었다.

하지만 이 모든 활동의 이면에는 체계적인 이데올로기 교육이 숨어 있었다. 캠프파이어를 둘러싸고 부르는 노래는 나치 이념을 찬양하는 내용이었고, 스포츠 경기는 아리아 민족의 우월성을 확인하는 의식이었으며, 예술 활동은 히틀러에 대한 무조건적 충성을 표현하는 수단이었다.

더욱 충격적인 것은 청소년들에게 부모와 교사를 감시하고 고발하도록 교육했다는 점이다. 가정에서 나치 체제를 비판하는 대화가 오가면 이를 당국에 신고하는 것이 애국적 의무라고 가르쳤다. 이는 사회의 기본 단위인 가족을 해체하고, 국가에 대한 충성을 모든 인간관계 위에 두려는 시도였다.

학교 교육과정 역시 완전히 나치화되었다. 역사 시간에는 게르만 민족의 우월성과 독일의 운명적 사명이 강조되었고, 생물학 시간에는 인종 이론과 우생학이 과학적 사실로 가르쳐졌다. 지리 시간에는 독일의 '생활권' 확장 필요성이, 문학 시간에는 나치 이념에 부합하는 작품들만이 선별되어 교육되었다.

"젊은이를 장악하는 자가 미래를 장악한다(Wer die Jugend hat, hat die Zukunft)."라는 구호가 나치 지도부에서 공유되었으며, 나치는 미래 세대의 정신까지 완전히 장악하려 했다. 이는 현대 교육심리학의 '임계기 이론'을 악용한 것으로, 청소년기에 형성된 가치관과 세계관이 평생에 걸쳐 지속된다는 점을 이용한 것이었다.

∴ 사고의 감옥 만들기

나치 선동의 또 다른 핵심 전략은 정보의 완전한 통제였다. 1933년 정권 장악 직후 나치는 언론 장악에 착수했다. 3월에는 사회민주당과 공산당 신문 발행이 금지되었고, 10월에는 언론법이 제정되어 모든 언론인이 국가의 관리 아래 놓였다. 1935년에는 '라이히 언론원'을 통해 모든 언론 활동이 통제되었다.

괴벨스는 매일 오전 언론 관계자들을 소집하여 보도 방침을 직접 지시했다. 이른바 '언론 회의'라고 불린 이 자리에서는 어떤 사건을 어떻게 보도할지, 어떤 단어를 사용할지, 어떤 각도에서 접근할지가 미리 정해졌다. 언론의 자유라는 것은 완전히 사라졌고, 모든 신문과 방송은 나치의 대변인 역할만 했다.

이러한 완전한 정보 통제는 독일 국민에게 무서운 심리적 효과를 미쳤다. 먼저 인지적 고립이 발생했다. 다른 관점의 정보에 전혀 노출되지 않으면서 비판적 사고 능력이 급속히 퇴화했다. 확증편향이 극대화되었다. 나치의 관점만 반복적으로 노출되면서 이를 당연한 진실로 믿게 되었다. 학습된 무력감도 나타났다. 다른 정보를 얻을 방법이 없다는 체념감이 확산하였다.

가장 무서운 것은 사회적 현실의 완전한 왜곡이었다. 모든 매체에서 같은 메시지만 나오니까 대다수 독일인이 같은 생각을 하고 있다는 착각에 빠졌다. 실제로는 많은 사람들이 나치 체제에 대해 의구심을 품고 있었지만, 그런 목소리는 전혀 들리지 않았기 때문에 자신만 그런 생각을 한다고 믿게 되었다.

괴벨스는 이를 다음과 같이 표현했다. “나는 독일 국민이 내가 읽으라고 허락하는 것만 읽고, 내가 보라고 허락하는 것만 보고, 내가 들으라고 허락하는 것만 들을 수 있도록 조치했다.” 정보의 독점을 통해 사람들의 사고 자체를 통제하겠다는 무서운 의도였다.

◆ 왜 그토록 효과적이었는가?

∴ 우리와 그들의 이분법

나치 선동이 그토록 효과적이었던 이유를 이해하기 위해서는 인간의 근본적인 심리적 특성을 살펴봐야 한다. 헨리 타지펠의 사회적 정체성 이론에 따르면, 사람들은 자신이 속한 내집단에 대해서는 긍정적으로 평가하고 외집단에 대해서는 부정적으로 평가하는 자연스러운 경향이 있다.

나치는 이러한 인간의 본능적 경향을 극단적으로 악용했다. 그들은 복잡한 독일 사회를 단순한 이분법으로 재구성했다. 한쪽에는 아리아 민족, 독일인, 나치당원으로 구성된 '선한' 내집단이 있었고, 다른 쪽에는 유대인, 공산주의자, 슬라브족으로 대표되는 '악한' 외집단이 있었다.

이러한 이분법적 구조는 복잡한 사회 문제를 단순하게 만들어 주었다. 경제적 어려움은 유대인의 탓이고, 정치적 혼란은 공산주의자의 음모이며, 사회적 불안은 외국 세력의 공작이라는 식으로 모든 문제의 원인을 외집단에 돌렸다. 이는 독일인들에게 심리적 위안을 제공했다. 자신들은 문제가 없으며, 모든 어려움은 외부의 적들 때문이라는 생각은 자존감을 보호해 주었다.

∴ 만장일치의 착각

어빙 제니스가 분석한 집단사고 현상은 나치 독일의 상황을 정확히 설명해 준다. 집단사고는 집단의 결속력이 지나치게 강할 때 나타나는 심리적 현상으로, 구성원들이 비판적 사고를 포기하고 집단의 의견에 무조건 동조하게 되는 것을 말한다.

나치 독일에서는 집단사고의 전형적인 특징들이 모두 나타났다. 먼저 만장일치의 착각이 있었다. 모든 독일인이 나치를 지지한다는 믿음이 확산하였다. 실제로는 그렇지 않았지만, 반대 의견이 철저히 탄압받으면서 마치 전 국민이 히틀러를 열렬히 지지하는 것처럼 보였다.

자기검열 현상도 광범위하게 나타났다. 사람들은 나치 체제에 대한 의구심이 들어도 스스로 그런 생각을 억제했다. '나만 이상한 생각을 하는 것 같다', '다른 사람들은 모두 만족하는 것 같은데.'라는 생각으로 자신의 비판적 의견을 스스로 억눌렀다.

반대 의견을 표출하는 사람에게는 강력한 사회적 압력이 가해졌다. 나치 체제를 비판하는 사람은 '독일인답지 않다', '조국을 배신하는 자.'라는 낙인이 찍혔다. 이러한 압력은 사람들로 하여금 자신의 진정한 생각을 숨기게 했다.

정신적 보디가드 역할을 하는 사람들도 등장했다. 나치 체제에 대한 불편한 정보나 비판적 의견을 차단하고, 오직 긍정적인 정보만을 선별해서 전달하는 역할을 했다. 이로 인해 지도층조차 현실을 정확히 파악하지 못하는 상황이 벌어졌다.

∴ 인지 편향의 체계적 악용

나치는 인간의 인지적 한계와 편향을 과학적으로 분석하고 체계적으로 악용했다. 가장 대표적인 것이 확증편향의 악용이었다. 사람들은 자신의 기존 믿음을 확인해 주는 정보는 쉽게 받아들이고, 반대되는 정보는 무시하거나 왜곡하는 경향이 있다.

나치는 독일인들이 듣고 싶어 하는 메시지만을 반복적으로 제공했다. 독일 민족의 위대함, 아리아인의 우월성, 조국의 영광스러운 미래 등은 독일인들의 자존심을 만족시켜 주는 달콤한 메시지였다. 반면 독일의 문제점이나 나치 정책의 부작용 같은 불편한 진실은 철저히 차단되었다.

가용성 휴리스틱도 교묘하게 조작되었다. 다니엘 카네만이 발견한 이 현상에 따르면, 사람들은 쉽게 기억나는 사건일수록 그 확률을 높게 추정한다. 쉽게 말해, '기억에서 쉽게 꺼낼 수 있으면, 그만큼 더 중요하거나 흔한 일일 것'이라고 착각하는 심리적 경향이다. 나치는 유대인의 부정적인 사례들을 끊임없이 반복 노출했다. 유대인이 관련된 범죄, 경제적 부정행위, 반독일 활동 등의 사례를 과장되게 보도하면서, 마치 모든 유대인이 해로운 존재인 것처럼 인식하게 만들었던 것이다.

앵커링 효과(Anchoring Effect)도 활용되었다. 앵커링 효과는 배가 닻(anchor)을 내리면 그 자리에 고정되듯이, 사람이 어떤 판단을 할 때 처음에 접한 정보에 과도하게 의존하여 그 정보에 묶이는 인지적 편향을 말한다.

일단 앵커가 설정되면, 이후의 모든 생각이나 판단, 협상 등이 그 앵커를 기준점(reference point)으로 삼아 이루어지는 경향을 가지게 된다는 것이다.

나치는 모든 사회 문제를 유대인과 연결하는 틀을 반복적으로 제시하면서, 대중들에게 사회 문제의 원인을 유대인으로 고정시켰다. 이렇게 함으로써 대중들이 문제의 근본 원인을 분석하지 못하게 했다. 경제 위기든 정치적 불안이든 사회적 혼란이든, 모든 것의 원인은 항상 유대인의 음모로 귀결되었다.

∴ 공포와 희망의 조작

나치 선동의 또 다른 핵심은 감정의 체계적 조작이었다. 하워드 레벤탈의 공포 어필 이론에 따르면, 공포를 이용한 설득이 효과적이려면 네 가지 조건을 만족해야 한다. 위협의 심각성을 인식시키고, 개인적 취약성을 느끼게 하며, 효과적인 해결책을 제시하고, 그 해결책을 실행할 수 있다는 믿음을 주어야 한다.

나치는 이 모든 조건을 교묘하게 충족시켰다. 먼저 '유대인의 음모', '공산주의의 위협', '독일 민족의 멸종 위기' 등을 통해 심각한 위협이 존재한다고 믿게 했다. 그리고 이 위협이 모든 독일인에게 직접적인 영향을 미칠 것이라고 경고했다. 그다음에 히틀러와 나치당을 유일한 해결책으로 제시하면서, 그들을 따르면 모든 문제가 해결될 것이라는 확신을 주었다.

동시에 희망의 메시지도 적절히 섞어 넣었다. '천년 제국'의 건설, 게르만 민족의 영광 회복, 위대한 독일의 재건 등은 절망에 빠진 독일인들에게 꿈과 희망을 제공했다. 공포와 희망이 교묘하게 결합하면서 사람들은 나치의 메시지에 더욱 강하게 몰입하게 되었다.

∴ 인지부조화의 악순환

레온 페스팅거의 인지부조화 이론도 나치 선동의 성공을 잘 설명해 준다. 일단 사람들이 나치를 지지하기 시작하면, 자신의 선택을 정당화하기 위해 나치의 행동을 합리화하려는 강한 욕구가 생긴다.

예를 들어, 처음에는 경제적 이유로 나치를 지지했던 사람이 나치의 폭력적 행동을 목격하게 되면 인지부조화가 발생한다. '내가 지지하는 정당이 이런 나쁜 일을 할 리 없다.'라는 생각과 '실제로 나쁜 일이 벌어지고 있다.'라는 현실 사이에서 갈등이 생기는 것이다.

이때 대부분의 사람은 현실을 받아들이고 행동을 바꾸기보다는 자신의 선택을 정당화하는 쪽을 택한다. '저런 일이 벌어지는 데는 분명히 이유가 있을 것이다', '우리가 모르는 더 큰 그림이 있을 것이다.'라고 생각하면서 나치의 행동을 합리화한다. 이런 식으로 초기 지지자들은 점점 더 확고한 추종자가 되어갔다.

◆ 역사적 증거들

∴ 선동이 폭력으로 폭발한 순간

1938년 11월 9일 밤부터 10일에 걸쳐 일어난 '수정의 밤'은 나치 선동이 실제 폭력으로 이어진 결정적 순간이었다. 파리 주재 독일 대사관의 에른스트 폰 라트 서기관이 17세 유대인 청년 헤르셸 그린스판에게 암살된 사건이 발단이었다.

사건의 주된 동기는 헤르셸 그린스판 가족이 겪은 비인도적인 추방 조치에 대한 절망과 분노였다. 1938년 10월 말, 나치 독일은 독일에 거주하던 폴란드 국적 유대인 약 17,000명을 갑자기 추방하기로 결정했다. 이에 그린스판의 가족은 모든 재산을 빼앗기고 폴란드 국경으로 이송되었으나 폴란드 정부 또한 이들의 입국을 거부했다. 결국 그린스판의 가족을 포함한 수천 명의 유대인들이 독일-폴란드 국경의 한가운데 갇힌 채 혹독한 환경에 방치되었다. 당시 파리에 불법 체류 중이던 그린스판은 가족으로부터 이 절박한 소식을 편지로 전해 듣고 유대인이 겪는 부당한 박해를 전 세계에 알리고 이에 항의하기 위해 극단적인 행동을 실행에 옮겨 독일 대사관의 에른스트 폰 라트 서기관을 암살한 것이다.

나치는 이 개별적 사건을 '독일 민족 전체에 대한 유대인의 선전포고'로 과대 포장했다. 그날 밤 뮌헨에서 열린 나치당 간부 모임에서 괴벨스는 다음과 같이 연설했다. "총통은 유대인들이 이런 식으로 독일을 모독하는 것을 더 이상 용납할 수 없다고 결정했다. 유대인들은 자신들의 행동에 대한 대가를 치러야 한다. 독일 국민의 분노가 폭발하는 것은 자연스러운 일이다." 이 연설이 끝나자마자 전국적으로 조직적인 폭력이 시작되었다. 수천 개의 유대인 상점과 267개의 회당이 파괴되었고, 약 30,000명의 유대인이 강제수용소로 끌려갔고, 91명이 사망하였다. 이 91명이라는 수치는 1938년 나치 당국이 공식적으로 발표한 수치로, 당시의 폭력과 이후 강제수용소에서 사망한 사람, 충격으로 인한 자살 등을 포함하면 실제 사망자는 수백 명에 이를 것으로 추정된다. 독일 언론은 이를 '민중의 자발적 분노'로 보도했지만, 실제로는 나치 당국이 치밀하게 계획한 조직적 행동이었다.

더욱 무서운 것은 많은 일반 독일인이 이 폭력을 방관하거나 심지어 동조했다는 점이다. 수년간의 반유대주의 선전에 노출된 그들에게 유대인은 더 이상 같은 인간이 아니라 '독일에 해로운 적'으로 인식되고 있었다. 선동이 사람들의 도덕적 감수성을 마비시킨 결과였다.

∴ 십자군 전쟁이라는 포장

1941년 6월 22일 소련 침공을 앞두고 나치는 대규모 선전 캠페인을 벌였다. 괴벨스는 이 침략 전쟁을 '볼셰비즘으로부터 유럽 문명을 구하는 거룩한 십자군 전쟁'으로 포장했다. 단순한 영토 확장이나 자원 약탈이 아니라 문명의 수호라는 숭고한 명분을 내세운 것이다.

독일군에게 배포된 선전물에는 다음과 같은 내용이 담겼다. "여러분은 유대-볼셰비키 시스템의 멍에로부터 유럽을 해방시키는 거룩한 임무를 수행하고 있습니다. 이것은 독일 민족의 생존을 위한 마지막 투쟁이며, 서구 문명을 야만으로부터 지키는 성전입니다."

이러한 선전은 독일군이 동부전선에서 저지른 끔찍한 전쟁범죄를 정당화하는 심리적 배경을 제공했다. 적은 인간이 아니라 '볼셰비키 야수'였고, 따라서 인도적 대우를 받을 필요가 없다는 논리였다. 실제로 소련군 포로 약 330만 명이 학대와 굶주림으로 죽었고, 약 2,700만 명의 소련 민간인이 목숨을 잃었다.

∴ 스포츠의 정치적 이용

1936년 베를린 올림픽은 나치가 국제적 위신을 높이고 체제의 우월성을 과시하기 위한 거대한 선전 이벤트였다. 히틀러는 이 대회를 통해 아리아 민족의 신체적 우월성을 전 세계에 증명하려 했다. 올림픽 개최를 위해 당시로서는 천문학적인 예산이 투입되었고, 베를린은 나치의 이상을 구현한 모델 도시로 치장되었다.

하지만 아프리카계 미국인 육상선수 제시 오언스가 100m, 200m, 400m 계주와 멀리뛰기에서 4개의 금메달을 획득하면서 나치의 인종 이론에 큰 타격을 주었다. 히틀러는 오언스의 시상식에 참석하지 않았고, 독일 언론은 이 사실을 의도적으로 축소 보도했다.

더 나아가 독일 언론은 "흑인들은 동물에 가까워서 백인보다 신체 능력이 뛰어날 뿐이다. 이는 문명인의 우월성과는 무관한 일이다."라는 식으로 왜곡 보도했다. 현실이 자신들의 이데올로기와 맞지 않으면 현실을 부정하거나 왜곡하는 나치 선전의 전형적인 모습이었다.

이 사례는 선동의 한계를 보여주는 동시에, 선동에 빠진 사람들이 얼마나 현실을 왜곡해서 받아들일 수 있는지를 보여주는 충격적인 예시였다.

◆ 선동이 남긴 참혹한 유산

∴ 선동이 만들어낸 체계적 학살

나치 선동의 가장 참혹한 결과는 의심할 여지 없이 홀로코스트였다. 약 600만 명의 유대인과 수백만 명의 집시, 장애인, 정치범, 종교인이 체계적으로 학살당한 이 사건은 인류 역사상 전례 없는 비극이라고 할 수 있다.

홀로코스트의 무서운 점은 그것이 순간적인 광기나 우발적 폭력이 아니라 철저히 계획되고 체계화된 과정이었다는 것이다. 아우슈비츠, 트레블링카, 소비보르 등의 절멸수용소는 마치 공장처럼 효율적으로 운영되었다. 사람을 죽이는 것조차 산업화된 것이다.

더욱 충격적인 것은 이 모든 과정에 수많은 평범한 독일인들이 참여했다는 사실이다. 수용소 직원, 경찰, 공무원, 철도 직원, 심지어 의사와 간호사까지 이 끔찍한 기계의 부품이 되었다. 스탠리 밀그램의 복종 실험은 평범한 사람도 권위자의 명령이 있을 때 비인간적 행위를 할 수 있다는 점을 잘 보여준다.

밀그램은 나치 독일에서 발생한 홀로코스트와 같은 비극이 단순히 독일인들의 특수한 성향 때문인지 아니면 권위적인 상황에 놓인 인간 본성의 보편적인 현상인지를 탐구하기 위해 실험을 진행했다. 실험 결과는 예상보다 훨씬 충격적이었다. 대부분의 참가자는 권위적인 실험 진행자의 지시에 따라, 고통스러워하면서도 타인에게 최고 수준의 전기 충격을 가한 것이다. 이 실험은 많은 평범한 사람들이 권위자의 지시에 복종하여 타인에게 해를 가할 수 있음을 보여주었으며, 이는 개인의 성격보다는 상황적인 요인이 인간 행동에 더 큰 영향을 미칠 수 있음을 시사한다.

스탠리 밀그램의 복종 실험이 보여주듯이, 권위자의 명령이 있을 때 평범한 사람들도 끔찍한 행동을 할 수 있다. 나치 선전은 이러한 복종 심리를 극한까지 악용한 것이었다.

특히 아우슈비츠 수용소의 부소장이었던 루돌프 회스는 뉘른베르크 재판에서 다음과 같이 증언했다. "나는 유대인들을 개별적인 인간으로 보지 않았습니다. 그들은 나에게 독일에 해로운 적이었을 뿐입니다. 나는 조국을 위해 의무를 다했을 뿐입니다."

이 증언은 선동이 어떻게 인간의 도덕적 감수성을 완전히 파괴할 수 있는지를 보여주는 섬뜩한 예다. 수년간의 체계적인 세뇌를 통해 유대인을 비인간화한 결과, 그들을 학살하는 것이 애국적 행위로 인식되었다.

∴ 전 인류를 위기로 몰아넣은 광기

나치의 선동은 독일 내부의 문제에 그치지 않았다. 그들이 부추긴 극단적 민족주의와 '생활권' 확장 이론은 결국 전 세계를 전쟁의 소용돌이로 몰아넣었다. 제2차 세계대전으로 전 세계적으로 7천만 명 이상이 목숨을 잃었다.

히틀러는 1939년 9월 1일 폴란드 침공을 앞두고 다음과 같이 연설했다. "독일 민족은 더 이상 참을 수 없습니다. 우리에게는 생존을 위한 공간이 필요합니다. 이것은 우리의 운명이며, 피할 수 없는 선택입니다. 독일의 미래를 위해 우리는 행동해야 합니다."

이는 침략 전쟁의 생존을 위한 불가피한 선택으로 포장한 전형적인 선동이었다. "선전은 잠수함, 탱크, 폭탄만큼이나 중요한 무기이다."라는 히틀러의 말처럼, 선동은 전쟁 준비를 위한 심리적 토대를 마련하고 국민적 지지를 끌어내는 데 결정적인 역할을 했다.

전쟁이 길어지면서 독일 국민도 점차 현실을 깨닫기 시작했지만, 이미 너무 늦었다. 나치 체제는 너무 강력해져 있었고, 반대 의견을 표출할 수 있는 제도적 장치는 모두 파괴되어 있었다. 결국 독일은 완전한 파괴를 통해서만 나치의 광기에서 벗어날 수 있었다.

∴ 독일 사회의 파괴와 집단적 트라우마

전쟁이 끝났을 때 독일은 말 그대로 폐허가 되어 있었다. 주요 도시들은 연합군의 폭격으로 잿더미가 되었고, 경제는 완전히 붕괴하였으며, 국토는 분단되었다. 약 500만 명의 독일인이 목숨을 잃었고, 수백만 명이 난민이 되어야 했다.

하지만 물질적 파괴보다 더 심각한 것은 정신적 상처였다. 전후 독일인들은 자신들이 나치 선동에 속아 인류 최악의 범죄에 가담했다는 집단적 죄책감에 시달려야 했다. 이는 단순한 정치적 실패를 넘어선 도덕적, 정신적 파탄이었다.

독일의 철학자 칼 야스퍼스는 전후 저서 『죄의 문제』에서 독일인의 책임을 네 가지로 분류했다. 형사적 죄는 직접 범죄에 가담한 자들의 책임이고, 정치적 죄는 그런 정권을 선택한 국민의 책임이며, 도덕적 죄는 동료 인간의 고통을 방관한 책임이고, 형이상학적 죄는 인간으로서 느껴야 할 연대감을 저버린 책임이다. 이는 나치 선동이 개인과 사회에 미친 깊이를 보여주는 분석이었다.

이러한 집단적 트라우마는 수십 년간 독일 사회를 괴롭혔다. '과거 극복(Vergangenheitsbewältigung)'이라는 말이 독일어에 생겨날 정도로 이들에게는 과거와의 단절과 성찰이 중요한 과제가 되었다. 이는 선동의 위험성에 대한 가장 값비싼 교훈이었다.

∴ 문명의 야만으로의 퇴행

나치 독일의 사례는 20세기 최고 수준의 문명국가도 순식간에 야만 상태로 퇴행할 수 있음을 보여주었다. 바이마르 시대의 독일은 과학, 철학, 예술 분야에서 세계를 선도하는 문명국이었다. 아인슈타인, 프로이트, 토마스 만 등 많은 천재가 활동했던 곳이었다.

선동에 휘둘린 대중은 이 모든 문명의 성과를 순식간에 파괴했다. 1933년 5월 10일 베를린 대학 앞에서 벌어진 '분서' 사건은 이를 상징적으로 보여준다. 나치 학생들과 시민들이 '반독일적'이라고 규정된 수만 권의 책을 불태우는 광경을 보며, 하인리히 하이네의 예언적인 말이 떠오른다. "책을 태우는 곳에서는 결국 사람도 태우게 된다."

실제로 독일의 지성인들은 추방되거나 침묵을 강요당했다. 유대인이라는 이유로, 좌파라는 이유로, 나치에 비판적이라는 이유로 수많은 학자와 예술가들이 나라를 떠나야 했다. 독일은 스스로 자신의 지적 자산을 파괴한 셈이었다.

이는 문명이 얼마나 취약한 것인지를 보여주는 충격적인 사례였다. 수백 년에 걸쳐 축적된 문화와 지식이 몇 년 만에 무너질 수 있다는 것 그리고 그 파괴의 주체가 외부의 침입자가 아니라 바로 그 문명의 구성원들 자신이라는 것은 인류에게 깊은 성찰을 요구하는 사건이었다.

∴ 민주주의의 취약성 노출

나치의 권력 장악 과정은 민주주의 제도 자체의 취약성을 적나라하게 드러냈다. 히틀러는 쿠데타나 혁명을 통해서가 아니라 민주적 절차를 통해 권력을 잡았다. 1932년 선거에서 나치당은 37.3%의 득표율로 제1당이 되었고, 1933년 1월 히틀러가 총리로 임명되었다.

그 이후 나치는 합법적 절차를 통해 독재 체제를 구축했다. 1933년 3월 '수권법'을 국회에서 통과시켜 입법권을 행정부로 이양받았고, 이를 바탕으로 모든 반대 정당을 해산시키고 언론을 통제했다. 형식적으로는 모든 것이 합법적이었다.

이는 민주주의가 자신을 파괴하는 도구로 전락할 수 있다는 무서운 가능성을 보여주었다. 정치학자 후안 린츠가 분석한 '민주주의의 붕괴' 현상이 독일에서 현실로 나타난 것이다. 극단주의 세력이 민주적 절차를 악용하여 민주주의를 내부에서부터 파괴할 수 있다는 것이었다.

이는 민주주의가 단순히 다수결의 원리만으로는 유지될 수 없음을 보여주었다. 민주주의를 지키기 위해서는 시민들의 합리적 판단력, 언론의 자유, 사법부의 독립, 견제와 균형의 제도적 장치 등이 모두 필요하다는 교훈을 남겼다.

◆ 선동에 맞서는 법: 과거의 교훈과 우리의 과제

나치 선동의 역사는 21세기를 살아가는 우리에게 무거운 질문을 던진다. 20세기 최고 수준의 문명국이었던 독일이 어째서 그토록 쉽게 야만으로 퇴행할 수 있었는가? 이 질문에 대한 답은, 선동이 얼마나 정교하게 작동하는지 그리고 민주주의와 인간의 합리성이 얼마나 취약한지를 동시에 폭로한다.

나치의 선동 기법은 과거의 유물이 아니다. 괴벨스가 라디오와 영화를 사용했다면, 오늘날의 선동가들은 소셜미디어 알고리즘과 인공지능, 딥페이크 기술을 사용한다. 확증편향을 강화하는 '필터 버블'은 괴벨스가 만들고자 했던 '사고의 감옥'과 놀라울 정도로 유사하다. 따라서 나치 선동의 메커니즘을 분석하는 데 그치지 않고, 이에 맞설 수 있는 구체적인 방어 체계를 구축하는 것이 이 글의 최종적인 목적이 되어야 한다.

① 사회적 방어 체계: 제도의 방패

나치 정권은 바이마르 공화국이라는 민주적 토양 위에서, '수권법'이라는 합법적 절차를 통해 민주주의를 파괴했다. 이는 제도가 자신을 지킬 수 없다는 것을 증명한다.

독립적인 사법부와 강력한 법치주의: 선동가가 권력을 장악하려 할 때, 가장 먼저 무력화시키려는 대상은 사법부와 법치주의다. 권력자의 의지가 아닌, 헌법과 법률이 최종적인 권위를 가지도록 보장하는 독립적 사법 시스템은 선동에 맞서는 최후의 보루다.

언론의 자유와 다원성 보장: 괴벨스가 모든 언론을 통제하여 '만장일치의 착각'을 만들어냈다면, 이에 대한 유일한 해독제는 자유롭고 다원적인 언론이다. 정부나 특정 이익 집단에 종속되지 않고, 다양한 관점을 제시하며, 권력을 비판하고 감시하는 언론의 존재는 사회 전체의 '지적 면역 시스템' 역할을 한다.

소수자 권리의 제도적 보호: 나치 선동은 '우리'와 '그들'을 나누고, 유대인이라는 '적'을 설정하는 것에서 시작됐다. 사회가 다수결의 원칙에만 매몰될 때, 소수자는 언제든 선동의 희생양이 될 수 있다. 따라서 소수자의 권리와 의견을 제도적으로 보호하고 존중하는 장치(차별금지법, 인권위원회 등)는 선동의 표적을 원천적으로 제거하는 역할을 한다.

② 개인적 방어 체계: 깨어있는 시민의 무기

궁극적으로 선동을 막아내는 힘은 제도나 법이 아닌, 그것을 운용하는 시민 개개인의 정신에 달려있다.

비판적 사고(Critical Thinking)의 내면화: 나치가 '앵커링 효과'와 '가용성 휴리스틱'을 악용했듯이, 선동은 우리의 인지적 편향을 먹고 자란다. '비판적 사고'는 이러한 심리적 함정을 인지하고, 감정적인 구호(12페이지) 뒤에 숨은 의도를 파악하며, 복잡한 문제를 단순한 선악 구도로 환원하려는 유혹에 저항하는 능력이다. 이는 '사실(Fact)'과 '의견(Opinion)'을 구분하고, 출처를 교차 검증하는 습관에서 시작된다.

미디어 리터러시(Media Literacy) 교육: 현대판 '국민 수신기'인 스마트폰을 통해 우리는 24시간 선동에 노출될 위험이 있다. 미디어 리터러시 교육은 정보를 단순히 수용하는 것이 아니라, '이 정보를 누가 만들었는가', '어떤 의도를 가지고 있는가', '어떤 감정을 유발하려 하는가'를 질문하도록 훈련시킨다.

공감 능력과 다원주의의 수용: 나치의 핵심 전략이 '타자(他者)의 비인간화'였다면, 이에 맞서는 가장 강력한 도덕적 무기는 '공감'이다. 나와 정치적 견해가 다르거나, 인종이나 종교가 다른 사람 역시 존엄성을 가진 한 명의 인간으로 인식하는 능력은, '우리'의 범위를 확장하고 선동가들이 설 자리를 없앤다.

역사 교육과 '과거 극복'의 자세: 나치 독일이 '과거 극복'을 통해 고통스럽게 역사를 성찰했듯이, 선동의 위험성을 잊지 않기 위한 가장 확실한 백신은 역사 교육이다. 우리는 이 원고에서 다룬 비극적인 사례들을 통해, 선동이 어떻게 작동하며 그 결과가 얼마나 참혹한지 배워야 한다.

∴ 결론: 민주주의는 결과가 아닌 과정이다

나치 독일의 사례는 민주주의가 완성된 시스템이 아니라, 끊임없는 경계와 참여를 요구하는 '과정'임을 보여준다. 선동은 항상 가장 쉬운 길, 즉 복잡한 문제에 대한 단순한 해답, 희생양에 대한 분노, 강력한 지도자에 대한 맹목적 복종을 제시하며 우리를 유혹한다.

이 유혹에 저항하는 것은 불편하고 고통스러운 일이다. 하지만 그 저항을 포기했을 때 어떤 대가를 치러야 하는지, 인류는 이미 600만 유대인의 피와 7천만 명의 전쟁 희생자를 통해 똑똑히 목격했다. 선동에 맞서는 싸움은 결국, 야만으로 퇴행하지 않으려는 문명의 처절한 자기방어이자, 인간의 존엄성을 지키기 위한 개인의 '깨어있음' 그 자체다.

참고문헌

1. 「Putting the fear back into fear appeals: The extended parallel process model」(2009. Kim Witte. Communication Monographs, 59(4), 329–349.)
2. 『괴벨스, 대중 선동의 심리학』(2006. Ralf Georg Reuth. 김태희 옮김. 교양인)
3. 『군중심리』(2021.Le Bon, Gustave. 강주헌 번역. 현대지성)
4. 「나치당(NSDAP)의 선거포스터와 선전정책, 1919 ~ 1932」(2004. 박상욱. 역사와 경계 제52집)
5. 「나치정권의 소년들에 대한 통제– 히틀러 유겐트를 중심으로–」(2007. 권형진. 대구사학회, 89)
6. 「독일 제3제국의 문화예술정책과 선전영화」(2020. 장희권. 동서인문학 제58권)
7. 『생각에 관한 생각』(2012. Kahneman, Daniel. 이진원 번역. 김영사)
8. 「선전선동 사례연구 : 나치독일, 중국, 북한」(2011. 양무진. 현대북한연구 제14권 제3호)
9. 『언어 사고 그리고 실재』(2007, Whorf, Benjamin Lee. 신현정 번역. 나남)
10. 『유년기와 사회』(2014. Erikson, Erik H. 송제훈 번역. 연암서가)
11. 『인지부조화 이론』(2016. Festinger, Leon. 김창대 번역. 나남)

12. 『자유로부터의 도피』(2020. Erich Fromm. 김석희 옮김. 휴머니스트)

13. 「전쟁과 문학⑨ 요제프 괴벨스의 선동 전술: 총선 정국서 들끓는 '괴벨스적 선동'」(2024. 이정현. 더스쿠프 제587호)

III. 중국 문화대혁명

〈국가의 문화를 없앤 선동〉

안욱진(단국대 정치외교학과 21학번)

◆ 혁명의 이름으로 시작된 광기의 시대

1966년 여름, 베이징 천안문 광장에는 붉은 완장을 찬 수백만 명의 젊은이들이 모였다. 이들은 '마오 주석 만세!'를 외치며 작은 붉은 책을 머리 위로 높이 들었다. 그 책은 바로 '마오쩌둥 어록'이었고, 이 순간이 인류 역사상 가장 광범위하고 파괴적인 대중 선동의 시작이었다.

중국 문화대혁명은 20세기 인류 역사에서 대규모 선동과 대중 동원이 결합된 대표적 사례 중 하나다. 마오쩌둥이 주도한 이 정치 운동은 표면적으로는 '자본주의적 요소'와 '전통문화'를 타파하고 혁명 정신을 회복한다는 명분을 내세웠지만, 실상은 권력 투쟁과 개인숭배의 극단적 형태라고 해석할 수 있다.

프랑스 사회심리학자 귀스타브 르 봉이 1895년 발표한 『군중심리학』에서 내놓은 통찰은 마치 문화대혁명을 예견한 것 같다. 그는 "군중의 마음에 환상을 심을 줄 아는 사람은 쉽게 그들의 지배자가 된다."라고 분석했는데, 마오쩌둥은 바로 이러한 군중심리의 메커니즘을 교묘하게 이용했다.

10년이라는 긴 기간 동안 중국 전역에서 자행된 광범위한 선동은 수백만 명에 이르는 것으로 추정되는 희생자를 낳았으며 중국의 역사와 문화유산에 돌이킬 수 없는 상처를 남겼다. 어떻게 당시에 7억이 넘는 인구를 가진 거대한 국가가 광기의 소용돌이로 빨려 들어갔을까?

해당 챕터에서는 먼저 문화대혁명의 일어난 배경을 알아보기 위해 대약진운동을 간단하게 살펴본다. 그리고 문화대혁명의 전개과정을 살펴보면서 선동의 방식과 그 결과를 현대 심리학 이론과 당시 언론 보도를 통해 들여다본다.

◆ 시대적 배경: 대약진 운동의 실패와 권력 투쟁

중국 문화대혁명이라는 거대한 광풍은 1966년에 갑자기 시작된 것이 아니다. 그 뿌리는 1950년대 후반, 마오쩌둥이 야심 차게 추진했던 '대약진 운동'의 참혹한 실패와 그로 인한 그의 정치적 위기에서 시작되었다.

∴ 대약진 운동의 발단

1958년, 마오쩌둥은 제2차 5개년 계획의 일환으로 '대약진 운동'을 선포했다. 목표는 단기간에 서구 자본주의 국가, 특히 "7년

안에 영국을 따라잡고 15년 만에 미국을 추월한다(초영간미, 超英趕美).”라는 것이었다. 그는 중국의 방대한 인력을 동원하면 농업과 공업 생산량을 폭발적으로 증가시킬 수 있다고 믿었고 빠르게 공업을 육성시켜서 중국을 제1의 공산국가로 만들려 했다.

∴ 공산당의 농업과 공업 정책

이 운동은 크게 농업과 공업의 두 축으로 전개되었다. 우선 농업의 측면에서 공산당은 인민공사(人民公社)를 설립했다. 전국 농촌의 모든 사유재산(토지, 농기구, 가축 포함)을 몰수하고, 수천 가구를 하나의 거대한 ‘인민공사’로 묶었다. 모든 생산과 분배가 집단화되었으며, 심지어 식사까지 ‘공공식당(公共食堂)’에서 해결하게 하여 전통적인 가족 구조를 해체했다. 재산과 사람 모두 마을 공동의 자산이 되도록 한 것이다.

또한 농업 생산량을 갉아먹고 병을 옮긴다는 이유로 ‘네 가지 해로운 것(참새, 쥐, 파리, 모기)’을 박멸하는 제사해 운동(除四害運動)이 전국적으로 벌어졌다. 특히 참새가 곡식을 쪼아 먹는다고 하여 마오쩌둥은 “저 새는 새로운 새다.”라고 말하며 지역별로 일정 할당량 이상을 잡아 오라고 지시했다. 중국 전역의 인민들이 냄비와 솥을 두드려 참새가 앉지 못 하게 해 지쳐 떨어져 죽게 만들거나 직접 사냥하는 등의 방법으로 1년 만에 2억 마리의 참새를 넘게 잡았다고 한다.

또한 마오쩌둥은 소련의 사이비 과학자 트로핌 리센코(Trofim

Lysenko)의 이론에 경도되어, 밭을 1~2미터 깊이로 파헤치는 '심경(深耕)'과 벼를 극도로 촘촘하게 심는 '밀식(密植)'을 강요했다. 마오쩌둥은 미국과 서구가 발전시킨 정상적인 과학 농법이 아닌 공산주의만의 '기적의 농법'을 원했기에 이 리센코의 농법을 시행하도록 했다.

공업 측면에서는 토법고로(土法高爐) 운동을 전개했다. 대약진운동의 상징과도 같은 이 운동은 철강 생산량을 단기간에 두 배로 늘리기 위해 전개되었다. 마오쩌둥은 전문 제철소가 아닌, 전국의 마을과 도시 공터, 심지어 학교와 병원 마당에 원시적인 '토법고로(재래식 용광로)' 수백만 개를 건설하라고 지시했다.

농민, 학생, 지식인까지 모두가 이 '철강 생산 전투'에 동원되었다. 이들은 연료와 철광석이 부족하자 산의 나무를 마구잡이로 베어 숲을 황폐화시켰고, 심지어 가정의 솥, 농기구, 문고리까지 쇠붙이란 쇠붙이는 모두 녹여 용광로에 쏟아부었다.

∴ 참혹한 결과: 대기근과 경제 붕괴

인민공사가 되어 마을의 자산과 농업을 공동으로 관리하게 되었으나 이는 오히려 생산량을 감소시켰다. 인민들은 열심히 일을 해도 분배가 동일하게 이루어지는 모습을 보고 열심히 일할 필요가 없음을 깨달았다. 즉, 노동을 하는 것에 동기부여가 일어나지 않았고 결국 전체적인 생산량이 감소한 것이다.

또한 '제사해 운동'으로 인해 천적인 참새가 사라지자, 메뚜기를 비롯한 해충이 창궐하여 농작물을 닥치는 대로 먹어 치우는 등 생태계 파괴의 업보를 그대로 돌려받았다.

그리고 마오쩌둥이 강요했던 '심경(深耕)'과 '밀식(密植)'이라는 기적의 농법은 오히려 농토를 황폐화시켰다.

심경(深耕)은 밭을 1~2미터(성인 키만큼) 깊이로 파헤치면, 땅속 깊은 곳의 영양분이 위로 올라오고 뿌리가 더 깊게 자라나 곡식이 거대하게 자랄 것이라는 주장이었다. 그러나 이는 농업에 대한 무지에서 비롯된 최악의 조치였다.

식물 성장에 가장 중요한 것은 지표면 20~30cm 이내의 비옥한 '표토층'이다. 땅을 1~2미터나 뒤집어엎는 것은, 이 비옥한 흙을 쓸모없는 자갈이나 척박한 하층토와 뒤섞어 버리는 행위였을 뿐이다. 인민들은 비옥한 표토층을 모조리 파괴하여 땅의 지력을 완전히 상실시켰으며, 농토는 사실상 사막으로 변해갔다. 게다가, 수천만 명의 농민들이 트랙터도 없이 삽과 괭이만으로 1~2미터 깊이로 땅을 파헤치느라 정작 파종 시기를 놓치는 문제도 발생했다.

밀식(密植)은 벼나 밀을 매우 촘촘하게 심는 것이다. 리센코는 같은 '계급(예: 벼)'의 식물끼리는 서로 경쟁하지 않고 오히려 협동하며 자란다고 말했다. 따라서 벼나 밀을 매우 촘촘하게, 거의 빈틈없이 심으면 단위 면적당 생산량이 폭발적으로 증가할 것이라고 주장했다. 그러나 실제로는 식물은 같은 종이라도 햇빛, 물, 토양의 영양분을 두고 치열하게 경쟁한다. 볍씨를 촘촘히 뿌리자, 싹이 튼 식물들은 햇빛과 영양분을 차지하기 위해 서로 경쟁하다가 결국 대부분이 말라 죽어버렸다.

결국 이 '사이비 과학' 농법으로 인해 그나마 남아있던 농지는 황폐화되었고, 농업 생산량은 수직으로 추락했다. 게다가 제사해 운동(참새 박멸)으로 인한 생태계 파괴와 결합하여, 인류 역사상 최악의 대기근을 불러일으키는 결정적인 원인이 되었다.

공업 또한 성공하지 못했다. 앞서 말했듯이 인민들은 모든 쇠붙이를 녹였지만 정말 그뿐이었다. 인민들이 쓸만한 쇠를 생산하는 기술을 알 리가 없었고 토법고로에서 생산된 강철은 불순물이 너무 많아 쓸모없는 쇠똥(철괴)에 불과했다. 정작 필요한 농기구나 일상용품만 파괴되었고, 전문적인 산업 기반이 무너졌다.

무엇보다 치명적인 것은 관료주의적 병폐였다. 지방 간부들은 마오쩌둥의 비현실적인 목표 달성을 강요받자, 공포에 질려 생산량을 수십 배 부풀려 보고했다. 중앙 정부는 이 허위 보고(풍년 보고)를 근거로, 굶주리는 농촌에서 오히려 더 많은 곡물을 징발해 도시로 보내거나 심지어 해외로 수출했다.

그 결과, 1959년부터 1961년까지 인류 역사상 최악의 기근이 중국을 덮쳤다. 이 '대기근'으로 3,000만 명에서 최대 5,000만 명에 이르는 사람들이 아사(餓死)했다.

∴ 마오쩌둥 권위의 실추와 비판

이 참혹한 실패로 인해 마오쩌둥의 권위는 크게 손상되었다. 결국 마오쩌둥은 건강상의 이유라는 핑계로 국가주석의 자리를 류샤오치에게 넘겼다. 권력을 넘겨받은 류사오치, 덩샤오핑 등 실용주의 지도자들이 경제 정책의 주도권을 가지고 정책을 펼치는 한편, 마오쩌둥에 대해 강력하게 비판했다.

1962년 1월에 공산당 고위 간부 7천여 명이 모인 '7천인 대회(七千人大會)'에서 마오쩌둥은 실패를 일부 인정했지만, 주된 원인을 '자연재해'와 '하급 간부들의 실행 착오'로 돌리려 했다. 그러자 류사오치는 "대약진 운동의 실패는 30%의 자연재해와 70%의 인위적 재난(三分天災, 七分人禍)."이라고 말하며 마오쩌둥을 정면으로 비판했다. 마오쩌둥은 이 발언에 엄청난 모욕감을 느끼고 류사오치를 잠재적 적으로 인식하게 된다.

또한 마오쩌둥은 경제 수습 과정에서 정책을 통한 암묵적 비판을 받았다고 볼 수도 있다.

7천인 대회 이후, 마오쩌둥은 정치 2선으로 물러났고, 류사오치와 덩샤오핑이 경제 재건을 지휘했다. 그들은 마오쩌둥의 이념 중심 정책을 폐기하고 다음과 같은 극도로 실용적인 정책을 펼쳤다.

첫째, 인민공사를 축소하여 사실상 집단 농장을 해체하고 농민들에게 자율성을 돌려주기 시작했다.

둘째, 자유 경작지[自留地]를 허용하여 농민들이 개인적으로 작은 밭을 가꾸어 생산물을 팔 수 있게 했다.

셋째, 자유 시장을 일부 허용하여 굶주림을 해결하기 위해 암시장을 양성화하고 시장 기능을 일부 도입했다.

덩샤오핑이 이런 기조를 "검은 고양이든 흰 고양이든 쥐만 잘 잡으면 된다(흑묘백묘론)."라고 표현한 것을 보면 당시 정권이 이념보다 경제 회복이라는 실리를 우선시했음을 알 수 있다.

하지만 마오쩌둥의 눈에 이러한 실용주의 정책들은 자신의 혁명 노선을 정면으로 부정하는 '자본주의로의 회귀'이자 '수정주의' 그 자체나 다름없었다. 류사오치가 경제를 성공적으로 회복시킬수록, 마오쩌둥의 이념은 실패한 것이 증명되는 셈이었다.

결론적으로, 류사오치는 "당신의 정책(대약진)은 실패했다(7천인 대회)."라고 직접 비판했고, "당신의 이념(공산주의)보다 나의 실용주의(자본주의적 요소)가 더 우월하다."라는 것을 정책으로 증명하려 한 것이나 다름없었다.

이것이 마오쩌둥이 류사오치를 '당내 최대의 주자파(走資派, 자본주의의 길을 걷는 자)'로 규정하고, 그를 제거하기 위해 문화대혁명이라는 거대한 선동을 일으킨 직접적인 원인이 되었다.

∴ 선동의 시작

당시 류사오치와 덩샤오핑은 인민공사를 축소하고 일부 사유재산과 시장 경제를 허용하는 조정 정책을 펴며 붕괴한 경제를 수습해 나갔다.

그리고 마오쩌둥은 류사오치가 펼치는 실용주의 정책은 서양의 자본주의라고 말하며 중국 공산당 내에서도 자본주의적 요소가 확산되고 있다고 주장했다. 그는 류샤오치와 덩샤오핑의 실용주의 노선이 자신이 이룩한 공산주의 혁명을 배신하고 '자본주의의 길을 걷는 것(주자파, 走資派)'이라 규정했다.

자신의 권위를 실추시키고 수정주의 노선을 걷는 당 지도부를 타도하기 위해, 마오쩌둥은 정상적인 당 조직이 아닌 '외부의 힘'을 동원할 계획을 세운다. 그것이 바로 자신의 카리스마와 선동을 이용해 '홍위병(紅衛兵)'이라는 젊은 세대를 동원하여 기존 권력 구조를 아래로부터 파괴하는 것, 즉 '문화대혁명'이었다.

권위주의 체제에서는 정치적 위기가 닥쳤을 때 종종 외부의 적을 만들어내거나 내부의 '배신자'를 색출한다는 명목으로 대중의 관심을 돌리려 한다. 심리학에서는 이를 '스케이프고팅' 현상이라고 부른다. 마오쩌둥은 바로 이러한 심리적 메커니즘을 활용하여 자신의 정치적 위기를 극복하고 권력을 회복하기 위해 류사오치 정권을 자본주의의 길을 걷는 주자파로 규정한 것이다.

이러한 배경에서 시작된 문화대혁명의 실상은 마오쩌둥이 자신의 권력을 회복하고 정적들을 제거하려는 정치적 선동의 결과물일 뿐이었다.

◆ 카리스마적 지도자와 붉은 청년들

∴ 지도부의 선동 전략

문화대혁명의 선동은 마오쩌둥이라는 카리스마적 지도자를 정점으로 한 피라미드 구조를 띠고 있었다. 그의 부인 장칭(江靑)을 중심으로 장춘차오(張春橋), 야오원위안(姚文元), 왕훙원(王洪文)으로 구성된 '4인방'이 선동의 핵심 세력이 되었다. 이들은 마오쩌둥의 개인숭배를 극단적으로 강화하고, 그의 사상을 절대화하는 데 모든 선전 수단을 동원했다. 각 인물의 구체적인 역할은 다음과 같이 나눌 수 있다.

① 장칭(江靑, Jiang Qing)

장칭은 '선동의 얼굴'로, 마오쩌둥의 부인이라는 상징적 지위를 이용해 문화대혁명의 '문화적 깃발잡이' 역할을 수행했다. 그녀의 구체적인 활동으로는 먼저, 문화대혁명의 핵심 구호인 '사구 타파[破四旧(낡은 사상, 낡은 문화, 낡은 풍속, 낡은 습관의 타파)]'를 주도하며 전통 경극, 문학, 예술을 '봉건적', '부르주아적'인 것으로 규정하고 파괴하는 예술계 숙청이 있었다. 또한, 기존의 모든 예술을 파괴한 자리에 '혁명모범극(양판희)'을 제작하여 유일한 예술 형식으로 내세웠다. 이 작품들은 철저히 마오쩌둥을 찬양하고 계급투쟁을 미화하는 내용으로만 채워졌으며, 10년 내내 8개의 작품(초기 기준)만이 반복적으로 상연되었다. 마지막으로 그녀는 자신에게 비판적이거나 마오쩌둥의 노선에 반대하는 예술가, 작가, 학자들을 '반혁명분자'로 지목하여 홍위병의 공격 대상으로 만드는 지식인 박해를 자행했다.

② 야오원위안(姚文元, Yao Wenyuan): 선동의 펜

야오원위안은 '선동의 펜'으로, 급진적인 평론가로서 언론을 통해 문화대혁명의 시작을 알리고 여론을 조작했다. 그의 활동은 1965년 문화대혁명의 사실상 신호탄이 된 '신편 역사극 「해서파관」을 논함'이라는 평론을 발표하며 시작되었다. 이 평론은 해당 연극이 대약진 운동을 비판했다가 숙청된 '펑더화이'를 옹호하고 마오쩌둥을 비판한다고 주장함으로써, 마오쩌둥의 정적(류샤오치 등)에 대한 공격을 정당화하는 구실이 되었다. 이후 그는 「인민일보」, 「해방군보」 등 주요 신문과 방송을 장악하여, 홍위병들에게 '다음 공격 대상은 누구인지'를 지시하는 사설을 내보내는 등 선동의 방향을 제시하는 역할을 총괄했다.

③ 장춘차오(張春橋, Zhang Chunqiao): 선동의 뇌

장춘차오는 4인방의 핵심 이론가이자 '선동의 뇌'로서, 문화대혁명의 급진적 논리를 제공했다. 그는 '계속 혁명 이론'을 개발하여 "공산당이 권력을 잡았어도 당 내부에 자본주의의 길을 걷는 자(주자파, 走資派)가 남아있다."라고 주장했다. 이는 대약진 운동의 실패를 수습하던 류샤오치와 덩샤오핑을 공격하는 핵심 이론이 되었다. 또한 그는 1967년 상하이에서 기존 당 조직을 무너뜨리고 급진파가 권력을 잡은 '상하이 코뮌'을 주도하며 홍위병의 권력 탈취를 이론적으로 뒷받침했다.

④ 왕홍원(王洪文, Wang Hongwen): 선동의 근육

왕홍원은 '선동의 근육'으로, 4인방 중 가장 젊은 상하이 공장 노동자 출신으로서 '노동자'와 '홍위병'을 직접 조직하고 동원하는 행동대장 역할을 했다. 그는 상하이에서 노동자 반란을 성공시킨 경험을 바탕으로 전국의 급진적 홍위병 세력과 노동자들을 조직화했다. 이어서 이들을 동원하여 류샤오치, 덩샤오핑 등 마오쩌둥의 정적들을 '반혁명분자'로 규정하고, 이들을 끌어내려 공개 비판(조리돌림)하고 숙청하는 물리적 폭력을 주도했다. 마오쩌둥은 이러한 그의 공로를 높이 평가하여 초고속 승진시켰고, 그는 당 부주석의 자리까지 오르게 되었다.

이들의 공통적인 목표는 대약진 운동의 실패로 권력이 약화된 마오쩌둥의 1인 독재 권력을 회복시키는 것이었으며, 그 방법으로 이들이 선택한 것은 마오쩌둥의 '카리스마적 권위'를 강화하는 것이었다.

'카리스마적 권위'는 독일의 사회학자 막스 베버가 정의한 개념으로, 지도자의 개인적 매력과 신비로운 능력에 대한 믿음을 바탕으로 형성되는 권위를 말한다. 마오쩌둥은 자신을 중국 혁명의 화신이자 인민의 구세주로 포장하며 이러한 카리스마적 권위를 극대화했다. 그의 말 한마디가 곧 진리가 되고, 그의 생각이 곧 인민의 의지가 되는 상황이 연출되었다.

∴ 홍위병

문화대혁명의 실질적인 실행 주체는 홍위병이라 불리는 학생과 청년들이었다. 홍위병은 대부분 중학생에서 대학생 사이의 젊은 이들로 구성되어 있었으며, 마오쩌둥과 그의 이념을 극도로 옹호했다. 이들은 1966년과 1968년 사이에 무리를 지어 다니며 마오쩌둥의 정적이나 '구시대적', '부르주아적'이라고 간주한 모든 것에 폭력을 행사하거나 철저히 파괴하는 급진성을 보였다.

마오쩌둥은 1966년 8월 천안문 광장에서 백만 명이 넘는 홍위병을 접견하며 그들에게 '혁명'을 수행할 권한을 부여했다. 1966년 7월 27일 마오쩌둥은 "반란에는 이유가 있다."라는 제목의 홍위병 대표단 성명서에 지지를 표명했다. 그는 '조반유리(造反有理, 반항하는 것은 정당하다).'라는 슬로건을 내세우며 젊은이들의 혁명적 열정을 부추겼다.

청소년기는 정체성 형성의 중요한 시기로, 기성세대에 대한 반항심과 동시에 소속감에 대한 강한 욕구를 가지고 있다. 심리학자 에릭 에릭슨의 발달단계 이론에 따르면, 청소년기는 '정체성 대 정체성 혼란'의 갈등을 겪는 시기다. 자신이 누구인지, 무엇을 위해 살아야 하는지에 대한 근본적인 질문과 마주하게 되는 것이다. 마오쩌둥은 바로 이러한 청소년기의 심리적 특성을 교묘하게 이용했다.

홍위병들은 마오쩌둥의 '붉은 경전'인 「마오쩌둥 어록」을 들고 다니며 맹목적인 충성을 표현했다. 그들은 기존의 모든 권위와 전통에 도전하도록 선동되었으며, 이는 곧 무자비한 폭력과 파괴로 이어졌다. 이러한 현상은 현대 심리학에서 말하는 '집단 사고' 현상과 정확히 일치한다. 집단의 결속력을 유지하기 위해 비판적 사고를 포기하고 집단의 결정을 비판 없이 수용하게 되는 것이다.

마오쩌둥은 홍위병들을 통해 정규 당 조직과 정부 기구를 우회하여 직접적인 통제력을 행사했다. 그는 "포화를 당 중앙을 향해 쏘라."라고 선동하며, 류샤오치와 덩샤오핑 등 자신의 정적들을 타도하도록 유도했다. 이러한 방식으로 마오쩌둥은 정치적 반대파를 제거하는 동시에 전국적인 혼란을 조성하여, 자신만이 안정을 가져올 수 있는 유일한 지도자임을 강조했다.

◆ 개인숭배와 대중 동원의 심리학적 메커니즘

문화대혁명 시기 선동의 방식은 다양하고 전방위적이었으며, 중국 사회의 모든 영역을 관통했다. 이는 현대 심리학이 밝혀낸 다양한 설득과 조작의 기법들을 종합적으로 활용한 것이었다.

∴ 신격화와 일상의 종교화

마오쩌둥은 단순한 정치 지도자를 넘어 신격화되었다. 그는 '위대한 지도자', '위대한 영도자', '위대한 최고 사령관', '위대한 영수'라는 칭호로 불렸다. 그의 초상화는 모든 공공장소와 가정에 의무적으로 걸렸으며, 매일 아침에는 '충효 춤'이라고 불리는 춤을 추고 마오쩌둥에게 충성을 맹세하는 의식이 일상화되었다.

학교 수업 시작 전이나 노동 현장에서 작업을 시작하기 전에도 마오쩌둥 어록을 암송하는 등, 그의 사상이 삶의 모든 순간에 침투하도록 강요되었다. 심지어 식사를 시작하기 전에도 "마오 주석께 감사드립니다."라는 인사를 해야 했다. 이러한 끊임없는 주입은 대중에게 마오쩌둥이 중국의 유일한 구원자이자 혁명의 화신이라는 인식을 심어주었으며, 합리적 사고를 마비시키고 맹목적인 복종을 끌어내는 강력한 장치로 작용했다.

현대 인지심리학에서는 이러한 현상을 '반복 노출 효과'로 설명한다. 단순히 어떤 대상에 반복적으로 노출되는 것만으로도 그 대상에 대한 호감도가 증가하는 현상이다. 마오쩌둥의 이미지와 사상을 일상생활의 모든 순간에 반복적으로 노출함으로써, 사람들은 자연스럽게 그에 대한 친밀감과 신뢰감을 느끼게 되었다. 또한 종교적 의식과 유사한 일상 의례는 '인지적 일관성'을 유지하려는 인간의 심리적 특성을 이용한 것이다. 매일 마오쩌둥에게 충성을 맹세하는 행동을 반복하다 보면, 자기 행동과 일치하는 신념을 갖게 되는 것이다. "내가 매일 이렇게 충성을 맹세하는 것을 보니, 나는 정말로 마오 주석을 사랑하고 있구나."라는 식의 자기 합리화가 일어나는 것이다.

∴ 사상 통제의 핵심 도구

마오쩌둥 어록은 선동의 핵심 도구였다. 이 작은 붉은색 책자에는 마오쩌둥의 발췌 연설문과 저작물이 담겨 있었고, 모든 중국인이 의무적으로 휴대하고 암기해야 했다. 길거리, 공장, 학교 등 어디에서나 사람들이 어록을 암송하고 연구하는 모습이 발견되었다. 심지어 병원에서 수술을 받을 때도 환자가 어록을 암송하면 마취 없이도 고통을 견딜 수 있다는 황당한 주장까지 나돌았다.

이 어록은 대중에게 마오쩌둥 사상을 주입하고, 그가 인민의 유일한 구원자이자 혁명의 상징임을 끊임없이 상기시켰다. 단순한 구호와 사상 교육은 대중의 사고를 획일화하고 비판적 사고를 제거하는 데 기여했다. 인민해방군 총사령관 린뱌오는 "어록은 마오쩌둥 사상의 핵심을 담고 있으며, 혁명의 지침이자 모든 문제 해결의 열쇠다."라고 강조하며 그 권위를 신격화했다.

조지 오웰이 『1984』에서 묘사한 '신어'와 유사하게, 마오쩌둥 어록은 복잡한 사회 현실을 극도로 단순화된 이분법적 언어로 설명했다. '자본주의 길을 가는 자'와 '인민', '혁명'과 '반혁명' 등의 극단적 이분법은 중간 지대나 회색지대의 사고를 불가능하게 만들었다.

현대 언어심리학 연구에 따르면, 사용할 수 있는 어휘와 개념이 제한될 때 인간의 사고도 함께 제한된다는 '언어 상대성 가설'이 있다. 마오쩌둥 어록의 반복적 암송과 사용은 사람들의 사고 체계 자체를 단순화시키고 획일화시키는 효과를 낳았다. 복잡한 현실을 단순한 공식으로 환원시켜 생각하게 만든 것이다.

∴ 집단 최면과 감정의 전염

대규모 시위와 행진은 선동 효과를 극대화하는 수단이었다. 1966년 8월부터 11월까지 마오쩌둥은 천안문 광장에서 수백만 명의 홍위병들을 여덟 차례에 걸쳐 접견했다. 이 집회는 단순한 정치적 모임을 넘어, 마오쩌둥에 대한 맹목적인 충성과 집단적 열광을 고조시키는 거대한 의식이었다.

홍위병들은 마오쩌둥의 지시에 따라 전국 각지로 '대장정'을 떠났으며, 이는 혁명 메시지를 전파하고 구체제를 타도하는 임무를 수행했다. 거대한 군중이 한목소리로 구호를 외치고 행진하는 모습은 개인의 자율성을 말소하고 집단적 동조 심리를 강화하는 효과를 낳았다. 그 장관을 목격한 많은 사람들이 "숨이 막힐 정도로 압도적이었다."라고 회상했다.

사회심리학에서는 이러한 현상을 '탈개성화'라고 부른다. 거대한 군중 속에서 개인은 자신의 개별적 정체성을 잃고 집단의 일부가 되면서, 평소라면 하지 않을 극단적 행동도 쉽게 따라 한다. 천안문 광장의 대규모 집회는 바로 이러한 탈개성화 현상을 극대화한 것이었다. 특히 동일한 복장(홍위병 완장)을 착용하고, 동일한 구호를 외치며, 동일한 행동(마오쩌둥 어록 흔들기)을 하는 것은 개인의 독특성을 말소하고 집단 정체성을 강화하는 효과를 낳았다. 이는 현대 사회심리학이 밝혀낸 '사회적 정체성 이론'의 극단적 사례라 할 수 있다. 개인이 자신을 "나는 홍위병이다." 라고 규정하게 되면, 홍위병 집단에 유리한 행동을 하고 적대 집단에 대해서는 차별적 행동을 보이게 되는 것이다.

∴ 익명성을 이용한 공포 정치

대자보의 활용은 문화대혁명 선동의 독특한 특징이었다. 대자보는 길거리 벽에 붙은 큰 글씨의 벽보로, 비판, 고발, 심지어 선동적 내용까지 담아 자유롭게 게재할 수 있었다. 1966년 5월 25일 베이징대의 조교인 녜위안쯔는 대학 당국과 다른 교수들이 우파 또는 반당분자라고 고발하는 대자보를 써 붙이고, 대학생들에게 온건파 학자들을 대대적으로 공격하는 데 참여하라고 촉구했다. 마오쩌둥은 직접 이 대자보에 서명함으로써 이를 공식적으로 지지했다.

대자보는 일반 대중에게 익명의 비난과 고발을 통해 자신의 적을 공격하고 여론을 조작하는 수단으로 활용되었다. 이는 사회 전반에 불신과 공포 분위기를 조성하는 데 결정적인 역할을 했으며, 한때 동지였던 사람도 '자본주의 길을 가는 당권파'나 '반혁명분자'로 손쉽게 매도될 수 있는 도구가 되었다.

당시 조선일보는 1966년 8월 20일 자에서 "중공 홍위병, 전국서 폭동."이라는 제목으로 홍위병들의 폭력 행위를 보도했고, 동아일보는 같은 해 9월 2일 자에서 "중공 혼란 극에 달해."라는 기사를 통해 문화대혁명의 파괴적 양상을 전했다. 이러한 보도들은 외신에 의존한 것이었지만, 대자보를 통한 고발과 비판 투쟁의 양상을 상당히 정확하게 포착했다.

대자보의 위력은 익명성에 있었다. 사회심리학 연구에 따르면, 익명성이 보장될 때 사람들은 평소보다 훨씬 공격적이고 무책임한 행동을 보이는 경향이 있다. 이를 '익명성 효과'라고 부른다. 대자보를 통한 고발은 작성자의 신원을 숨길 수 있었기 때문에, 사람들은 개인적 원한이나 질투를 정치적 고발로 포장하여 복수할 수 있었다. 이웃에 대한 시기, 동료에 대한 질투, 상사에 대한 불만 등이 모두 '혁명의 이름'으로 정당화되었다.

∴ 미디어를 통한 선전

기존의 모든 문화 예술은 '봉건주의, 자본주의, 수정주의'의 산물로 규정되어 파괴되거나 비판받았다. 그 대신 '혁명 오페라', '혁명 발레'와 같은 '모범극'이 장칭의 주도하에 창작되어 모든 미디어를 통해 반복적으로 상연되었다.

이 모범극들은 지극히 단순한 서사와 강렬한 이념적 메시지를 담고 있었으며, 마오쩌둥의 혁명 사상을 찬양하고 적대 세력을 비난하는 데 활용되었다. 전통 예술가, 지식인들은 재교육을 명목으로 노동 현장으로 추방되거나 공개 비판의 대상이 되어 고통받았다. 유명한 경극 배우들은 무대에서 끌어내려져 거리에서 굴욕을 당했고, 수많은 문학가가 '독초'를 퍼뜨렸다는 죄명으로 박해받았다.

현대 커뮤니케이션 이론에서는 미디어의 반복적 노출이 태도 변화에 미치는 강력한 영향을 '배양 이론'으로 설명한다. 텔레비전, 라디오, 영화 등을 통해 특정한 메시지에 장기간 노출되면, 사람들은 그 메시지의 내용을 현실로 받아들이게 된다는 것이다.

문화대혁명 시기 모든 예술 작품이 획일적인 메시지를 담고 있었기 때문에, 중국 인민은 다른 관점이나 가치관에 노출될 기회를 완전히 차단당했다. 이는 사고의 다양성을 말살하고 단일한 세계관을 강요하는 결과를 낳았다. 사람들은 점차 현실과 선전의 경계를 구분하지 못하게 되었고, 모범극의 영웅들이 실제로 존재한다고 믿게 되었다.

∴ 지적 권위의 해체

문화대혁명 초기에는 대학 입시가 폐지되고 대부분의 정규 교육 체계가 심각하게 붕괴되었다 지식인과 교수들은 '반동 학술 권위자'로 낙인찍혀 박해받았으며, '하방'이라 불리는 농촌 노동으로 강제로 이주하였다. 이는 젊은 세대가 비판적 사고를 학습하고 다른 가치관을 접할 기회를 박탈함으로써, 오직 마오쩌둥 사상만을 유일한 진리로 받아들이도록 만들기 위한 조치였다. '낡은 사상, 낡은 문화, 낡은 풍속, 낡은 습관'을 타파하는 '사구 타파' 운동은 학교, 박물관, 사찰 등에 보관된 수많은 역사적 유물과 문화를 파괴하는 행위로 이어졌다. 베이징대학교의 저명한 역사학 교수들이 거리로 끌려 나와 '소 귀신 사신'이라는 모자를 쓰고 조리돌림을 당하는 모습은 당시의 참혹한 현실을 상징적으로 보여준다.

교육심리학 연구에 따르면, 정규 교육은 비판적 사고력 발달에 필수적이다. 특히 대학 교육은 다양한 관점을 접하고, 논리적 분석 능력을 기르며, 독립적 판단력을 키우는 데 결정적 역할을 한다. 문화대혁명 시기 교육 시스템의 파괴는 바로 이러한 비판적 사고력의 발달을 원천적으로 차단하려는 의도였다.

지식인에 대한 박해는 '반지성주의'의 극단적 형태였다. 학문적 권위와 전문성을 부정하고, 오직 정치적 올바름만을 진리의 기준으로 삼음으로써 이성적 토론과 학술적 논증의 가능성을 원천 봉쇄했다. "지식이 많을수록 반동적이다."라는 구호가 널리 퍼지면서, 무식한 것이 오히려 혁명적인 것으로 여겨지는 전도된 가치관이 형성되었다.

◆ 이념의 광풍이 휩쓴 거대한 비극

문화대혁명의 선동은 중국 사회 전체에 걸쳐 엄청난 영향력과 돌이킬 수 없는 피해를 남겼다. 그 결과는 인류 역사상 유례없는 자멸적 파괴의 양상을 보여준다.

∴ 천문학적인 인명 피해와 인권 유린

정확한 통계는 없지만, 문화대혁명 동안 정치적 박해와 학살 그리고 사회적 혼란으로 사망한 사람은 수백만 명에서 천만 명에 달하는 것으로 추정된다. 수천만 명의 사람들이 '반혁명분자', '자본주의 추종자' 등으로 몰려 강제 수용소로 끌려가거나 비판 투쟁을 당하고 육체적, 정신적 고통을 겪었다.

더욱 충격적인 것은 인간관계의 기본적인 신뢰마저 파괴되었다는 점이다. 부모가 자식을, 자식이 부모를 고발하는 일이 비일비재했다. 한 홍위병은 자신의 아버지가 "마오 주석의 정책에 의문을 표했다."라며 공개 비판 집회에서 직접 아버지를 고발했다. 이러한 가족 해체는 대중을 향한 무분별한 폭력 선동이 빚어낸 참혹한 결과였다.

당시 서구 언론들은 문화대혁명의 참상을 지속적으로 보도했다. 1967년 1월 15일 뉴욕타임스는 "중국에서 벌어지는 광기의 시대."라는 제목으로 홍위병들의 무차별 폭력을 상세히 보도했다. 같은 해 영국 BBC는 "마오의 붉은 혁명이 중국을 혼돈으로 빠뜨리고 있다."라며 국제사회의 우려를 전했다.

한국의 경우, 1967년 3월 12일 자 동아일보는 "중공 문화혁명의 실상."이라는 기사에서 "지식인과 예술가들이 거리로 끌려 나와 모욕을 당하고 있다."라고 보도했으며, 조선일보는 같은 해 4월 8일 자에서 "중공, 전통문화 파괴 광풍."이라는 제목으로 문화재 파괴 현장을 전했다.

현대 심리학에서는 이러한 대규모 정치적 폭력이 개인과 집단에 미치는 장기적 영향을 '집단적 트라우마'라고 부른다. 문화대혁명을 경험한 세대는 심각한 불안장애, 우울증 그리고 외상 후 스트레스 장애 증상을 보였다. 특히 가족과 친구들로부터 배신을 당한 경험은 대인 관계에 대한 근본적 불신을 낳았고, 이는 중국 사회의 사회적 자본 형성에 지속적인 악영향을 미쳤다.

∴ 중국의 찬란한 문화유산 파괴

'사구 타파' 운동 아래 홍위병들은 사찰, 고궁, 고서, 예술 작품 등 수천 년간 축적된 문화유산을 파괴했다. 공자묘와 같은 유적지가 훼손되었고, 개인 소장품이나 예술품도 모두 '봉건적'이라는 이유로 불태워졌다. 이는 중국 역사와 민족 정체성의 근간을 뿌리째 흔드는 행위였다. 한 나라의 정신적 자산을 파괴함으로써 미래 세대가 과거와의 연결고리를 잃고 오직 현 체제와 지도자의 이념만을 따르도록 만들려 했다.

베이징의 공자묘에서는 2,000년 된 비석들이 파괴되었고, 시안의 대안탑 주변 문화재들이 홍위병들에 의해 훼손되었다. 상하이박물관의 소장품 중 상당수가 '봉건 잔재'라는 명목으로 불에 태워졌으며, 개인이 소장하던 고서화들도 대부분 파괴되었다. 심지어 천안문 광장 근처의 고서점들이 일제히 불타는 모습을 목격한 외국 기자는 "마치 인류 문명이 한순간에 사라지는 것 같았다."라고 묘사했다.

유네스코는 2010년 발표한 보고서에서 "문화대혁명으로 인한 중국 문화재 손실은 20세기 인류가 겪은 가장 큰 문화적 재앙 중 하나."라고 평가했다. 중국 정부 자체 조사에 따르면, 전국적으로 약 10만 점의 중요 문화재가 완전히 소실되었고, 수십만 점이 심각한 훼손을 입었다.

∴ 국가 경제의 붕괴와 사회 생산력 상실

혁명의 명분으로 공장과 농업 생산이 마비되었고, 사회 전반에 걸쳐 극심한 혼란이 지속되었다. 지식인, 기술자, 숙련공들이 박해받고 추방되면서 산업 생산력은 크게 저하되었다. 농업 또한 홍위병들의 무자비한 행동으로 인해 황폐해져 심각한 식량난을 초래하기도 했다. 이로 인해 중국은 세계 경제 발전 흐름에서 10년 이상 뒤처지는 결과를 낳았다.

중국 정부가 1978년 개혁개방 이후 공개한 자료에 따르면, 문화대혁명 동안의 경제적 손실은 상상을 초월했다. 산업 생산량이 1965년 대비 평균 15~20% 감소했고, 농업 생산성이 전국 평균 12% 하락했다. 과학기술 연구개발이 사실상 중단되면서 기술격차가 선진국 대비 15~20년 벌어졌으며, 총 경제적 손실은 당시 기준으로 약 5천억 위안에 달했다. 현재 가치로 환산하면 수조 달러에 해당하는 천문학적인 손실이었다.

1968년 9월 15일 자 월스트리트저널은 "중국 경제가 문화혁명으로 인해 심각한 타격을 받고 있으며, 이는 동아시아 전체 경제에도 악영향을 미치고 있다."라고 분석했다. 당시 중국과 교역을 하던 홍콩 상인들은 "중국에서 오는 상품의 품질이 급격히 떨어지고 있다."라며 우려를 표했다.

∴ 교육 시스템의 붕괴와 '잃어버린 세대'의 탄생

10년간 교육이 제대로 이루어지지 않으면서 한 세대 전체가 기본적인 학문적 지식과 비판적 사고 능력을 상실하는 비극을 겪었다. 수많은 청년이 지적 훈련 대신 오직 마오쩌둥 사상만을 학습했고, 사회적 경험 부족으로 인해 문화대혁명 이후 사회 재건에 어려움을 겪는 '잃어버린 세대'로 전락했다. 이들이 사회 지도층으로 성장했을 때, 이는 중국 사회 전반의 역량 저하로 이어졌다.

1966년부터 1976년까지 중등교육과 고등교육을 받아야 할 나이였던 약 1억 3천만 명의 청년들이 정상적인 교육 기회를 박탈당했다. 이 중 상당수는 '상산하향' 운동으로 농촌에 보내져 노동에만 종사했다. 당시 베이징의 한 중학생은 훗날 회고록에서 "우리는 책을 읽는 대신 밭을 갈고, 수학을 배우는 대신 돼지를 쳤다."라며 씁쓸함을 토로했다.

1977년 대학 입시가 재개되었을 때, 10년 동안 축적된 교육 적체 현상으로 인해 경쟁률이 수백 대 일에 달했다. 당시 베이징대 입학생의 평균 연령이 23세를 넘었는데, 이는 정상적인 18세보다 5년 이상 높은 수치였다. 한 교수는 "강의실에 앉은 학생들의 절반이 나보다 나이가 많았다."라며 당시 상황의 기이함을 전했다.

2008년 중국사회과학원이 발표한 연구에 따르면, 문화대혁명 세대의 평균 교육 수준은 이전 세대보다 2.3년 낮았고, 이는 이들의 평생 소득에도 상당한 영향을 미쳤다.

∴ 사회적 불신과 깊은 트라우마 형성

가족, 친구, 동료 간의 고발과 투쟁이 일상화되면서 사회 전반에 깊은 불신이 뿌리내렸다. 사람들은 서로를 믿지 못하게 되었고, 이는 공동체의 유대감을 심각하게 훼손했다. 문화대혁명의 경험은 이후 세대에까지 깊은 심리적 트라우마를 남겼으며, 중국 현대 정치와 사회에 지속적인 영향을 미치고 있다.

사회학에서는 사회 구성원 간의 신뢰를 '사회적 자본'이라고 부른다. 이는 경제 발전과 민주주의 발전에 필수적인 요소다. 문화대혁명은 중국 사회의 사회적 자본을 거의 완전히 파괴했다.

1980년대 초 중국에서 실시된 사회 신뢰도 조사에 따르면, "타인을 믿을 수 있다."라고 답한 응답자가 전체의 15% 미만이었다. 이는 당시 서구 선진국의 60~70%와 비교하면 극도로 낮은 수치였다. 특히 "정치적 문제에 대해 자유롭게 의견을 나눌 수 있다."라고 답한 비율은 5% 미만으로, 정치적 신뢰의 붕괴가 심각한 수준이었다.

현대 심리학 연구에 따르면, 집단적 트라우마는 직접 경험하지 않은 다음 세대에게도 전달된다. 이를 '세대 간 트라우마 전승'이라고 부른다. 문화대혁명을 직접 경험한 부모 세대의 불안과 공포는 자녀 교육 방식과 가족 내 소통 패턴에 영향을 미쳤다.

1990년대와 2000년대 중국에서 태어난 세대들도 여전히 정치적 문제에 대해서는 극도로 조심스러운 태도를 보이는 것이 이러한 현상의 결과라고 분석된다. 한 중국 유학생은 "우리 할머니는

지금도 집에서 정치 이야기를 하면 목소리를 낮추라고 한다."라며 세대 간 트라우마의 실상을 전했다.

◆ 군중심리학의 관점에서 본 문화대혁명

르 봉은 "군중 속에서 개인의 의식은 사라지고 집단적 군중 정신이 지배한다."라며 "군중은 증거, 이성, 논리보다 편견과 감정의 돌풍에 더 큰 영향을 받는다."라고 분석했다. 문화대혁명은 이러한 군중심리학의 원리를 현실에서 극단적으로 실현한 사례였다. 마오쩌둥은 개인의 이성적 판단력을 마비시키고 집단적 광기를 조성하여 자신의 정치적 목표를 달성하려 했다.

현대 사회심리학에서는 이를 '사회적 전염' 현상으로 설명한다. 마치 전염병이 퍼지듯 감정과 행동이 집단 내에서 빠르게 확산하는 현상이다. 개인이 집단 속에서 자신의 정체성을 잃고 집단의 정체성에 동화되면서, 평소에는 하지 않을 극단적 행동도 쉽게 따라 하게 된다. 홍위병들이 스승을 때리고 부모를 고발하는 상식을 벗어난 행태가 바로 이러한 사회적 전염의 전형적인 사례다.

◆ 비이성적 광기가 빚어낸 인류의 비극과 그 교훈

중국 문화대혁명은 특정 지도자의 권력욕과 대중의 맹목적인 추종 심리가 결합하였을 때 얼마나 파괴적인 결과를 낳을 수 있는지를 보여주는 역사적 비극이다. 마오쩌둥과 4인방은 사회적 혼란과 권력 투쟁을 배경으로 삼아, 극단적인 개인숭배와 이분법적 사고를 선동하고, 홍위병이라는 청소년 집단을 앞세워 폭력을 정당화했다.

어록 암송, 대규모 시위, 대자보, 문화 통제, 교육 시스템 파괴 등 전방위적인 선동 방식은 중국 인민의 사고를 획일화하고 비판적 사고를 말살하는 데 기여했다. 이러한 선동 기법들은 다양한 인간의 심리적 취약점들을 교묘하게 이용한 것이었다. 군중심리를 통한 개인 이성의 마비, 사회적 전염을 통한 감정과 행동의 확산, 탈개성화를 통한 극단적 행동의 정당화, 인지적 일관성을 통한 신념의 강화 그리고 반복 노출을 통한 호감도 증대 등이 그것이다.

그 결과 중국은 수백만 명의 희생자와 함께 찬란한 문화유산을 잃고, 경제적 파탄과 '잃어버린 세대'라는 심각한 후유증을 겪어야 했다. 문화대혁명의 선동은 한 국가를 장기적인 혼란과 불신 속으로 밀어 넣었으며, 인류 역사상 가장 대규모로 이루어진 '자학적 폭력'의 한 단면으로 기록되고 있다.

◆ 문화대혁명의 교훈과 우리의 과제

중국 문화대혁명의 역사는 한 개인의 권력욕이 '혁명'이라는 이름으로 포장될 때, 한 국가의 문화와 수천 년간 쌓아온 사회적 자산(신뢰)이 얼마나 철저하게 파괴될 수 있는지를 보여주었다. 마오쩌둥과 4인방이 '마오쩌둥 어록'과 '대자보'를 무기로 삼았다면, 오늘날의 선동가들은 소셜미디어 알고리즘과 가짜뉴스, 극단적 정치 팬덤을 무기로 삼아 얼마든지 대중을 현혹할 수 있다.

문화대혁명의 선동 기법(개인숭배, 언어의 단순화, 집단적 광기, 상호 불신 조장)은 과거의 유물이 아니다. 오히려 현대에 들어 선동 기법은 나쁜 방향으로 발전할 가능성이 더 크다. AI 기술이 발전함에 따라 실제와 구분할 수 없을 정도의 AI 영상들은 벌써 유튜브에 업로드되고 있으며, 알고리즘은 사용자의 취향에 맞는 영상들을 추천하여 확증 편향을 강화시킨다. 디지털 기술이 다변화되면 선동의 기술 역시 자연스럽게 발전한 것이다.

◆ 궁극적으로 선동을 막아내는 힘은 깨어있는 개인의 내면에 있다.

문화대혁명은 '혁명/반혁명', '주자파/인민'이라는 이분법적 언어가 어떻게 대중의 사고를 마비시키는가를 증명했다. 우리는 복잡한 사회 문제를 단순한 선악 구도로 나누는 언어의 함정을 경계해야 한다. '사실(Fact)'과 '의견(Opinion)'을 구분하고, 감정적 구호 뒤에 숨은 의도를 파악하며, 출처를 교차 검증하는 '비판적 사고' 훈련이 절실하다.

또한 타자에 대해 혐오하는 것이 아닌 존중과 공감을 하려는 태도를 가지는 것이 무엇보다도 중요하다. 문화대혁명의 가장 큰 비극은 가족과 친구를 고발하게 하여 사회의 가장 기본적인 신뢰, 즉 '사회적 자본'을 파괴한 것이다. 선동은 항상 '타자'에 대한 혐오를 먹고 자란다. 이에 맞서는 가장 근본적인 무기는 '공감'과 상대에 대한 '존중'이다. 나와 생각이 다른 사람, 다른 집단 역시 존엄성을 가진 한 명의 인간으로 인식하는 능력은, '주자파'나 '반동분자'를 억지로 색출하고 혐오 감정을 부추기려는 선동가들이 설 자리를 없앤다.

문화대혁명의 선동은 '인간관계의 신뢰'가 광기 앞에 얼마나 취약한지 적나라하게 보여주었다. 문화, 전통 그리고 가족이라는 인류 공동체의 가장 근본적인 가치조차 한순간의 이념적 광풍에 휩쓸려 파괴될 수 있음을 문화대혁명이라는 사례를 통해 목격했다.

이 비극적인 역사를 기억하고 분석하는 것은 단순히 과거를 비판하기 위함이 아니다. '선동'이라는 바이러스가 우리의 이성을 마비시키고 공동체를 파괴하는 것을 막기 위한 '예방 백신'을 맞는 일이다. 광기에 저항하는 힘은 단순히 거대한 구호를 외치는 것이 아닌, 비판적으로 사고하고 타인의 고통에 공감하는 개개인의 깨어 있는 지식과 판단에서 나온다는 점을 명심해야 한다.

참고문헌

1.『Red Memory: The Afterlives of China's Cultural Revolution』(2023. Branigan, Tania. New York: W. W. Norton & Company.)

2.『Victims of the Cultural Revolution: An Investigative Account of Persecution, Imprisonment, and Murder』(2023. Wang, Youqin. New York: Oneworld Publications.)

3. 『군중심리』(2021.Le Bon, Gustave. 강주헌 번역. 현대지성)

4. 『마오의 대기근』(2017. Dikötter, Frank. 최파일 번역. 열린책들.)

5. 『문화대혁명』(2024. Richard Curt Kraus. 강진아 번역. 교유서가)

6. 「선전선동 사례연구: 나치독일, 중국, 북한」(2011. 양무진. 현대북한연구 제14권 제3호)

7. 『언어 사고 그리고 실재』(2007, Whorf, Benjamin Lee. 신현정 번역. 나남)

8. 『유년기와 사회』(2014. Erikson, Erik H. 송제훈 번역. 연암서가)

9. 『인지부조화 이론』(2016. Festinger, Leon. 김창대 번역. 나남)

10. 「중국 대약진 운동의 사상적 기원에 관한 고찰 : 스탈린 모델의 모택동식 수용」(2017. 전성홍. 서강대학교 일반대학원)

11. 「중국 대약진운동의 정책결정과정에 대한 연구: 집단사고(groupthink) 모형을 중심으로」(2013. 焦佩, 이창신. 한국정치학회보 제47집 제2호)

12. 『카리스마적 지배』(2020. Max Weber. 이상률 번역. 문예출판사)

IV. 제주4.3사건

김영훈(LC 연구소장)

글을 쓰기에 앞서 희생자들을 위로합니다.

"제주4.3사건의 아픈 기억 속에서

가슴 시린 희생을 당한 모든 영령과

남아 있는 가족분들께

깊은 위로를 전합니다."

◆ 침묵 속에 묻혀있던 역사적 상처

제주4.3사건은 한국 현대사에서 가장 참혹한 비극 중 하나이다. 해방 후 극심한 이념 대립이 한반도를 뒤덮던 시절, 제주도에서는 수만 명의 무고한 시민들이 선동의 칼날에 목숨을 잃어야 했다. 오랜 기간 이념 대립과 일방적 낙인 속에서 진실이 왜곡되고 은폐되었지만, 민주화와 함께 시작된 진상규명 노력을 통해 우리는 비로소 그 참혹한 진실에 조금이나마 접근할 수 있게 되었다.

제주4.3사건에 대한 한국 사회는 오랫동안 침묵했다. '자유민주주의를 수호하는 정부'라는 신념과 '국가 공권력에 의한 민간인 대량 학살'이라는 현실 사이의 모순을 받아들이기 어려웠기 때문이다. 사람들은 자신이 가진 신념과 모순되는 정보를 접했을 때 극도로 불편함을 느끼며, 이를 해결하기 위해 정보를 왜곡하거나 무시하려 한다.

'집단 기억' 관점에서 보면, 제주4.3사건은 국가 권력에 의해 의도적으로 '집단 망각'의 대상이 되었다. 집단 기억은 단순히 개인들의 기억이 모인 것이 아니라, 사회적으로 구성되고 정치적으로 조작될 수 있는 것이다. 제주4.3사건의 진실은 바로 이러한 집단 기억의 정치적 조작 과정에서 철저히 은폐되었다.

이 사건을 통해 우리는 선동이 어떻게 대중의 심리를 조작하고, 상대방을 비인간화하며, 결국 돌이킬 수 없는 비극을 초래하는지 생생하게 목격할 수 있다. 좌우 이념 대립 속에서 양측이 어떻게 선동을 통해 대중을 움직이고 비극적 결과를 초래했는지를 살펴봄으로써, 선동이 역사에 미치는 치명적 영향력을 깊이 이해할 수 있을 것이다.

◆ 제주4.3사건 진상 보고서와 한계

제주4.3사건 진상규명 및 희생자 명예 회복에 관한 특별법(이하 '제주4.3특별법')에 따르면 제주4.3사건은 '1947년 3월 1일을 기점으로 1948년 4월 3일 발생한 소요 사태 및 1954년 9월 21일까지 제주도에서 발생한 무력 충돌과 그 진압 과정에서 주민들이 희생당한 사건'으로 정의한다.

제주4.3특별법은 제주4.3사건의 진상을 규명하고 이 사건과 관련된 희생자와 그 유족들의 명예 회복 및 희생자에 대해 보상함으로써 인권신장과 민주 발전 및 국민 화합에 이바지함을 목적으로 제정되었다. 이를 근거로 『제주4.3사건 진상조사보고서』가 제작되었다. 『제주4.3사건 진상조사보고서』는 현재 제주4.3사건에 대해 가장 권위 있는 자료이다. 당시 제주4.3특별법 취지에 따라 우파에서도 대승적 합의를 통해 만들어진 귀중한 자료다.

그러나 모든 자료를 완벽하게 수집하여 완성되었다고 보기는 어렵다. 시간이 지난 후 밝혀진 자료, 증언 등이 존재하기에 우리는 치우치지 않고 사실에 접근하는 태도를 보여야 한다. 이념과 입장에 따라 서로의 주장만 되풀이하지 말고 사실에 근거해서 접근해야 한다.

지금까지 확인된 명확한 사실은 다음과 같다.

첫 번째, 제주4.3사건은 단선·단정에 반대한 남로당 제주도당 무장대가 주도한 무장봉기다.

이는 제주4.3사건 진상 보고서에서 정의한 사실이다.

두 번째, 제주4.3사건으로 무고한 희생자가 발생했다.

제주4·3사건 진상 규명 및 희생자명예회복위원회가 확정한 희생자 수는 2024년 기준 14,822명이다. 그리고 『제주4.3사건 진상조사보고서』에 따르면 사망자 중 10,955명(78.1%)이 토벌대에 의해,

1,764명(12.6%)이 무장대에 의해 살해되었다.

이제부터는 '1947년 3월 1일을 기점으로 1948년 4월 3일 발생한 소요 사태 및 1954년 9월 21일까지 제주도에서 발생한 무력 충돌과 그 진압 과정에서 주민들이 희생당한 사건'으로 정의되는 제주 4.3사건이 어떤 배경에서 왜 발생했는지 살펴보겠다.

◆ 해방 공간의 혼란과 제주도의 특수성

1945년 8월 15일, 일제강점기의 암흑에서 벗어난 한반도는 해방의 기쁨도 잠시, 곧이어 미군과 소련군에 의한 분할 점령이라는 새로운 시련을 맞았다. 미군정 통치하의 남한 사회는 극심한 좌우 이념 갈등의 소용돌이에 휩싸였다.

집단 간 갈등은 제한된 자원을 둘러싼 경쟁에서 비롯되며, 이 과정에서 '우리 집단'과 '그들 집단'에 대한 인식이 극도로 양극화된다. 해방 공간의 좌우 갈등은 바로 이러한 현상의 전형적인 사례였다. '통일 정부 수립'이라는 한정된 정치적 자원을 둘러싸고 좌익과 우익이 극한 대립을 벌였고, 상대방을 '민족의 적'으로 규정하는 극단적 적대감이 형성되었다.

제주도는 당시 몇 가지 특수한 상황이 겹쳐 있었다. 일제강점기 말기 일본군 기지가 집중적으로 건설되면서 많은 젊은이가 강제 징용을 피해 일본으로 건너갔고, 이들 중 상당수가 일본에서 사회주의 사상을 접하게 되었다. 해방 후 이들이 고향으로 돌아오면서 제주도 내에는 좌익 세력의 기반이 상대적으로 강하게 형성되었다.

또한 제주도는 육지와 떨어진 지리적 특성으로 인해 강한 공동체 의식과 자치 전통을 갖고 있었다. 인류학적 관점에서 보면, 제주도는 선형석인 '섬 문화'의 특성을 보였다. 섬 공동체는 외부의 위험에 대비하여 내부 결속이 강하고, 외부 권력에 대한 저항 의식이 높은 경향이 있다.

해방 직후 제주도에서는 인민위원회가 자치 기구로서 상당한 영향력을 행사하고 있었다. 그러나 미군정은 이를 인정하지 않고 본토에서 관리들을 파견해 통치했으며, 이 과정에서 제주도민들의 불만이 점차 누적되어 갔다. 특히 미군정이 일제강점기 경찰과 관리들을 그대로 등용한 것에 대한 반감이 컸고, 식량 배급 문제와 경제적 어려움도 주민들의 불만을 가중시켰다.

◆ 제주3.1사건의 배경

이러한 배경 속에서 제주3.1사건이 발생한다. 공식적으로 제주4.3사건의 도화선으로 평가받는 제주3.1사건에 대해 제주4.3사건 진상보고서의 내용과 부족한 부분을 추가하여 당시 상황을 살펴보겠다.

1945년 9월 미군정이 실시된 이후 1946년 11월 23일 좌파 3당 합당으로 남조선노동당(이하 '남로당')이 결성되었다. 남로당은 반미 감정을 앞세워 선동에 매진하였고, 1947년 2월 10일에는 제주 읍내 고교생 1천여 명의 반미시위도 벌어진다. 한편, 남로당 중앙당은 3.1기념행사를 무기 휴회에 들어간 미소공동위원회의 재개 투쟁과 결부시켜 대대적으로 전국에 열 것을 각 지방당에 지시했다. 남로당 제주도위원회는 3.1기념행사를 앞두고 조직 총동원령 및 투쟁 방침을 하달한다. 그중 표어로 내건 문구는 다음과 같다.

"최고지도자 박헌영 선생 체포령을 즉시 철회하라!"
"정권은 즉시 인민위원회로 넘기라!"
"일제적 통치기구를 분쇄하라!"
"친일파 민족 반역자, 친 파쇼분자의 근멸."

1945년 이미 해방되었지만, 당시 반일감정 자극은 선동의 가장 효과적 도구였다.

제주경찰당국은 2월 22일 3.1기념행사 관련 시위는 절대 불허했다. '제주경찰사'에는 시위 행렬은 절대 금지하고 기념행사를 가지려면 읍내를 벗어난 서비행장에서 거행하라는 통첩이 있었다고 기록되어 있다. 3.1기념행사 준비가 지속되는 가운데 2월 23일 충남·충북 경찰청 소속 각 50명씩 100명으로 편성된 응원경찰대가 제주에 들어왔다. 이들은 3.1사건에서 발포 사건을 유발한다.

제주3.1기념행사는 최초 허가되지 않은 불법집회였다. 그러나 군중 수가 2만 5천~3만 명으로 추산될 정도로 많아지자, 경찰력 430명(제주 경찰 330명, 응원 경찰 100명)으로는 막아낼 수 없었다. 이에 경찰은 유혈진압을 피하고자 주도자는 사후 검거하기로 하고 집회를 묵인했다. 조병옥 경무부장에 따르면 너무 많은 군중이 북국민학교에 모여 부득이 집회만 허가하고 행렬은 허가하지 않았다. 그러나 오후 2시께 기념행사가 끝나고 군정 당국의 반대에도 불구하고 허가받지 않은 거리 시위가 시작되었다. 이 거리 시위를 선동한 세력은 진상 조사서에는 밝히지 않고 있다.

∴ 기마 경관과 발포 경관

진상 조사서에서는 "한 기마경관이 관덕정 옆에 자리 잡았던 제1구 경찰서로 가기 위해 커브를 도는 순간 갑자기 튀어나온 6세 가량의 어린이가 말굽에 채이면서 시작됐다. 기마 경관이 어린이가 채인 사실을 몰랐던지 그대로 가려고 하자 주변에 있던 관람 군중들이 야유하며 몰려들기 시작했다. 일부 군중들은 '저 놈 잡아라!'라고 소리치며 돌멩이를 던지며 쫓아갔다. 당황한 기마 경관은 군중들에 쫓기며 동료들이 있던 경찰서 쪽으로 말을 몰았고, 그 순간 총성이 울렸다."라고 기록되어 있다. 당시 정확히 어떤 상황인지 떠올려 보자.

미 공군 정훈팀이 1948년 5월 21일 찍은 제주 기마경찰 사진.
제주시·국사편찬위원회 제공

위 사진을 보았을 때 소음이 심한 군중과 시위대 속에서 6세 가량의 아이를 기마경찰이 채인 것을 알면서도 모르는 체할 수 있을지 의문이 든다.

4.3증언 자료집에 따르면 "기마경찰 임영관 경위가 제주경찰서로 가기 위해 사거리 커브를 돌아 발 디딜 틈도 없는 무리들 사이를 지나칠 때, 골목에서 갑자기 튀어나온 대여섯 살 난 어린이가 말의 발에 부딪혀 쓰러졌다. 당시 현장을 목격한, 부산시 금정구에 거주하는 제주도 하북동 출신 김하영(1933년생)씨는 '시위대원이 플래카드용 장대를 뽑아내어 말의 항문을 찔어대는 바람에 놀란 말이 이리저리 뛰었다. 미처 피하지 못한 어린 소년 1명이 발에 채이는 사고가 나자, 이를 지켜본 군중들의 야유와

저놈 잡아라! 라는 함성과 함께 돌멩이를 던지며 쫓아갔다.'"라고 증언하였다.

동아일보와 인터넷 신문 뉴스라인제주에서는 '현임종 씨(2021년 인터뷰 당시 87세)'의 증언이 소개되었다. "현 씨의 증언에 따르면 동네 사람을 따라 3·1절 행사가 열린 관덕정으로 갔는데 당시 제주북국민학교에서 기념행사가 끝난 뒤 시위대가 '미 제국주의자 물러가라', '양과자 먹지 말자' 등의 구호를 외치며 관덕정에서 서쪽으로 진행했다. 시위대 본진이 빠져나가고 군중이 삼삼오오 흩어지는 과정에서 '우연한 행동'이 발생했다. 한 청년이 시위대 현수막을 펼치는 데 썼던 나무 꼬챙이로 옆을 지나던 기마경찰의 말 엉덩이를 찔렀다고 한다. 이에 놀란 말이 앞발을 들어올리면서 여관집 아들(당시 5세 추정)이 넘어졌다는 얘기다."

위 증언의 사실 여부는 아무도 알 수 없다. 다만 위 증언 내용이 사실이 아닐지라도 현대 역사 연구에서는 당시 상황을 상상해 보았을 때 생소한 시위 문화와 미숙한 경찰 통제, 사회 불신이 빚은 우발적 상황이라는 것에 대해 이견이 없다. 그러나 당시 제주도에서 경찰을 바라보는 시각은 일제 강점기를 떠올려 부정적 이미지였다. 이에 누군가의 기마경찰을 향한 돌팔매질 선동이 트리거가 되었다고 판단된다.

한편, 기마경찰을 쫓아 경찰서로 향하던 군중에게 발포한 경찰들은 제주도로 응원 온 충남·충북 경찰이다. 이들은 이미 대구 10.1사건 같은 봉기를 겪으면서 신경이 꽤 곤두서 있었던 상태였다. 그리고 몰려오는 군중들이 경찰서를 습격하는 줄 오해하여 발포하게 된 것이다. 경찰에게 돌을 던진 건 잘못이긴 하지만 이에 대응한 경찰의 발포에는 분명 문제가 있었다.

이날 도립병원 앞에서 피투성이인 부상자들이 업혀 들어오자, 응원 경찰 한 명에 의해 두 번째 발포 사건이 발생했는데, 이는 응원 경찰의 불안정한 심리상태를 극명하게 표출한 사건이었다. 미군 정보보고서도 도립병원 앞의 발포를 비이성적 행위로 규정하면서 2건의 발포자들에 대한 심리 분석을 다음과 같이 했다. "그들은 대전에서 훈련을 받았고, 1946년 가을 좌익 폭도들에 의해 동료 경찰이 잔혹하게 당했던 사실을 오랫동안 잊지 못하고 있는 사람들이라는 사실을 명심해야 한다."라는 내용이다. 이것은 '대구 10월 사건'을 경험했던 자들로 과잉 반응을 보일 수 있는 심리 여건을 갖고 있음을 의미하고 있다.

한편, 당시 경찰 당국은 민심 수습보다는 경찰 발포의 정당성을 강조하는 담화가 나오자 민심이 들끓었다.

∴ 남로당의 선동

3.1기념행사 발포 사건으로 인해 격앙된 민심은 남조선로동당에는 좋은 기회로 다가왔다. 남조선로동당은 제주도 내의 좌익 세력을 이끌면서 친일 경찰의 만행을 규탄하는 운동을 주도했다. 대다수의 도민은 여기에 호응했다.

1947년 3월 10일부터 제주도에서 한국에서는 유례가 없었던 민관 총파업이 시작되었다. 제주도 전체 직장의 95%가 동참하였다. 관공서는 물론이고 통신 기관, 운송업체, 공장, 회사, 학교 등에서 공무원, 심지어는 미군정청 통역단까지 파업에 참여하였다. 파업 참여자들은 3.1 발포 사건에 대한 사과와 발포자 및 책임자 처벌, 희생자 유가족 지원 등을 주장했다. 하지만 중앙 정부인 미군정은 이런 요구 조건을 무시해 버렸다. 미군 보고서는 총파업의 원인이 3.1 발포 사건에 대한 분노와 남조선로동당의 선동에 있다고 봤지만, 제주도는 인구의 70%가 좌파 단체 동조자이거나 관련이 있는 좌파분자의 거점이라며 제주도민 모두를 좌파로 몰아갔다.

파업에 참여한 경찰 66명을 해임하고, 그 자리를 육지에서 동원된 서북청년회 사람들로 충원하였다. 서북청년회는 주로 평안도 지역의 지주 출신인데 북한의 토지개혁 때 재산을 몰수당하고 남쪽으로 온 사람들이 소련 군정에서 탄압받은 사람들과 함께 만든 조직이다. 그래서 공산·사회주의에 대한 피해의식과 반감이 상당했다. 소위 '빨갱이는 다 죽여야 한다.'라는 신념을 가진 자들로 이후 제주4.3사건 민간인 학살의 주축이 된다.

미군 정보보고서는 3월 10일 총파업에 대해 제주도민의 경찰에 대한 반감과, 이런 감정을 부추기는 남로당의 대중 선동 때문에 증폭되고 있다고 분석하고 있다.

총파업 이후 탄압은 계속되었다. 육지에서 온 응원 경찰과 서북청년회원들을 중심으로 파업 참여자들에 대한 검거 선풍이 한동안 이어졌고, 검거된 사람들은 경찰에 의해 모진 고문을 당했다. 한편, 좌익 세력에 의한 선동도 지속되었다. 1947년 6월 6일 민청의 불법집회를 단속하던 경찰관 3명이 오히려 집회 참석 청년들로부터 집단구타를 당해 중상을 입은 '종달리 사건'이 발생한다. 이렇게 양측이 격렬하게 대립하는 시간이 지속되었다.

◆ 4.3 무장봉기와 선동

∴ 남로당의 선동 전략과 심리학적 메커니즘

1948년 4월 3일 새벽, 한라산 기슭 오름마다 봉화가 붉게 타오르면서 남로당 제주도위원회가 주도한 무장봉기가 시작되었다. 350명의 무장대는 12개 경찰지서와 서북청년회 등 우익단체 단원의 집을 지목해 습격했다.

남로당 무장대는 '단독선거 반대'와 '통일정부 수립'을 주장하며, 5월 10일로 예정된 남한만의 단독선거를 저지하려 했다. 남로당 제주도당의 선동은 주로 반미, 반 이승만 그리고 통일정부 수립이라는 구호를 통해 이루어졌다. 이들은 제주도민들에게 미군정의 탄압과 부당함을 강조하고, 단독정부 수립이 민족 분단을 영구화할 것이라는 메시지를 전파했다.

남로당의 선동은 현대 사회심리학이 밝혀낸 여러 설득 기법을 교묘하게 활용했다. 먼저 민족 분단의 비극을 강조하여 감정을 자극하는 감정적 호소 기법을 사용했다. 또한 미군정과 우익 세력을 '민족의 적'으로 규정하여 적대감을 조장했다. 복잡한 정치 상황을 '조국 통일' 대 '민족 분단'이라는 단순한 대립 구조로 제시하는 단순화 기법도 효과적으로 활용했다. 마지막으로 모든 문제의 원인을 외부 세력인 미군정과 서북청년회에 전가하는 희생양 만들기 기법까지 동원했다.

조직이 노출된 남로당 제주도당은 육지에서 파견된 경찰과 서북청년회 등 우익단체 인사들에 대한 반감 그리고 미군정의 강경한 진압 정책에 대한 분노를 선동의 핵심 동력으로 삼았다.

∴ 미군정과 우익 세력의 대응 선동

이에 맞서 미군정과 이후 대한민국 정부 그리고 우익 세력의 선동은 무장대를 '공산 폭도'로, 이들과 연루된 모든 제주도민을 '빨갱이'로 규정하는 데 초점을 맞췄다. 이는 반공 이데올로기를 강화하고 단독 정부 수립에 대한 반대 세력을 뿌리 뽑으려는 목적에서 비롯되었다.

당시 언론 보도는 이러한 정부의 입장을 그대로 반영했다. 1948년 4월 5일 자 자유신문은 "제주도에 공비 준동! 정부는 폭도 일망타진 결의!"라는 헤드라인으로 사태의 본질을 '폭동'과 '공산주의'로 규정했다. 이러한 일방적인 선동은 강력한 무력 진압의 정당성을 확보하려는 정부의 의도와 맞아떨어졌다.

'빨갱이'라는 낙인은 단순한 정치적 분류를 넘어서 강력한 심리적 효과를 가져왔다. 이는 상대방을 인간이 아닌 '괴물'이나 '악마'로 규정하는 비인간화, 평소라면 용납할 수 없는 폭력을 정당화하는 도덕적 이탈, 비판적 사고를 포기하고 집단의 결정을 맹목적으로 수용하는 집단 사고 그리고 기존 믿음을 확인해 주는 정보만 선택적으로 받아들이는 확증 편향을 모두 불러일으켰다.

심리학자 알버트 반두라의 연구에 따르면, 사람들은 '도덕적 이탈' 메커니즘을 통해 평소라면 용납할 수 없는 잔인한 행동도 정당화할 수 있다. '빨갱이 척결'이라는 명분은 바로 이러한 도덕적 이탈을 가능하게 했다.

∴ 서북청년회의 조직적 폭력

조병옥 경무부장과 극우 청년단체인 서북청년회 단원들이 제주에 들어와 경찰, 행정기관, 교육기관 등을 장악하면서, 빨갱이 사냥을 한다는 구실로 테러를 일삼았다. 군경의 대대적인 검거와 고문도 1년 내내 계속되었다.

서북청년회는 북한에서 월남한 청년들로 구성된 극우 반공 단체로, 제주도에서 무자비한 폭력을 행사했다. 이들의 행동은 현대 심리학에서 말하는 '권위주의적 성격'의 전형적인 특징을 보였다.

권위주의적 성격을 가진 사람들은 흑백논리와 이분법적 사고라는 경직된 사고, 상급자의 명령을 비판 없이 수용하는 권위에 대한 맹목적 복종, 다른 집단을 적으로 규정하고 공격하는 외집단에 대한 적대감 그리고 특정 집단에 대한 부정적 인식이 굳어지는 고정관념과 편견의 특징을 보인다.

서북청년회원들은 북한에서의 피난 경험으로 인해 공산주의에 대한 극도의 적대감을 느끼고 있었고, 이는 제주도민들에 대한 무차별적 폭력으로 이어졌다.

∴ 학살의 트리거 오라리 사건

4.3무장봉기 이후 미군정은 4월 27일 경비대의 진압 작전 투입을 결정하였다. 하지만 9연대장 김익렬은 "나는 동족상잔은 이 이상 확대시키지 않기 위해서 형제 제위와 굳은 악수를 하고자 만반의 용의를 갖추고 있다. 본관은 이에 대한 형제 제위의 회답을 고대한다."라면서 유격대 사령관 김달삼에게 평화 협상을 제안하였다. 그리고 양측은 4월 28일에 "72시간 이내에 전투를 완전히 종결하고, 무장 해제는 점진적으로 하되 약속을 위반하면 즉각 전투를 재개한다."라는 협상안에 합의했다.

오라리에서는 4.3무장봉기 이래 무장대와 경찰로부터 각각 죽임을 당하는 인명 희생 사건이 몇 차례 발생했다. 4월 29일에는 오라리 마을의 대동청년단 부단장과 단원이 납치된 후 행방불명되었고, 4월 30일에는 동서 간인 대청단원의 부인 2명이 납치됐는데 두 여인 중 한 명은 맞아 죽고 한 명은 가까스로 탈출해 이 사실을 경찰에 알렸다.

오라리 방화사건은 5월 1일 벌어졌다. 오전 9시경 전날 무장대에게 살해된 여인의 장례식이 열렸다. 마을 부근에서 열린 장례식에는 경찰 3~4명과 서청·대청단원 30여 명이 참여했다. 매장이 끝나자 트럭은 경찰관만을 태운 채 돌아갔고 청년단원들은 그대로 남았다. 그중에는 오라리 출신 대청단원도 포함돼 있었다. 이들은 오라리 마을에 진입하면서 좌파 활동을 한 것으로 알려진 사람들의 집들을 찾아다니며 5세대 12채의 민가를 불태웠다. 이 과정에서 주민 다수가 구타나 협박을 당했고, 일부가 피신 중이었다. 당시 사건 직후 경찰은 이 방화를 '무장대의 공격'으로 조작해 상부에 보고하였다. 이미 서로에 대한 오해와 증오심이 되돌아올 수 없는 다리를 건너게 되었고, 상황은 악화일로에 접어들었다.

◆ 섬 전체를 피로 물들이다

∴ 국가 폭력의 극단화

무장봉기 초기, 미군정과 한국 경찰은 봉기를 효과적으로 진압하지 못했다. 미군정은 사태 해결을 위해 '유화책'과 '강경책'을 번갈아 사용했지만, 양측의 무력 충돌은 더욱 격화되었고, 무고한 주민들의 희생이 속출했다. 1948년 8월 대한민국 정부가 수립된 후, 이승만 대통령은 사태 해결에 대한 강력한 의지를 표명했다. 정부가 수립되었음에도 반국가 행위를 이어가는 무장대를 그냥 둘 수 없었다. 1948년 9월 20일 국가보안법(1948.12.1. 공포 및 시행)의 모체가 되는 내란 행위 특별조치법안이 최초로 발의되었다.

이후 정부의 강경 진압이 본격화되었다. 당시 진압 책임자였던 제9연대장 송요찬 대령이 1948년 10월 17일 발표한 포고령은 무자비한 학살을 예고하는 선동이자 명령이었다.

"해안선으로부터 5km 이상 중산간 마을에 남아 있는 사람들을 모두 폭도로 간주하여 총살하겠다."

이른바 '초토화 작전'은 단순히 무장대를 소탕하는 것을 넘어, 무장대에 동조하거나 피난하지 않고 마을에 남아 있던 모든 주민을 '폭도' 또는 '빨갱이'로 간주하며 무차별적으로 살상할 수 있는 명분을 부여했다.

집단 학살은 어떻게 가능한가? 심리학자들은 권위에 대한 복종, 책임의 분산, 비인간화 그리고 단계적 참여라는 조건들이 충족될 때 평범한 사람도 잔인한 학살에 참여할 수 있다고 분석한다. 밀그럼의 복종 실험이 보여주듯, 사람들은 권위자의 명령에 맹목적으로 복종하는 경향이 있다. 집단행동에서는 개인의 도덕적 책임감이 희석되고, 피해자를 인간이 아닌 존재로 규정하며, 작은 폭력부터 시작해서 점진적으로 큰 폭력으로 확대되는 과정을 거친다.

송요찬의 포고령은 이 모든 조건을 충족시켰다. 군 최고 지휘관의 명령이라는 권위, 집단적 작전이라는 책임 분산, '폭도'라는 비인간화 그리고 점진적 확대를 통해 평범한 군인들이 민간인 학살에 참여하게 했다.

서로를 증오하는 두 세력이 싸웠지만 국가 무력을 행사하는 미군정과 정부의 일방적인 학살이 시작되는 순간이었다.

∴ 선동의 확산과 진실의 은폐

군경과 서북청년회 등 우익 세력은 이 선동에 따라 문자 그대로 산간 마을을 불태우고 주민들을 학살하는 초토화 작전을 전개했다. 기록에 따르면, 당시 제주도 전체 마을의 70%가 소각되었다. 이는 군사 작전의 범위를 넘어선 집단 학살의 양상이었다.

당시 언론은 이러한 참상을 제대로 보도하지 않았다. 오히려 정부의 생각을 대변하며 '폭도 소탕'이라는 프레임을 강화하는 역할을 했다. 이는 현대 언론학에서 말하는 '의제설정 기능'의 부정적 사례였다.

1948년 당시 주요 신문들의 보도를 분석해 보면, 조선일보는 "제주도 공비 준동, 경찰서 습격."이라고 보도했고, 동아일보는 "제주도에 폭동 발생, 공산 세력의 조직적 준동."이라고 전했으며, 자유신문은 "제주도에 공비 준동! 정부는 폭도 일망타진 결의!"라는 헤드라인을 달았다. 이들 보도는 모두 정부 발표를 그대로 인용하며, 사건의 배경이나 민간인 피해에 대해서는 거의 언급하지 않았다. 오히려 '공비', '폭도', '공산 세력'이라는 표현을 반복 사용하여 정부의 강경 진압을 정당화하는 여론을 조성했다.

◆ 극한 상황에서의 생존 심리와 선택의 딜레마

선동은 심리적인 면에서도 치명적으로 작동했다. 제주4.3사건 당시 제주도민들은 '산에 있는 자(무장대)'와 '아래에 있는 자(토벌대)'라는 양 극단 사이에서 극심한 공포와 혼란에 시달렸다.

당시 제주도에서는 낮에는 서북청년단의 토벌대 및 군, 경찰이 '빨갱이 색출'을 빙자한 학살을 하고 이들이 저녁에 해안가 주둔지로 철수한 이후에는 빨치산(무장대)들이 내려와서는 자신들에게 비협조적이거나 살기 위해 군경에 협조한 양민들을 학살했다.

어느 쪽이든 '생존을 위한 선택'이 다른 쪽에게는 '배신'으로 간주하여 목숨을 잃을 수 있는 절박한 상황이었다.

극한 상황에서 사람들은 생존을 위해 평소의 도덕적 기준을 포기할 수 있다. 제주4.3사건 당시 제주도민들이 직면한 상황은 바로 이러한 극한의 도덕적 딜레마였다. 가족을 구하기 위해 다른 가족을 고발해야 하는 상황, 토벌대나 무장대에 정보를 제공해야만 살 수 있는 상황, 이웃의 죽음을 목격해도 자신의 생존을 위해 침묵해야 하는 상황들이 연속되었다.

이러한 극단적인 환경에서 정부의 '빨갱이 프레임' 선동은 주민들 사이의 불신을 심화시키고, 학살의 죄의식을 희석하는 역할을 했다. 비극적 상황에서 살아남기 위한 개인의 선택은 이념의 잣대로 재단되어 치명적인 결과를 낳았다.

◆ 증언을 통해 본 참상

생존자들의 증언을 통해 당시의 참상을 구체적으로 살펴볼 수 있다. 1948년 12월 28일 북촌리에서는 한겨울 아침, 2연대 3대대가 마을을 포위했다. 주민들을 마을 한복판 너른 터에 집합시킨 후, "무장대가 지나갔는가?"라고 물었다. 주민들이 "모른다."라고 답하자, 군인들은 남녀노소 가리지 않고 총격을 가했다. 이날 400여 명의 무고한 주민이 희생됐다.

이 증언은 집단 전체에 대한 처벌을 가하는 집단 책임 원리, 정보를 제공하지 않으면 적으로 간주하는 정보 강요 그리고 나이와 성별에 관계없는 무차별 학살이라는 여러 가지 중요한 심리학적 메커니즘을 보여준다.

1948년 12월 14일 대정읍 상모리에서는 군인들이 마을에 들어와 주민 20여 명을 잡아갔다. 이들은 '빨갱이 색출'이라는 명목으로 마을의 젊은 남성들을 모두 연행했다. 이후 이들의 소식은 들을 수 없었고, 나중에 해변에서 시체로 발견되었다.

1949년 1월 함덕리에서는 피난민 수용소에 있던 주민들이 집단으로 학살당했다. 군인들은 "안전한 곳으로 이주시켜 주겠다."라며 주민들을 속여 해안가로 끌고 간 후 총살했다. 200여 명이 한순간에 목숨을 잃었다. 이러한 사례는 '기만을 통한 학살'이라는 더욱 잔인한 양상을 보여준다. 피해자들에게 안전을 보장한다며 속인 후 학살하는 것은 나치의 홀로코스트에서도 자주 사용된 수법이었다.

이들 대부분은 이념과 무관한 농민, 학생, 여성, 노인들이었으며, 어린아이들까지도 학살의 대상이 되었다. 마을은 폐허가 되고 가족은 해체되었으며, 수많은 사람들이 고향을 떠나야 했다.

◆ 이념의 굴레에 갇힌 역사

∴ 국가 권력에 의한 기억의 조작

제주4.3사건은 종식되었지만, 이후 남한 사회를 지배한 강력한 반공 이데올로기 아래 그 진실은 철저히 은폐되고 왜곡되었다. 정부는 이 사건을 '공산 폭동'으로만 규정했고, 희생자들의 유족들은 '빨갱이 가족'이라는 사회적 낙인 속에 수십 년간 고통 받았다.

학살의 진상을 밝히려는 시도는 모두 '반국가적 행위'로 간주하여 탄압받았다. 심지어 사건을 언급하는 것 자체가 금기시되어, 제주도민들은 침묵과 고통 속에 살아야 했다.

국가 권력에 의한 기억의 조작은 다양한 방식으로 이루어졌다. 정부 공문서에서는 '폭동', '공비' 등의 표현만 사용되었고, 교과서에서도 제주4.3사건을 '공산폭동'으로만 기술했다. 언론 보도는 제주4.3사건 관련 내용이 철저히 금지되거나 검열되었으며, 제주4.3사건을 연구하려는 학자들은 '용공 학자'로 낙인찍혔다.

∴ 생존자들의 트라우마와 침묵의 강요

생존자들과 유족들은 이중의 고통을 겪어야 했다. 첫째는 가족과 이웃을 잃은 직접적 피해의 고통이었고, 둘째는 그 고통을 드러낼 수 없는 사회적 억압의 고통이었다.

제주4.3사건 생존자들이 겪은 고통을 '복합 외상 후 스트레스 장애'로 진단할 수 있다. 이는 단순한 외상이 아니라, 장기간에 걸친 반복적 외상으로 인한 것이다. 자신만 살아남았다는 생존자 죄책감, 학살 장면이 반복적으로 떠오르는 재경험 증상, 관련 장소나 상황을 피하려는 회피 증상, 사소한 자극에도 극도로 긴장하는 과각성 증상 그리고 감정을 느끼지 못하거나 표현하지 못하는 감정 마비 증상이 복합적으로 나타났다.

더 심각한 것은 이러한 트라우마를 치료받을 기회조차 박탈당했다는 점이다. 오히려 '빨갱이 가족'이라는 낙인으로 인해 사회적으로 더욱 고립되어야 했다.

∴ 권력에 포섭된 진실

진실을 억압하고 특정 이념을 주입하는 선동은 한 지역의 역사를 통째로 지우고 고통을 강요하는 비극을 낳았다. 특히 당시 언론과 지식인들의 침묵은 이러한 역사 조작에 공모한 것이나 다름없었다.

1950년대부터 1980년대까지 한국의 주요 언론들은 4.3에 대해 거의 보도하지 않았다. 간혹 언급할 때도 '공산 폭동', '좌익 반란' 등의 정부 공식 입장만을 반복했다. 1958년 4월 3일 경향신문은 "제주 4.3 폭동 10주년, 자유 수호의 교훈."이라고 보도했고, 1963년 4월 3일 동아일보는 "4.3 공산 폭동의 교훈을 잊지 말자."라고 전했으며, 1968년 4월 3일 조선일보는 "제주 4.3 사태 20년, 반공 의지 새롭게."라는 제목으로 기사를 실었다. 이러한 보도들은 사건의 진실을 규명하기보다는 정부의 이데올로기를 강화하는 역할만 했다.

학자들과 지식인들도 제주4.3사건에 대해 침묵했다. 이는 직접적인 탄압 때문이기도 했지만, '자기검열'의 결과이기도 했다. 사회심리학에서는 이를 '침묵의 나선 이론'으로 설명한다. 자신의 의견이 소수 의견이라고 생각하면 침묵하게 되고, 이러한 침묵이 다시 다수 의견을 강화하는 악순환이 일어나는 것이다.

◆ 거짓 선동의 비극적 유산과 뒤늦은 치유 노력

∴ 민주화와 함께 시작된 진실 찾기

제주4.3사건에 대한 '폭동'이라는 초기 선동은 수십 년간 진실을 은폐하고 피해자들의 명예를 훼손하는 비극적인 유산으로 남았다. 만약 초기에 철저하고 객관적인 진상 조사가 이루어지고, 희생자들의 아픔에 공감하며 책임 있는 정정과 사과가 있었다면, 제주는 물론 대한민국 사회 전체가 이처럼 오랜 시간 동안 아물지 않는 상처를 겪지 않았을 것이다.

그러나 한국 사회의 민주화와 함께 제주4.3사건의 진실을 밝히려는 노력이 시작되었다. 1980년대 후반부터 문학 작품과 언론을 통해 제주4.3사건의 진실이 서서히 드러나기 시작했으며, 시민 사회 단체들의 지속적인 요구가 이어졌다.

현기영의 소설『순이 삼촌(1978)』은 제주4.3사건의 참상을 문학적으로 형상화한 최초의 작품이었다. 이 소설은 큰 사회적 반향을 일으켰고, 제주4.3사건에 대한 사회적 관심을 불러일으키는 계기가 되었다. 1980년대에는 이산하의『한라산』, 김석범의『화산도』등의 작품들이 발표되면서 4.3의 진실이 점차 알려지기 시작했다. 문학이 역사의 진실을 복원하는 역할을 한 것이다.

1989년 '제주4.3연구소'가 설립되었고, 1990년대부터 본격적인 진상규명 운동이 시작되었다. 1993년에는 '4.3 제43주기 추념사업회'가 결성되어 체계적인 진상규명 활동을 전개했다.

이러한 시민 사회의 노력은 언론의 변화도 끌어냈다. 1988년 4월 3일 한겨레신문은 "제주 4.3, 금기의 역사를 말한다."라는 제목으로 보도했고, 1989년 4월 3일 경향신문은 "4.3 40년, 묻혀진 진실을 찾아서."라는 기사를 실었으며, 1990년 4월 3일 동아일보는 "제주4.3사건 재조명 필요."라는 사설을 게재했다.

∴ 국가 차원의 진상규명과 명예회복

마침내 2000년, '제주4.3사건 진상규명 및 희생자 명예회복에 관한 특별법'이 제정되면서 공식적인 진상 조사가 시작되었다. 이는 한국 현대사에서 국가 폭력에 대한 최초의 공식적인 진상규명 작업이었다.

2003년 발표된 『제주4.3사건 진상조사보고서』는 역사적으로 중요한 의미를 갖는다. 사건 성격을 '폭동'에서 '사건'으로, '공산 반란'에서 '이념 갈등'으로 재규정했고, 국가 공권력의 책임을 명시했으며, 희생자 수와 피해 규모를 공식 인정했고, 미군정의 실정과 좌우 대립을 발생 원인으로 제시했다.

특별법에 근거한 진상보고서는 제주4.3사건의 발발 원인을 '미군정의 실정과 극심한 좌우 대립'으로 규정하고, '국가 공권력에 의해 대규모 민간인 희생이 초래된 사건'임을 명확히 했다.

∴ 대통령의 공식 사과와 그 의미

2003년 10월 31일, 노무현 대통령은 제주4.3사건에 대해 국가원수로서 공식적으로 사과했다.

"과거 국가 공권력의 잘못된 행위로 무고한 제주도민들이 희생당한 데 대해 정부를 대표해서 진심으로 사과드립니다. 앞으로 이런 비극적인 역사가 되풀이되지 않도록 인권과 민주주의 발전을 위해 더욱 노력하겠습니다."

이 사과는 여러 가지 중요한 의미가 있다. 정치심리학 연구에 따르면, 국가의 공식 사과는 피해자들의 사회적 정체성을 복원하고, 국가의 도덕적 권위를 회복하며, 분열된 사회의 화합을 도모하고,

유사한 비극의 재발을 방지하려는 의지를 표명하는 효과가 있다.

노무현 대통령의 사과는 제주4.3사건을 더 이상 '폭동'이 아닌 '국가 공권력에 의한 민간인 학살'이라는 역사적 정의를 얻게 했으며, 국가 차원의 치유 노력이 시작되는 계기가 되었다.

∴ 현재진행형인 치유와 화해의 과정

제주4.3사건 진상규명 이후에도 치유와 화해의 과정은 현재까지 계속되고 있다. 2008년 제주4.3평화재단이 설립되었고, 2014년에는 제주4.3평화공원이 개관했다. 매년 4월 3일은 제주4.3 희생자 추념일로 지정되어 추념식이 거행되고 있다.

그러나 여전히 완전한 치유에는 시간이 필요하다. 일부에서는 여전히 제주4.3사건을 '공산 폭동'으로 규정하려는 시도가 있고, 가해자에 대한 법적 처벌은 이루어지지 않았다.

현재 제주4.3사건을 직접 경험한 세대가 고령화되면서, 기억의 전승이 중요한 과제로 떠오르고 있다. 젊은 세대에게 4.3의 교훈을 어떻게 전달할 것인가는 한국 사회가 해결해야 할 숙제다.

◆ 진실의 힘과 선동의 경계

제주4.3사건은 이념의 광풍 속에서 선동이 얼마나 무고한 생명을 앗아가고, 한 사회의 역사를 어떻게 뒤틀어 놓을 수 있는지를 보여주는 뼈아픈 교훈을 준다. 좌우 양측의 선동은 상대를 '적'으로 규정하고, 대중의 공포와 불안을 자극하여 무자비한 폭력과 학살을 정당화했다. 특히 '빨갱이' 프레임이라는 선동은 수십 년간 제주도민들의 고통을 은폐하고, 진실 규명을 가로막는 강력한 방패막이가 되었다.

∴ 선동의 메커니즘에 대한 심리학적 성찰

4.3 사건을 통해 우리는 선동이 어떻게 작동하는지 심리학적으로 이해할 수 있다. 선동은 생존에 대한 위협을 조장하여 이성적 판단을 마비시키는 공포와 불안의 활용, '우리'와 '그들'을 극단적으로 구분하여 적대감을 조성하는 집단 정체성의 조작, 권력자의 명령에 맹목적으로 따르게 만드는 권위에 대한 복종, 평소라면 용납할 수 없는 행동을 정당화하게 만드는 도덕적 이탈의 정당화 그리고 다양한 관점을 차단하고 일방적 정보만 제공하는 정보의 통제를 통해 작동한다.

∴ 진실 회복의 중요성과 의미

제주4.3사건의 진실이 제대로 규명되지 않았다면 우리는 또 다른 이념의 희생자가 될 수 있었다.

제주4.3사건 진상규명 과정은 억울하게 희생된 이들의 명예를 회복하는 피해자의 명예 회복, 왜곡된 역사를 바로잡는 역사적 진실의 복원, 분열된 사회의 화합을 도모하는 사회적 치유, 국가폭력에 대한 견제 장치를 마련하는 민주주의 발전 그리고 개인의 존엄성에 대한 사회적 인식을 제고하는 인권 의식 향상이라는 중요한 의미가 있다.

∴ 현재와 미래를 위한 교훈

이 비극적인 역사는 우리에게 중요한 시사점을 던진다. 개인적 차원에서는 진실에 기반하지 않은 선동은 공동체를 분열시키고 돌이킬 수 없는 피해를 초래한다는 비판적 사고의 중요성, 이념적 대립 속에서 특정 집단이 '악'으로 규정될 때 무고한 개인들이 얼마나 쉽게 희생양이 될 수 있는지에 대한 타자에 대한 공감 그리고 어떤 이념이나 명분도 개인의 생명과 존엄성보다 우선할 수 없다는 인간 존엄성의 인식이 중요하다.

사회적 차원에서는 국가 공권력이 선동에 휘둘리거나 이를 이용하여 국민을 억압할 때 민주주의의 근간이 흔들리고 인권이 유린당할 수 있다는 권력에 대한 견제, 비극적인 역사적 사건의 진실을 은폐하려는 시도는 언제나 존재하지만 결국 진실은 드러나게 되며 그 과정을 통해 사회는 성숙한다는 진실 추구의 지속 그리고 과거의 비극을 기억하고 교훈으로 삼는 것은 미래 세대에 대한 우리의 의무라는 기억의 의무가 필요하다.

제도적 차원에서는 자유롭고 독립적인 언론이 없으면 권력의 폭주를 막을 수 없다는 언론의 독립성, 정치적 압력으로부터 자유로운 사법부만이 정의를 실현할 수 있다는 사법부의 독립, 활발한 시민 사회가 민주주의의 마지막 보루라는 시민 사회의 역할 그리고 비판적 사고를 기르는 교육만이 선동에 맞설 수 있는 시민을 길러낸다는 교육의 중요성이 요구된다.

◆ 완전한 치유를 향하여

제주4.3사건은 이제 단순한 과거사가 아니다. 그것은 여전히 우리 사회에 남아 있는 이념 갈등과 혐오 선동에 대한 강력한 경고음이다. 우리는 제주4.3사건이 가르쳐준 교훈을 되새기며, 어떤 상황에서도 진실을 외면하지 않고 비판적인 사고를 견지하며, 비이성적인 선동에 맞서 싸워야 한다.

특히 현대의 디지털 환경에서는 가짜뉴스와 혐오 선동이 더욱 교묘하고 광범위하게 이루어지고 있다. 제주4.3사건의 교훈은 이러한 현대적 선동에 맞서기 위한 중요한 지침이 된다. 다양한 정보원을 통해 사실을 확인하는 정보 문해력, 분노나 공포에 휩쓸리지 않고 냉정하게 판단하는 감정 통제, 다른 의견을 가진 사람과도 평화롭게 대화할 수 있는 대화와 소통 그리고 과거의 비극을 교훈으로 삼아 현재를 성찰하는 역사의식이 필요하다.

현재도 대한민국에는 제주4.3사건을 바라보는 시각이 각자의 이념과 입장에 따라 다르다. 그러나 이 글의 맨 처음에 밝힌 모두가 인정하는 사실을 재차 상기시키겠다.

첫 번째, 제주4.3사건은 단선·단정에 반대한 남로당 제주도당 무장대가 주도한 무장봉기다.

이는『제주4.3사건 진상조사보고서』에서 정의한 사실이다.

두 번째, 제주4.3사건으로 무고한 희생자가 발생했다.

제주4·3사건 진상규명 및 희생자 명예회복 위원회가 확정한 희생자 수는 2024년 기준 14,822명이다. 그리고『제주4.3사건 진상조사보고서』에 따르면 사망자 중 10,955명(78.1%)이 토벌대에 의해, 1,764명(12.6%)이 무장대에 의해 살해되었다.

사실상 제주4.3사건은 양극단의 이념적 대립 집단의 선동으로 무고한 주민들이 희생된 어처구니없는 사건이다. 각 집단이 주장하는 바는 각 집단의 입장에 따른 주장일뿐이다. 우리는 제주4.3사건으로부터 도출된 사실을 직시하고 선동에 현혹되지 않는 자세를 배워야 한다.

제주4.3사건은 끝나지 않은 현재진행형의 과제다. 완전한 치유와 화해를 위해 그리고 유사한 비극의 재발을 막기 위해 우리 모두의 지속적인 관심과 노력이 필요하다.

역사는 기억하는 자의 것이다. 제주4.3사건을 기억하고, 성찰하고, 그 교훈을 현재에 실천할 때, 우리는 비로소 더 나은 미래를 만들어갈 수 있을 것이다. 제주의 아픈 역사가 전 인류의 평화와 인권을 위한 소중한 자산이 되기를 바라며, 우리는 그 책임을 다해야 할 것이다.

참고문헌

1. 제주4.3사건 진상규명 및 희생자 명예회복 위원회. (2003). 『제주4.3사건 진상조사보고서』 Author.
2. 제주4·3평화재단. (2014). 제주4.3바로알기. Author.
3. 제주4·3평화재단. 제주4.3평화재단 홈페이지.
4. 이용우. (2024). 『제주4.3사건 진상조사보고서 무엇이 문제인가』
5. 현길언. (2014). 『섬의 반란, 1948년 4월 3일』
6. 제주4.3연구소. (1989). 『이제사 말햄수다(증언자료집)』 Author.
7. 동아일보. (2021, 4월 7일). "'제주4·3사건 도화선 된 3·1절 발포' 당시 증언 나왔다." 동아일보.
8. 뉴스라인제주. (2023, 4월 14일). 현임종 "3·1절 발포사건은 대코쟁이로 말 똥꼬망 찔러 일어난 일." 뉴스라인제주.

V. 경부고속국도 건설 반대 선동

박인성(단국대 정치외교학과 21학번)

◆ 국토의 대동맥, 논쟁의 불씨를 지피다

1970년 7월 7일, 한반도를 관통하는 거대한 아스팔트 띠가 완성되었다. 경부고속국도의 개통은 대한민국 역사상 가장 극적인 순간 중 하나였다. 서울에서 부산까지 12시간이 걸리던 여행이 4시간으로 단축되었고, 이는 단순히 시간과 공간을 압축한 것 이상의 의미가 있다. 그것은 '가난에서 벗어나겠다.'라는 한 민족의 염원이 구현된 상징이었다.

하지만 이 거대한 꿈이 현실이 되기까지의 과정은 전혀 순탄하지 않았다. 박정희 정부가 경제 개발과 근대화를 위한 필수적인 인프라로 고속도로 건설을 강력히 추진했을 때, 야당과 일부 지식인들은 격렬한 반대에 나섰다. 그들은 '시기상조론', '예산 낭비론', '지역 불균형 심화론' 등을 내세우며 이 프로젝트가 무모한 도전이라고 주장했다.

그런데 여기서 흥미로운 점은 '선동'이라는 개념이 양방향으로 작동했다는 것이다. 정부는 반대론자들의 비판을 '반대를 위한 반대'라는 프레임을 선동적이고 부정적으로 규정했고, 반대편에서는 정부의 일방적 추진을 '무모한 도전'이라고 비판했다. 이는 현대 사회에서도 빈번히 목격되는 정책 갈등의 전형적인 양상을 보여준다.

사회심리학자 레온 페스팅거가 제시한 '인지부조화 이론'으로 이 논쟁을 해석해 보면 더욱 흥미롭다. 이 논쟁은 '경제 발전의 필요성'과 '현실적 제약' 사이에서 발생하는 인지적 갈등의 전형적 사례였다. 정부 지지자들은 '빠른 경제 발전'이라는 신념을 유지하기 위해 반대 의견을 '비애국적'이라고 해석했고, 반대파는 '신중한 정책 결정'이라는 신념을 위해 정부의 추진력을 '성급한 도박'으로 규정했다.

◆ 가난 극복의 열망과 권위주의적 개발 체제의 서막

∴ 1960년대 한국의 어려운 경제 상황

1960년대 대한민국을 상상해 보자. 6·25 전쟁의 상처가 채 아물지 않은 채, 전 국민이 극심한 빈곤 속에서 하루하루를 버텨 나가던 시절이었다. 1962년부터 시작된 경제 개발 5개년 계획을 통해 산업화의 기반을 다지고 있었지만, 현실은 여전히 매우 어려웠다.

당시의 경제 지표들을 살펴보면 그 어려운 경제 상황이 생생히 드러난다. 1968년 기준 1인당 국민소득은 겨우 142달러에 불과했다. 이는 세계 최빈국 수준으로, 현재의 아프가니스탄이나 차드와 비슷한 수준이었다. 전국 도로 중 포장도로는 5%도 되지 않았고, 자동차 보급률은 인구 1,000명당 1.8대로 현재의 0.4% 수준에 그쳤다. 1967년 수출액은 3억 2천만 달러로, 이는 현재 한 달 수출액의 20분의 1에 불과한 규모였다.

이러한 상황에서 대일청구권 자금과 미국의 원조를 기반으로 경제 성장을 도모하려던 박정희 대통령은 서구 선진국과 같은 고속도로 건설이 절대적으로 필요하다고 판단했다. 그의 확신은 단순한 직감이 아니라 구체적인 경험에서 비롯되었다.

∴ 박정희의 '아우토반 쇼크'와 모델링 효과

1964년 12월, 박정희는 서독을 방문했다. 그곳에서 그는 독일 부흥의 상징인 본과 쾰른 사이의 아우토반을 시찰했다. 시속 100킬로미터로 질주하는 자동차들, 끝없이 뻗어있는 평평한 아스팔트 도로 그리고 그 위를 달리며 경제 활동을 펼치는 독일인들의 모습은 박정희에게 강렬한 인상을 남겼다.

심리학자 알버트 반두라가 제시한 '사회적 학습 이론'으로 보면, 이는 전형적인 모델링 효과였다. 인간은 직접적 경험뿐만 아니라 관찰을 통해서도 학습하며, 특히 성공한 모델을 모방하려는 강한 동기를 갖는다. 박정희는 서독의 '경제 기적'과 아우토반을 직접 목격하며, 한국도 이와 같은 발전 모델을 따라야 한다는 확신을 갖게 되었다.

서독에서 돌아온 그는 고속도로에 관한 자료 수집과 연구를 지속했다. 그리고 1967년 4월, 대통령 선거 유세가 한창이던 시기에 경부고속도로 건설 계획을 처음으로 공식 발표했다. 당시 국내 기술과 자금이 턱없이 부족한 상황에서도 강력한 의지를 피력한 것은 바로 이러한 '모델링 효과' 때문이었다.

∴ 권위주의적 개발 체제의 의사결정 구조

당시 한국은 전형적인 '권위주의적 개발 체제'였다. 정치학자 찬탈 무프가 분석한 바에 따르면, 당시 권위주의 체제에서는 '효율성'이 '민주성'보다 우선되며, 빠른 의사결정을 위해 반대 의견을 억압하는 경향이 있다.

박정희 정부의 의사결정 구조는 철저히 하향식이었다. 대통령의 의지가 모든 정책의 출발점이 되었고, 소수의 테크노크라트가 정책을 설계했다. 정치적 반대는 '비합리적'으로 규정되었고, 성과로 모든 것을 정당화하는 논리가 지배했다. 이러한 구조에서 경부고속도로 건설은 단순한 토목공사가 아니라 '국가 의지의 실현'이라는 상징적 의미를 갖게 되었다.

◆ 건설 추진 세력의 논리와 전략

∴ 권위주의적 개발 체제의 의사결정 구조

박정희를 필두로 한 정부와 여당은 경부고속도로 건설이 한국 경제에 혁명적 변화를 불러올 것으로 확신했다. 그들의 기대는 구체적이고 야심 찼다.

가장 직접적인 효과는 물류 혁명이었다. 서울–부산 간 운송 시간을 12시간에서 4시간으로 단축함으로써 운송비를 대폭 절감하고, 제조업 발전을 위한 인프라를 구축할 수 있다고 보았다. 또한 관광 산업의 기반을 조성하고 건설 기간 중 약 10만 명의 일자리를 창출할 수 있을 것으로 예상했다.

사회적 효과도 기대했다. 고속도로를 통해 국토 균형 발전을 도모하고, 물리적 연결을 통한 심리적 통합을 이룰 수 있다고 보았다. 무엇보다 '해낼 수 있다.'라는 국민 의식을 고취시켜 국가적 자신감을 높일 수 있을 것으로 기대했다.

전략적 측면에서도 의미가 있었다. 유사시 신속한 병력 이동이 가능해져 국방력이 강화되고, 선진국형 인프라를 보유함으로써 국제적 위상을 높일 수 있다고 판단했다.

∴ 추진 체계와 핵심 인물들

박정희는 1966년 10월 국토개발 전문가인 주원을 건설부 장관으로 임명하면서 고속도로 건설에 더욱 박차를 가했다. 주원 장관은 11월 정부·여당 청와대 연석회의에서 고속도로 건설 계획을 중점적으로 보고했다.

추진 세력들은 각자의 역할을 분담했다. 박정희 대통령은 최종 의사결정권자로서 강력한 추진 의지를 보였고, 주원 건설부 장관은 기술적 실무를 책임졌다. 김현옥 서울시장은 도시계획 전문가로서 기술적 조언을 제공했고, 정주영 현대건설 회장은 실제 건설을 실행하는 주체가 되었다. 여당 정치인들은 정치적 지지 기반을 조성하는 역할을 맡았다.

∴ 심리적 설득 전략의 교묘함

정부는 경부고속도로 건설에 대한 국민적 지지를 끌어내기 위해 정교한 심리적 기법을 활용했다. 먼저 '잘살아보세'라는 구호와 연결된 희망적 미래상을 제시했다. 서독의 아우토반과 미국의 고속도로 사례를 강조하며 성공 모델을 제시했다. '우리도 할 수 있다.'라는 민족적 자긍심을 고취시키고, '지금 하지 않으면 영원히 뒤처진다.'라는 위기감을 조성했다.

이는 현대 마케팅 심리학에서 로버트 치알디니가 제시한 '설득의 6가지 원리' 중 여러 가지를 동시에 활용한 것이었다. 대통령의 권위와 전문가들의 지지를 활용한 '권위의 원리', 선진국들의 성공 사례를 제시한 '사회적 증거의 원리', '지금이 기회'라는 시간적 긴급성을 강조한 '희소성의 원리' 그리고 '발전'이라는 일관된 가치를 추구하는 '일관성의 원리'가 복합적으로 작용했다.

◆ 반대 세력의 합리적 우려

∴ 반대 세력의 구성과 성격

경부고속국도 건설에 반대한 세력들은 결코 단순한 정치적 반대가 아니었다. 신민당을 비롯한 야당 인사들 그리고 일부 경제학자와 지식인들로 구성된 이들은 나름의 합리적 근거가 있었다.

김대중, 김영삼 같은 정치인들뿐만 아니라 장준하 사상계 발행인, 함석헌 사상가 그리고 서울대와 연세대 등의 경제학 교수들이 반대 논리를 펼쳤다. 이들의 반대는 감정적 대응이 아니라 치밀한 분석에 기반한 것이었다.

∴ 경제적 타당성에 대한 근본적 의문

가장 핵심적인 반대 논리는 경제적 타당성이었다. 1967년 국가 총예산이 1,643억 원이었는데, 경부고속도로 건설비는 초기 계획만 해도 330억 원에 달했다. 이는 국가 예산의 약 20%에 해당하는 막대한 금액이었다.

김대중은 1967년 12월 8일 국회 건설위원회에서 구체적인 대안을 제시했다. 그는 "우선은 지방 국도를 포장하고, 2단계로 고속도로가 되어야 한다."라고 주장했다. 이는 고속도로 건설 자체를 반대하는 것이 아니라, 우선순위와 단계적 접근을 주장하는 합리적 제안이었다.

현대 경제학의 비용편익분석 관점에서 당시 반대론자들의 주장을 검토해 보면, 그들의 우려는 상당한 타당성을 가지고 있었다. 직접 건설비용 330억 원은 명확하고 즉각적이었지만, 다른 인프라 투자 기회를 상실하는 기회비용과 기술 부족으로 인한 실패 위험도 고려해야 했다. 반면 운송비 절감 효과는 당시 차량 수가 적어 제한적이었고, 경제성장 효과는 장기적이고 불확실했다.

∴ 국제기구의 전문적 판단

국제부흥개발은행(IBRD)의 권고는 반대론자들에게 강력한 근거를 제공했다. IBRD는 경부고속도로보다 서울–강릉, 포항–부산, 대전–목포 등 4개 노선의 건설이 더 시급하다는 견해를 제시했다.

이러한 권고는 경제학적 논리에 기반한 것이었다. 특정 노선에 집중하기보다는 전국적 수요를 분산시키고, 동서 횡단으로 지역 간 균형 발전을 도모하며, 한 노선에 집중 투자하는 위험성을 회피하고, 작은 규모부터 시작하여 경험을 축적하자는 것이었다.

특히 주목할 점은 당시 조선일보 등 보수 언론도 IBRD의 권고를 지지하며 비슷한 주장을 했다는 것이다. 이는 경부고속도로 반대가 단순한 이념적 반대가 아니라 전문적 판단에 기반한 것임을 보여준다.

∴ 절차적 정당성에 대한 비판

야당이 제기한 또 다른 중요한 문제는 절차적 정당성이었다. 정부는 국회에 제대로 보고하거나 예산 심의를 거치지 않은 채, 설계도 끝나기 전에 서울-오산 구간을 착공하는 등 절차를 무시하고 일방적으로 사업을 추진했다.

정치학자 로버트 달이 제시한 민주주의 이론에 따르면, 민주적 의사결정을 위해서는 모든 이해관계자가 의견을 표출할 기회, 충분하고 정확한 정보에 대한 접근, 충분한 시간을 두고 심도 있게 논의하는 숙의의 과정, 권력 남용을 방지하는 견제와 균형 장치가 필요하다. 하지만 경부고속도로 건설 과정에서는 이 중 어느 것도 제대로 충족되지 않았다.

1968년 예산에 반영조차 안 된 사업을 무리하게 착수했다는 비난은 당시 권위주의적 개발 체제 시대의 비민주적인 의사결정 과정을 상징적으로 보여주는 사례였다.

∴ 지역 불균형에 대한 예리한 통찰

반대론자들이 제기한 또 다른 중요한 우려는 사회경제적 불균형 심화였다. 경부고속도로가 수도권과 영남 지역을 중심으로 건설됨으로써 서울과 부산의 대자본이 중소도시로 침투하여 토착 자본이 쇠퇴하고, 농어촌의 지나친 도시화, 지역 간 불균형 성장이 심화할 것이라는 예측이었다.

경제 지리학자 건나르 뮈르달의 '누적적 인과관계 이론'으로 보면, 특정 지역에 대한 집중 투자는 확산 효과와 역류 효과를 동시에 낳는다. 중심지의 성장이 주변 지역으로 확산하는 긍정적 효과도 있지만, 주변 지역의 자원이 중심지로 흡수되는 부정적 효과도 크다. 반대론자들은 경부고속도로가 역류 효과를 더 크게 만들어 지역 불균형을 심화시킬 것이라고 우려했다.

한상진 울산대 사회학과 교수의 지적처럼, "실제 경부고속도로 건설 이후 소외된 전라도 지역에서 수도권으로 급속한 이농 현상 등이 발생한 것은 객관적인 사실."이었다. 이는 반대론자들의 우려가 단순한 기우가 아니라 미래를 내다본 예리한 통찰이었음을 보여준다.

∴ 기술적 역량 부족에 대한 현실적 걱정

당시 한국의 기술적 역량에 대한 우려도 컸다. 한국은 고속도로 건설 경험이 전무했고, 관련 기술 인력도 턱없이 부족했다. "고속도로 논문이 딱 한 개 있었다."라는 이야기가 전해질 정도로, 무모한 도전이라는 시각이 지배적이었다.

구체적인 기술적 문제들은 심각했다. 고속도로 설계 경험과 기준이 부족했고, 대규모 토목공사 경험도 없었다. 대부분의 자재와 장비를 수입에 의존해야 하는 상황이었고, 품질 검사와 관리 시스템도 미비했다. 고속도로 운영과 관리 경험도 전무했다.

이러한 우려는 결코 과장된 것이 아니었다. 실제로 건설 과정에서 수많은 시행착오와 안전사고가 발생했고, 완공 후에도 초기 운영에서 여러 문제점이 드러났다.

◆ 언론과 여론의 복잡한 지형

∴ 언론의 신중한 접근

흥미롭게도 당시 언론들은 경부고속도로 건설에 대해 전면적인 지지보다는 신중한 접근을 보였다. 동아일보는 1967년 11월 21일 자 기사에서 '의욕만 앞선 경부 간 고속도로의 문제점'을 지적하며 "심각한 주택난 하나도 제대로 해소시킬 능력을 갖추지 못한 우리나라 재정 형편에 어떻게 이처럼 방대한 사업을, 그나마도 4년 만에 완성시킬 것인가?"라는 우려를 표명했다.

경향신문은 "고속도로 건설, 신중한 검토 필요."라는 제목으로 신중론을 펼쳤고, 중앙일보는 "막대한 예산 투입, 타당성 검토 선행되어야."라며 체계적 접근을 주문했다. 반면 서울신문은 "경제 발전의 필수 인프라."라고 정부를 지지했고, 한국일보는 "민족의 염원, 경부고속도로."라며 감정적 호소를 펼쳤다.

이처럼 언론들의 찬반이 엇갈린 것은 당시 경부고속도로 건설에 대한 사회적 합의가 완전히 이루어지지 않았음을 보여준다. 정부의 강력한 추진 의지에도 불구하고, 사회 전체적으로는 여전히 신중론이 상당한 영향력을 가지고 있었던 것이다.

◆ 정부의 프레이밍 전략과 여론 형성

∴ 프레이밍 전략의 교묘한 작동

박정희 정부는 이러한 반대 의견들을 "국가 발전을 방해하는 '무조건적 반대'"로 규정하고 일종의 '선동'으로 부정적으로 평가하며 여론을 선동하고자 했다. 이는 현대 정치 커뮤니케이션 이론에서 말하는 '프레이밍' 전략의 전형적 사례였다.

어빙 고프만이 제시한 프레이밍 이론에 따르면, 같은 사안도 어떤 '틀'로 제시하느냐에 따라 사람들의 인식이 완전히 달라진다. 정부는 경부고속도로 건설 논쟁을 단순한 찬반 구도로 제시했다.

정부는 고속도로를 '선진국으로 가는 필수 조건'으로 제시하며 발전과 후진의 대립 구도로 설정했다. 반대하는 자들을 '국가 발전을 방해하는' 비애국적 세력으로 규정했고, 반대론을 "현실을 모르는 탁상공론."이라며 현실과 이상의 대립으로 프레이밍했다. 또한 "지금 결단하지 않으면 영원히 뒤처진다."라며 결단과 우유부단의 대립 구조를 만들었다.

반면 반대파는 "충분한 검토 없는 무모한 도전."이라며 신중함과 성급함의 대립으로, "특정 지역만 혜택받는 불공정한 정책."이라며 균형과 불균형의 대립으로, "국민과 국회를 무시하는 일방적 결정."이라며 민주와 독단의 대립으로, "현실적 능력을 무시한 과욕."이라며 현실과 환상의 대립으로 각각 프레이밍했다.

∴ 선동의 구체적 기법들

정부가 사용한 선동 기법들을 현대 심리학 이론으로 분석하면 그 정교함이 드러난다. 먼저 복잡한 정책 문제를 '찬성 vs 반대'의 이분법적 사고로 단순화했다. 이성적 논증보다는 '조국 근대화'라는 감정에 호소했고, 대통령의 카리스마와 권위를 앞세운 설득을 펼쳤다. '지금 아니면 안 된다.'라는 긴급성을 강조하여 시간적 압박감을 조성했고, 서독의 성공 사례를 통한 희망적 미래를 제시하는 성공 신화를 활용했다.

∴ 언론을 통한 여론전의 전개

정부는 언론을 통해 고속도로 건설이 민족의 오랜 숙원 사업이자 국가 재건의 상징임을 강조했다. 반대자들을 '비애국적'인 세력으로 몰아가는 분위기를 조성했고, 박정희 대통령은 선거 유세 등에서 야당의 비판을 '반대를 위한 반대'라고 공격했다.

정부 지지 언론들은 적극적으로 이러한 프레이밍에 동참했다. 1968년 2월 8일 서울신문은 "경부고속도로 건설, 민족의 의지 결집."이라는 제목으로, 한국일보는 "반대론자들의 시대착오적 발상."이라며, 부산일보는 "고속도로 반대는 지역 이기주의."라며 정부의 프레임을 확산시켰다.

하지만 중립적이거나 비판적인 언론들도 있었다. 동아일보는 "고속도로 건설, 충분한 검토 필요."라고, 경향신문은 "예산 확보 방안부터 명확히 해야."라고, 중앙일보는 "국민적 합의 과정 생략된 채 추진."이라며 균형 잡힌 시각을 유지했다.

◆ 심리적 설득 메커니즘의 과학적 분석

정부의 선동이 효과적이었던 이유를 심리학적으로 분석하면 네 가지 주요 메커니즘이 작동했음을 알 수 있다.

첫째, 인지적 간편화였다. 심리학자 다니엘 카너먼이 제시한 '빠른 사고와 느린 사고' 이론에 따르면, 사람들은 복잡한 문제를 판단할 때 간편한 방법을 선호한다. 정부는 이를 교묘하게 활용하여 복잡한 경제 정책을 '발전 vs 후진'이라는 단순한 구조로 제시했다.

둘째, 확증 편향이 작용했다. 사람들은 자신이 이미 믿고 있는 것을 확인해 주는 정보를 선호하고, 반대되는 정보는 무시하거나 왜곡하는 경향이 있다. '잘살아보세'라는 국민적 열망이 강했던 당시, 고속도로 건설은 이러한 열망을 충족시켜 주는 완벽한 상징이 되었다.

셋째, 사회적 증거의 원리가 발휘되었다. 로버트 치알디니의 설득의 심리학에 따르면, 사람들은 다른 사람들이 어떻게 행동하는지를 보고 자신의 행동을 결정한다. 정부는 서독, 미국 등 선진국의 사례를 제시하여 '성공한 나라들은 모두 고속도로를 건설했다.'라는 메시지를 전달했다.

넷째, 손실 회피 심리를 자극했다. 행동경제학 연구에 따르면, 사람들은 이득을 얻는 것보다 손실을 피하는 것에 더 민감하다. 정부는 '지금 건설하지 않으면 영원히 뒤처진다'라는 메시지로 손실에 대한 두려움을 자극했다.

∴ 만들어진 기억과 역사 왜곡

특히 주목할 만한 것은 '김대중이 경부고속도로 건설 현장에 드러누웠다.'라는 식의 일화다. 이러한 극단적인 에피소드는 김대중의 반대 입장을 '반대를 위한 반대'로 희화화하고 그의 이미지를 훼손하는 데 활용되었다.

하지만 이는 김대중 전 대통령 본인이 사실이 아니라고 부인했으며, 역사적으로 정확한 기록도 없다. 전문가들은 이러한 주장이 '만들어진 기억' 또는 '조작된 기억'일 가능성이 높다고 분석한다.

프랑스 사회학자 모리스 알박스의 '집단 기억' 이론에 따르면, 과거에 대한 기억은 현재의 필요에 의해 재구성된다. '김대중의 드러누움' 일화는 바로 이러한 집단 기억의 정치적 조작 사례였다.

이러한 '만들어진 기억'이 생성되고 확산하는 과정은 체계적이었다. 실제 반대 행동을 과장하여 전달하는 초기 과장 단계, 언론과 정치인들이 반복적으로 언급하는 반복 전달 단계, 개별 사건이 '반대를 위한 반대'의 상징으로 굳어지는 상징화 단계 그리고 시간이 지나면서 사실 여부와 관계없이 '진실'로 받아들여지는 신화화 단계를 거쳤다.

∴ 정치적 선동의 장기적 부작용

정부의 선동은 단기적으로는 고속도로 건설에 대한 국민적 지지를 끌어내는 데 성공했지만, 장기적으로는 심각한 부작용을 낳았다.

첫째, 정책 토론 문화가 위축되었다. '반대를 위한 반대'라는 프레임은 정책에 대한 비판적 토론 자체를 위축시켰다. 정부 정책에 반대하면 '발전을 저해하는 세력'으로 매도당할 위험이 있었기 때문이다.

둘째, 전문가 집단의 침묵이 나타났다. 전문적 지식을 갖춘 학자나 기술자들도 정치적 압력을 피하려고 침묵하거나 정부 입장에 동조하는 경향이 나타났다.

셋째, 민주적 의사결정 과정이 훼손되었다. 충분한 토론과 검토 없이 정책을 밀어붙이는 것이 정당화되면서, 민주적 의사결정 과정이 형해화되었다.

넷째, 이분법적 사고가 고착화되었다. 복잡한 정책 문제를 '찬성 vs 반대'로 단순화하는 사고가 한국 정치 문화에 깊이 뿌리내렸다.

◆ 성공의 빛과 그림자

∴ 눈부신 성과와 경제적 혁명

경부고속국도는 결국 성공적으로 완공되었다. 2년 5개월이라는 경이로운 기록으로 완성된 이 고속도로는 대한민국의 산업 발전과 경제 성장에 지대한 영향을 미쳤다.

직접적 효과는 즉시 나타났다. 서울-부산 간 운송 시간이 67% 단축되었고, 톤당 운송비는 약 30% 절감되었다. 건설 기간 중 약 10만 명이 고용되었고, 시멘트, 철강, 건설장비 등 관련 산업이 크게 성장했다.

간접적 효과는 더욱 광범위했다. 고속도로 주변에 산업단지 건설이 활성화되었고, 지방 관광지의 접근성이 크게 향상되었다. 지방 중소도시들이 급속히 발전했고, 무엇보다 '해낼 수 있다.'라는 국민 의식의 변화가 일어났다.

심리적·사회적 효과는 경제적 효과 못지않게 중요했다. 경부고속도로의 건설과 성공은 한국인의 집단 정체성에 중대한 영향을 미쳤다. '우리도 할 수 있다.'라는 집단적 자신감이 형성되었고, 큰 목표를 향한 도전 정신이 고취되었다. 전통 사회에서 근대 사회로의 정신적 전환이 이루어졌고, '한강의 기적'을 만들어낸 역동적 국가로서 자부심이 생겨났다.

∴ 반대론자들의 우려가 현실화된 부분들

하지만 반대론자들이 제기했던 우려 역시 상당 부분 현실화되었다. 특히 지역 간 불균형 성장은 심각한 문제로 대두되었다.

경부축을 중심으로 경제 개발이 집중되면서 비경부축, 특히 호남 지역은 상대적으로 소외되었다는 인식이 깊이 뿌리내렸다. 구체적 통계를 보면 그 심각성이 드러난다. 지역내총생산 격차는 영남권과 호남권 사이에서 1970년 약 1.5배에서 1990년 약 2.3배로 확대되었다. 호남 지역에서 수도권으로의 인구 유출이 가속화되었고, 전체 제조업 시설의 70% 이상이 경부축에 집중되었다.

수도권 과밀과 농촌 공동화 현상도 심각했다. 고속도로를 통한 도시로의 인구 유입 가속화는 농어촌 지역의 공동화 현상과 수도권 인구 집중 심화를 초래했다. 수도권 인구 비중은 1970년 28.3%에서 1990년 42.8%로 급증한 반면, 농촌 인구는 1970년 44.7%에서 1990년 25.4%로 급감했다. 농가 호수도 1970년 250만 호에서 1990년 181만 호로 많이 감소했다.

환경 파괴와 생태계 훼손도 심각한 문제였다. 당시에는 환경영향평가 제도가 없어서 생태계 보전에 대한 고려가 거의 이루어지지 않았다. 고속도로 건설로 약 2,000헥타르의 산림이 파괴되었고, 건설 과정에서 하천 생태계가 교란되었다. 고속도로 주변 지역의 소음 문제가 발생했고, 자동차 증가로 인한 대기질 악화도 뒤따랐다.

∴ 절차적 문제의 장기적 악영향

절차적 정당성을 무시하고 이뤄진 일방적인 사업 추진 방식은 한국 사회의 민주적 의사결정 과정에 좋지 않은 선례를 남겼다. 이는 이후 한국 정치에서 '밀어붙이기식' 정책 결정의 전형이 되었다.

1980년대 서울 올림픽 유치와 관련 시설 건설, 1990년대 신도시 건설과 택지 개발, 2000년대 행정수도 이전 계획 그리고 2000년대 후반 이명박 정부의 4대강 사업까지, 경부고속도로와 유사한 절차적 문제점들이 반복적으로 나타났다.

기술적 검토나 경제성 분석보다는 정치적 의지가 우선시되는 관행이 정착되었고, 이는 이후 여러 대형 국책사업에서 반복적으로 나타나는 패턴이 되었다.

◆ 개발과 민주주의의 영원한 딜레마

경부고속도로 건설 논쟁은 현대 민주주의 사회가 직면한 핵심적 딜레마를 선명하게 보여준다. 바로 '효율성'과 '민주성' 사이의 선택이다.

효율성의 논리는 강력하다. 신속한 의사결정으로 복잡한 절차 없이 빠른 실행이 가능하고, 단일한 의사결정 주체로 책임 소재가 명확하며, 정치적 변화에 휘둘리지 않는 안정적 추진이 가능하고, 소수 전문가의 판단에 의존할 수 있다.

반면 민주성의 논리도 설득력이 있다. 모든 이해관계자의 의견을 수렴하는 국민 참여, 의사결정 과정의 공개와 투명성, 권력 남용을 방지하는 견제와 균형 장치, 다양한 가치와 이익의 조화가 가능하다.

정치학자 프랜시스 후쿠야마는 이를 '정치 질서'와 '정치 쇠퇴' 문제로 설명한다. 강력한 국가 능력은 빠른 발전을 가능하게 하지만, 민주적 견제가 없으면 부패와 권력 남용의 위험이 크다는 것이다. 경부고속도로 건설 과정에서 나타난 문제점들은 현재 한국의 정책 결정 과정 개선에 중요한 시사점을 제공한다. 정책 결정 과정의 민주화가 필요하다. 환경, 사회, 경제 영향에 대한 종합적 검토를 위한 사전 영향 평가를 강화하고, 공청회, 설명회, 온라인 의견 수렴 등을 통한 국민 참여를 확대해야 한다. 독립적 전문 기관의 객관적 검토를 의무화하고, 일괄 추진보다는 단계적 접근을 택하며, 사후 평가를 통한 교훈 도출이 가능한 성과 평가 시스템을 구축해야 한다. 비판과 반대의 건전한 역할을 인정해야 한다. '반대를 위한 반대'라는 프레임은 건전한 비판과 견제를 억압하는 부작용을 낳았다. 현대 민주주의에서는 반대 의견이 갖는 긍정적 기능을 인정해야 한다. 정책의 문제점과 허점을 지적하는 오류 수정 기능, 더 나은 방안에 대한 아이디어를 제공하는 대안 제시 기능, 충분한 토론을 통한 국민적 공감대를 형성하는 사회적 합의 기능, 독단적 결정을 방지하는 권력 견제 기능이 그것이다. 지역 균형 발전의 중요성도 재확인되었다. 경부고속도로 건설 이후 나타난 지역 불균형 문제는 현재까지도 한국 사회의 주요 과제로 남아 있다. 한 지역 집중보다는 여러 거점의 균형 발전을 추구하는 다극 분산, 거점 도시와 주변 지역의 상호 보완적 발전을 도모하는 연계 발전, 각 지역의 고유한 강점을 살린 차별화된 발전을 추구하는 특성화, 단기 성과보다는 장기적 지속가능성을 중시하는 정책이 필요하다.

∴ 진정한 국토의 대동맥을 향하여

경부고속도로는 한국의 '압축 성장'을 상징하는 대표적 사례다. 하지만 진정한 발전은 물리적 인프라의 건설뿐만 아니라 민주적 의사결정 문화, 합리적 토론 전통, 상호 존중의 정신이라는 사회적 인프라의 구축에도 달려있다.

우리가 경부고속도로 건설 논쟁에서 배워야 할 가장 중요한 교훈은, 어떤 정책이든 완벽할 수는 없으며, 따라서 끊임없는 성찰과 개선이 필요하다는 점이다. 과거의 성공에 안주하지 않고, 과거의 실패에서 교훈을 얻으며, 더 나은 미래를 만들어가는 것이 우리의 책무이다.

반대 세력의 선동은 때로는 발전을 위한 추진력을 저해하기도 하지만, 동시에 정부의 독주를 견제하고 합리적 비판을 통해 정책을 보완하는 순기능도 있다. 경부고속국도 건설 사례는 이 두 측면을 모두 명확히 보여주고 있다.

이제 우리는 경부고속도로가 가져다준 물리적 연결을 넘어서, 서로 다른 생각과 가치를 가진 사람들 사이의 소통과 이해라는 정신적 연결을 만들어가야 할 때이다. 그것이야말로 진정한 의미에서 '국토의 대동맥'을 완성하는 일이 될 것이다.

우리는 이 논쟁을 통해 어떤 시대에서든 정부 정책에 대한 다층적이고 비판적인 시각이 왜 필요한지 그리고 비판의 목소리를 '선동'으로 매도하는 행위가 얼마나 위험한지를 깨달아야 한다. 정부의 여론 형성과 반대 세력의 선동을 구분하는 안목을 기르고, 민주적 의사결정 과정을 발전시키며, 효율성과 민주성 사이의 균형점을 찾아가는 것이 우리가 직면한 과제다.

경부고속도로 건설 논쟁이 남긴 가장 큰 유산은 바로 이러한 성찰의 기회일 것이다. 과거를 거울삼아 현재를 돌아보고 미래를 준비하는 지혜, 그것이 진정한 발전의 원동력이 될 것이다.

∴ 선동에 맞서는 리더십의 중요성

박정희 대통령은 반대 세력의 선동에도 불구하고 자신의 신념을 관철했다. 물론 그 과정에서 민주적 절차를 일부 생략한 것은 아쉬운 부분이다. 하지만 당시 한국의 상황을 고려하면, 모든 절차를 다 거치며 합의 하기를 기다렸다면 경부고속도로 건설은 불가능했을 것이다.

권위주의적 개발 체제의 문제점을 인정하면서도, 우리는 그 시대가 요구했던 강력한 리더십의 가치를 부정할 수 없다. 1960년대 한국은 민주주의를 완성할 여유가 없었다. 먹고사는 문제가 급선무였고, 이를 해결하기 위해서는 빠른 결단과 실행이 필요했다.

오늘날 우리에게 필요한 것은 민주적 절차와 강력한 리더십의 조화다. 반대 세력의 선동에 휘둘리지 않으면서도, 국민의 목소리에 귀 기울이는 지혜가 필요하다.

∴ 현대 한국 사회에 주는 경고

경부고속도로 건설 반대 선동 사례는 현대 한국 사회에 중요한 경고를 한다. 오늘날에도 국가의 중요한 정책마다 '민주적 절차', '환경 보호', '지역 균형' 등의 명분을 내세우며 무조건 반대하는 세력들이 있다.

물론 정책에 대한 비판과 견제는 민주주의의 필수 요소다. 하지만 모든 반대가 정당한 것은 아니다. 우리는 진정으로 국가를 위한 건설적 비판과 정치적 이익을 위한 파괴적 선동을 구분할 수 있어야 한다.

경부고속도로 건설 과정에서 드러난 반대 세력의 선동 기법을 결코 잊어서는 안 된다. 그들은 '국민을 위한다.'라는 명분으로 국가 발전을 저해했고, '민주주의를 지킨다.'라는 구호로 독재를 비판했지만, 정작 그들이 원한 것은 박정희 정부의 실패였다.

오늘날에도 마찬가지다. 원자력 발전소 건설, 4대강 사업, 한미 FTA 등 국가의 중요한 정책마다 좌파 세력은 같은 방식으로 선동을 해왔다. 우리는 이러한 선동의 본질을 꿰뚫어 보고, 국민에게 진실을 알려야 할 책무가 있다.

경부고속도로 건설 반대 선동의 역사는 단순히 과거의 사건이 아니다. 그것은 오늘날에도 반복되고 있는 좌파 선동의 원형이며, 우리가 경계하고 극복해야 할 대상이다.

역사는 박정희가 옳았고 반대 세력이 틀렸음을 증명했다. 이제 우리의 과제는 이러한 역사의 교훈을 바탕으로, 대한민국의 더 나은 미래를 만들어가는 것이다.

참고문헌

1. Festinger, L. (2016). 『인지부조화 이론』

2. Bandura, A. (2003). 『사회적 학습 이론』

3. Cialdini, R. B. (2013). 『설득의 심리학』

4. Kahneman, D. (2012). 『생각에 관한 생각』

5. (1967. 11. 21.). 의욕만 앞선 경부 간 고속도로의 문제점. 동아일보.

6. (1968. 2. 8.). 경부고속도로 건설, 민족의 의지 결집. 서울신문.

7. (1967. 12. 7.). 꿈의 고속도로 계획. 조선일보.

8. 유석재. (2010. 7. 5.). 경부고속도로 완공 40주년: '급한 건 동서 교통망' DJ·YS도 반대 앞장. 문화일보.

9. 조선일보 (1967-1968). IBRD 권고 관련 기사.

10. 국회 건설위원회. (1967. 12. 8.). 김대중 의원 발언 (국회 건설위원회 회의록).

VI. 미선·효순 사건 반미 선동

박인성(단국대 정치외교학과 21학번)

◆ 두 소녀의 죽음이 남긴 상처

2002년 6월 13일 오전, 경기도 양주 효촌리의 56번 국도. 평범한 여름날, 두 명의 14세 여중생이 친구의 생일파티에 참석하기 위해 걷고 있었다. 신효순 양과 심미선 양은 그날 친구 김다희의 생일을 축하하러 가는 길이었다. 단 300미터만 더 걸으면 도착할 거리였다. 하지만 그들은 친구를 만나지 못했다. 미군 2사단 소속 장갑차가 갓길을 주행하던 중 두 소녀를 덮쳤기 때문이다.

운전병 마크 워커 병장과 관제병 페르난도 니노 병장은 당시 훈련을 마치고 부대로 복귀하는 중이었다. 그들은 전방 좌측에 있던 보행자들을 발견하지 못했다고 진술했다. 장갑차의 구조적 한계와 시야 제약이 사고의 주요 원인으로 지목되었다. 두 소녀는 즉사했다.

이 비극적인 사고는 단순한 교통사고로 끝나지 않았다. 한 달여가 지나면서 이 사건은 전국을 뒤흔드는 거대한 사회 운동으로 발전했다. 온 국민이 촛불을 들고 거리로 나왔고, 한미 관계는 미궁 속에 빠졌다. 어떻게 두 소녀의 안타까운 죽음이 이토록 강력한 사회적 파장을 일으킬 수 있었을까?

사회심리학자 구스타프 르 봉은 『군중심리학』에서 "군중은 논리보다는 감정에, 이성보다는 본능에 지배받는다."라고 분석했다. 미선·효순 사건은 바로 이러한 집단 감정의 폭발적 힘을 여실히 보여주는 사례다. 두 어린 생명의 죽음이라는 비극적 현실이 사회에 잠재되어 있던 반미 정서, 불평등에 대한 분노 그리고 정의에 대한 갈망과 만나면서 전국을 휩쓴 거대한 운동으로 변화한 것이다.

◆ 월드컵 열기와 민족적 자존심

미선·효순 사건이 발생한 2002년은 매우 특별한 해였다. 한일 월드컵이 열리고 있었고, 온 국민이 '대~한민국' 응원 구호에 열광하고 있었다. 월드컵은 전례 없는 집단적 축제 경험이었다. 한국팀이 4강에 진출하면서 국민의 민족적 자긍심은 하늘을 찔렀다.

심리학에서는 이런 현상을 '사회적 정체성 이론'으로 설명한다. 사람들은 자신이 속한 집단에 대한 긍정적 정체성을 추구하며, 집단의 성공을 통해 자아존중감을 높인다. 월드컵에서의 성공적인 경험은 한국인들에게 강한 집단적 정체성과 자긍심을 제공했다. 이것이 이후 미선·효순 사건에 대한 강렬한 반응의 심리적 토대가 되었다.

이 시기 한미 관계는 이미 복잡한 문제들을 안고 있었다. 1995년 윤금이 사건을 통해 주한미군지위협정(SOFA)의 불평등성이 본격 제기되었고, 2000년 매향리 사건에서는 미군 사격장 오폭으로 주민들이 피해를 당했다. 2001년에는 미군 부대의 한강 독극물 무단 방류 사건이 환경 오염 논란을 불러일으켰다. 이미 시민단체와 학생운동권을 중심으로 주한미군 철수와 SOFA 개정을 요구하는 목소리가 존재하고 있었다.

◆ 인터넷이 만든 새로운 여론 형성

월드컵 열기가 사그라지면서, 그동안 주목받지 못했던 두 여중생의 죽음이 인터넷 공간에서 서서히 주목받기 시작했다. 2002년은 한국 인터넷 문화가 급속도로 발전하던 시기였다. DC인사이드의 다양한 갤러리, 다음 아고라의 정치적 토론, 네이버 카페의 주제별 모임, 프리챌의 개인 홈페이지 등이 활발히 운영되고 있었다.

인터넷을 통한 정보 확산은 전통적인 매스미디어와는 완전히 다른 특징을 보였다. 익명성 덕분에 사람들은 거리낌 없이 감정적 표현을 쏟아낼 수 있었다. 실시간으로 의견을 교환하고 즉각적으로 반응할 수 있었다. 수동적으로 정보를 받아들이는 것이 아니라 능동적으로 참여하고 재생산할 수 있었다. 관심 있는 내용은 바이러스처럼 기하급수적으로 확산되었다.

마누엘 카스텔이 제시한 '네트워크 사회' 개념이 현실로 나타나고 있었다. 정보와 의견이 네트워크를 통해 실시간으로 확산하면서 기존의 권위적 정보 구조를 우회하는 현상이 벌어진 것이다. 더 중요한 것은 비슷한 생각을 가진 사람들끼리만 소통하는 '필터 버블' 현상이 나타나면서, 특정한 관점이 더욱 극단적으로 증폭되었다는 점이다.

◆ 범대위의 등장

사고 발생 13일 후인 6월 26일, 여러 시민 사회단체가 '미군 장갑차 여중생 故 신효순·심미선 양 사망사건 범국민대책위원회'를 결성했다. 참여연대, 경실련, 전국대학생대표자협의회, 한국대학총학생회연합, 평택평화센터, 녹색연합 등이 참여했다.

주목할 점은 단순한 사고 처리 문제를 넘어서 SOFA 개정, 나아가 주한미군 문제 전반으로 의제가 확장되었다는 것이다. 현대사회 운동 이론에서 말하는 '자원동원이론'의 전형적 사례였다. 인적·물적·상징적 자원을 효율적으로 활용하고, 효과적인 조직 체계를 구축하며, 정치적 기회와 사회적 분위기를 활용하는 동시에, 사안을 해석하고 의미를 부여하는 방식을 전략적으로 설계했다.

범대위는 특히 '두 어린 생명의 억울한 죽음'이라는 강력한 프레임을 통해 광범위한 사회적 공감을 끌어냈다. 이는 단순히 법적 문제나 제도적 문제가 아니라, 모든 사람이 공감할 수 있는 도덕적·감정적 문제로 사안을 재구성한 것이다.

◆ SOFA와 재판권으로 폭발한 분노

문제를 더욱 복잡하게 만든 것은 재판 관할권 문제였다. 주한미군지위협정에 따라 미군 운전병에 대한 재판권은 미군 당국에 있었다. 미군 군사법원은 훈련 중 발생한 '사고'라는 이유로 두 병장에게 무죄를 선고했다. 많은 한국 국민에게 이는 받아들일 수 없는 결정이었다. '우리 국민이 외국 군대에 의해 억울하게 죽었는데 가해자가 처벌받지 않는다.'라는 프레임이 강력한 호소력을 갖게 되었다. SOFA의 재판권 조항, 신병 인도 제한, 배상 문제의 불명확성, 환경 문제에 대한 책임 회피 등이 '불의'의 증거로 받아들여졌다.

'주권 침해'라는 프레임은 특히 강력한 정치적 동원력을 발휘했다. 정치심리학 연구에 따르면, 주권과 관련된 이슈는 집단 정체성 위협 인식, 국가적 자존심 훼손, 위협에 맞선 분노와 보복 감정, 외부 위협에 맞선 내부 결속 강화 동기 등을 불러일으킨다. 선동 세력은 바로 이러한 심리적 메커니즘을 전략적으로 활용했다.

하지만 여기서 중요한 것은 당시 많은 사람들이 SOFA의 구체적 내용이나 법적 절차를 정확히 이해하지 못했다는 점이다. 미군 측은 사고 직후 유감을 표명하고 조사에 협력했으며, 한미 합동 조사를 통해 사실을 규명하려 노력했고, SOFA 규정에 따른 정당한 법적 절차를 진행했다. 하지만 대중은 이를 미군의 일방적 책임 회피, 한국 주권에 대한 무시, 불공정한 재판과 면죄부로 인식했다. 이러한 인식의 괴리는 여론 동원이 작동할 수 있는 중요한 여지를 제공했다.

◆ 미국 측의 사과와 보상

미선·효순 사건 당시 한국 정부와 미국 측은 공식적인 사과와 배상 그리고 여러 유가족 지원 조치를 취했다.

사건 당일(2002년 6월 13일) 주한미군 8군 사령관 대니얼 자니니 중장, 미2사단장, 주한미군 사령관, 주한 미국 대사, 미국 국무부 차관보 등은 유가족에게 공식적인 애도와 사과 메시지를 발표했다.

미2사단장과 참모장은 사고 다음 날인 6월 14일 분향소를 직접 방문하여 유가족에게 사과와 위로금을 전달했다. 1차 위로금으로 각각 100만 원씩 지급되었다. 미군 측은 한미 합동 조사 및 관련 절차를 신속하게 진행하였고, 유가족에게 최종적으로 각각 약 1억 9,500만 원의 배상금을 지급했다. 추가로 미군 장병들이 직접 모금한 성금 2만 2,000달러를 유가족에게 전달하며 애도의 뜻을 표했다.

미군 사령관은 "미 육군이 이 비극적인 사고에 대한 전적인 책임이 있음을 인정한다."라고 사과했고, 사고 재발 방지 대책을 약속하는 공식 입장을 밝혔다.

11월 27일 주한 미국대사가 부시 미국 대통령의 메시지를 통해 간접적으로 사과 및 유감을 표명했고, 12월에는 부시 대통령이 직접 김대중 대통령에게 전화로 유감을 표했다.

사건 18주기(2020년)에도 퇴역 미군이 유가족과 한국 국민에게 공개서한을 통해 사과의 뜻을 전했다.

그러나 이러한 미국 측의 사과와 보상에 관한 내용은 감정적 호소와 선별적 정보 전달로 부각되지 못했다.

◆ 감정적 호소와 정보의 선별적 전달

미선·효순 사건을 둘러싼 여론 형성 과정은 현대 심리학이 밝혀낸 다양한 설득과 조작 기법들을 종합적으로 활용했다.

먼저 감성적 호소와 순진한 희생자 프레임이 핵심이었다. 사망한 두 여중생은 꽃다운 나이였고, 평화롭게 길을 걷다 졸지에 사망한 '무고한 희생자'였다. 현대 사회심리학에서 말하는 '무고한 희생자 효과'가 강력하게 작동했다. 사람들은 무고한 희생자에 대해 강한 공감과 연민을 느끼고, 정의감이 각성되며, 가해자에 대한 강한 적대감을 품게 되고, 정의 실현을 위한 행동 의지를 갖게 된다. 특히 아이들이 희생자인 경우 이러한 효과는 더욱 극대화된다.

언론의 역할도 중요했다. '효순·미선'이라는 이름이 사고 자체를 넘어선 불의와 주권 침해의 상징으로 각인되었다. "꽃다운 두 생명, 억울한 죽음", "친구 생일파티 가던 길에서...", "미선이 효순이를 기억하며."와 같은 감성적 보도가 반복되었다. 두 소녀의 사진과 일상이 반복 노출되고, 가족들의 슬픔과 분노가 부각되며, 사고 현장의 비극적 상황이 상세히 묘사되었다.

다음으로는 SOFA 불평등성 부각과 불공정성 상소가 이어졌다. 미군 군사법원의 무죄 선고는 대중의 분노를 폭발시키는 기폭제가 되었다. 선동 세력은 SOFA 조항의 불합리성을 강조하며, 이것이 한국의 사법 주권이 미군에 의해 침해당하는 불평등한 상황임을 주장했다.

가장 심각한 문제는 정보의 선별적 활용이었다. 선동가들은 두 병장이 '살인'을 저질렀다는 주장을 펼쳤다. 일부 언론 보도에서는 장갑차 운전병이 음주 상태였거나 고의로 여중생들을 쳤다는 의혹이 제기되기도 했다. "워커 병장과 니노 병장이 두 여중생을 죽게 만든 것은 실수에 의한 '사고'가 아니라 '살인'이었다."라는 주장이 반복적으로 확산되었다.

하지만 미군 당국의 공식 수사 결과와 미군 군사법원 재판 과정에서 이러한 고의성이나 음주 운전 등의 주장은 입증되지 않았다. 인지심리학에서 말하는 확증편향(자신의 믿음을 확인해 주는 정보만 선택적 수용), 가용성 휴리스틱(쉽게 떠올릴 수 있는 정보에 과도한 의존), 감정적 추론(감정적 상태에 따른 사실의 다른 해석), 집단사고(집단 내 일치성 유지를 위한 비판적 사고 포기) 등이 복합적으로 작용했다.

◆ 평화와 분노의 아이러니

2002년 11월 30일 서울 광화문에서 시작된 첫 촛불 집회는 순식간에 전국으로 확산하였다. 수십만 명이 참여하는 대규모 시위로 발전했다. 촛불은 평화와 비폭력의 상징으로 자리 잡았고, "2002년 월드컵은 5천만 국민에겐 감동을, 효순이, 미선이에게는 죽음을."과 같은 슬로건이 대중의 공감을 얻었다.

촛불의 상징적 효과는 놀라웠다. 평화적 저항의 상징이면서 동시에 정치적 계산 없는 시민의 자발적 참여를 나타냈다. 모든 참가자가 동일한 도구를 사용함으로써 연대감을 강화했고, 꺼지지 않는 의지를 표현했으며, 종교적 의미까지 내포하는 숭고함을 연출했다. 이러한 상징적 효과는 참가자들에게 도덕적 우월감과 정당성을 제공했다.

촛불 집회의 확산은 현대 사회학에서 말하는 '사회적 전염' 현상의 전형적 사례였다. 에밀 뒤르켐이 제시한 '집합의식' 개념으로도 설명할 수 있다. 광화문에서의 첫 집회가 발화점이 되어 인터넷과 언론을 통해 소식이 전파되고, 전국 각지에서 유사한 집회가 조직되며, 참가자 수와 규모가 기하급수적으로 증가하고, 마침내 정기적이고 조직적인 집회로 제도화되었다.

언론의 보도 프레임 또한 이념적 성향에 따라 크게 달랐다. 진보 언론은 "시민들의 자발적 추모와 정의 구현 의지", "평화로운 촛불에 담긴 간절한 마음", "촛불로 밝힌 시민 사회의 힘."으로 보도했다. 반면 보수 언론은 "감정적 반미 시위 우려", "이성적 접근 필요한 시점", "한미 관계에 미칠 부정적 영향."에 초점을 맞췄다.

◆ 반미 이념과 북한의 개입

사건은 점차 '반미'라는 이념적 의제와 결부되면서 단순한 정의 구현 운동을 넘어섰다. 촛불 집회 현장에서는 'SOFA 전면 개정'을 넘어 '주한미군 철수'를 요구하는 구호가 등장하기 시작했다.

정치심리학에서는 이를 '이슈 확장' 현상으로 설명한다. 두 여중생의 억울한 죽음이라는 구체적 사안이 SOFA의 불평등성이라는 제도적 문제로, 다시 한미 관계의 종속성이라는 구조적 문제로, 마침내 반미주의와 민족주의라는 이념적 문제로 점차 확장되어 간 것이다. 이러한 확장 과정에서 원래의 순수한 동기인 정의 구현이 점차 반미 운동이라는 정치적 목적으로 이동했다는 평가도 제기되었다. 주목할 점은 북한도 이 사건을 자신들의 대남 선전에 활용했다는 것이다. 북한 노동신문은 사건 10주년에 "미군 장갑차에 의한 여학생 학살사건은 미국의 오만함, 야수적 본성과 비인간성을 똑똑히 보여주고 있다."라며 반미 촛불 집회를 언급했다. 북한은 사고를 '학살'로 규정하여 미군의 범죄성을 부각시키고, 한국 내 반미 감정을 북한에 유리한 방향으로 유도하려 했던 것으로 보인다. 이는 한미동맹 약화를 통한 영향력 확대와 국제 여론전에서 미국의 도덕적 권위 훼손을 노리는 시도로 해석된다.

◆ 새로운 정치 동원 패러다임

미선·효순 사건은 인터넷과 거리 집회가 결합한 새로운 형태의 모델을 제시했다. 인터넷은 기존 언론을 우회한 정보 확산의 통로가 되었고, 분노와 슬픔을 집단적으로 표출하는 공간이 되었으며, 오프라인 집회 참여자를 동원하는 도구가 되었고, 지속적인 관심과 참여를 유지하는 플랫폼이 되었다.

DC인사이드는 밈 생산과 확산의 중심지였고, 다음 아고라는 정치적 토론과 의견 교환의 장이었으며, 개인 블로그는 개인적 경험과 감정을 공유하는 공간이었고, 이메일은 조직적 정보 전파와 동원의 도구였다.

현대 마케팅 이론의 '바이러스 마케팅' 기법이 정치적 여론 형성에 응용된 사례이기도 했다. 분노와 슬픔 등 강한 감정을 유발하는 감정적 자극, 쉽게 이해하고 전달할 수 있는 단순한 메시지, 강렬한 이미지와 상징의 시각적 임팩트, 누구나 쉽게 참여할 수 있는 참여 용이성, '참여하지 않으면 비도덕적'이라는 사회적 압력 등이 복합적으로 작용했다.

◆ 빛과 그림자

미선·효순 사건을 둘러싼 사회 운동은 한국 사회에 복합적인 영향을 미쳤다. 긍정적 측면도 있었고 부정적 측면도 있었다.

긍정적 효과로는 먼저 SOFA 개정 노력이 촉발되었다는 점이다.

대규모 촛불 집회는 김대중 정부와 이후 노무현 정부에 강력한 압박으로 작용했다. 2000년대 중반 SOFA의 일부 조항이 개정되어 특정 범죄에 대한 기소 전 신병 인도가 가능해졌고, 환경 오염 방지 및 복구 의무가 강화되었으며, 지역사회와의 협력 방안이 마련되었고, 사고 발생 시 투명한 정보 공유 체계가 구축되었다. 또한 온라인 커뮤니티와 시민 사회의 영향력이 크게 확대되었다. 인터넷의 파급력을 통해 여론을 형성하고 실제 대규모 집회를 조직하는 새로운 운동 방식이 정착되었다. '네티즌의 힘'이라는 인식이 확산하였고, 온라인 기반 시민 참여 문화가 확산하였으며, 기존 권위에 대한 비판적 시각이 퍼졌고, 시민들의 정치적 효능감이 증대되었으며, 새로운 형태의 정치적 표현 방식이 정착되었다.

평화적 시위 문화의 정착도 중요한 성과였다. 촛불 집회는 과거의 격렬하고 폭력적인 시위와는 다른 새로운 저항 방식을 제시했다. 비폭력 원칙을 철저히 준수하고, 가족 단위 참여가 가능한 분위기를 만들었으며, 축제와 같은 문화적인 요소를 포함했고, 경찰과의 갈등을 최소화했다.

그러나 부정적 효과로는 사회적 갈등이 심화되고 피로감이 조성되었다. 촛불 시위는 일부 반미 성향 단체들의 적극적 참여로 점차 강경해졌고, 과도한 반미 구호와 반미 의식화로 이어지면서 사회 일각에서는 피로감을 호소하는 목소리가 나왔다. 일부에서는 사건의 초점이 '정의 구현'에서 '반미 이념'으로 이동했다고 평가하면서, 한미 동맹의 중요성을 강조하는 측과 반미를 주장하는 측 사이에 사회적 갈등이 심화되었다.

정부와 미군에 대한 불신도 증폭되었다. 미군 군사법원의 무죄 선고와 사고 처리 과정에서 매끄럽지 못한 대응은 정부 당국과 미군에 대한 대중의 불신을 키웠다. 미국 언론이 "불행한 사고", "법적 절차 준수."로 보도한 반면, 한국 언론이 "억울한 죽음", "불공정한 처리."로 보도한 차이는 한미 간 상호 이해를 어렵게 만들었다.

이념적 대립도 심화되었다. 사건이 이념적 쟁점과 결합하면서 한국 사회의 진보-보수 갈등이 더욱 심화되었다. 진보 측은 미군 철수, SOFA 폐기, 반미 자주를 주장했고, 보수 측은 한미 동맹 강화, 질서 유지, 이성적 접근을 강조했다. 이러한 대립은 이후 한국 정치의 주요 갈등 축으로 자리 잡았다.

가장 논쟁적인 문제는 사실 관계를 둘러싼 논란이었다. 여론 형성 과정에서 일부 정보가 선별적으로 전달되고 음모론이 확산하면서, 사건에 대한 균형 잡힌 이해가 어려워졌다. "미군이 고의로 살인을 저질렀다", "한국 정부가 미군 편을 들었다", "미국이 한국을 무시하고 있다."라는 인식들이 형성되면서 합리적 판단을 어렵게 만들었다는 지적이 제기되었다.

◆ 한국 사회의 구조적 전환

미선·효순 사건은 한국 사회에 구조적 변화를 불러왔다. 시민 운동 방식이 변화했다. 기존의 조직 중심, 엘리트 중심의 운동에서 개인 참여 기반의 네트워크형 운동으로 패러다임이 바뀌었다. 온라인 기반의 빠른 조직화, 수평적 네트워크 구조, 감성적 소통과 공감 중시, 문화적 요소의 적극 활용, 이슈별 참여 등이 새로운 특징이 되었다.

정치 참여 패턴도 변화했다. 촛불 집회 경험은 시민들의 정치 참여에 대한 인식을 크게 바꿔놓았다. 정치는 더 이상 정치인들만의 전유물이 아니라 시민 누구나 참여할 수 있는 영역이라는 인식이 퍼졌다. 기존의 투표, 정당 가입 등 제도적 참여 위주에서 집회, 서명, 온라인 활동 등 직접 행동이 증가했다.

언론과 정보 환경도 변화했다. 기존 주류 언론의 독점적 지위가 흔들리고, 온라인 매체와 시민 기자의 역할이 크게 부각되었다. 정보 생산자가 다양화되고, 실시간 정보 유통이 가속화되며, 개인의 정보 선별 능력이 중요해지고, 팩트 체킹의 필요성이 대두되었다. 이는 정보의 민주화라는 긍정적 측면과 함께 가짜뉴스와 정보 혼란이라는 부작용도 동반했다.

◆ 디지털 시대 정치 동원의 예고편

미선·효순 사건은 현재의 소셜미디어 시대 정치 동원 방식을 예고한 선구적 사례였다. 당시 활용된 많은 기법이 현재 페이스북, 트위터, 인스타그램 등에서 더욱 정교하게 재현되고 있다.

공통점은 여전히 유효하다. 분노, 슬픔, 공포 등을 활용한 즉각적 반응 유도, 네트워크 효과를 통한 기하급수적 전파, 강렬한 이미지와 영상 활용, 즉각적인 소통과 반응, 수동적 수용이 아닌 능동적 참여와 재생산 등이 그것이다.

다만 현대에는 더욱 진화한 측면들이 나타나고 있다. 빅데이터를 활용한 개인별 맞춤형 메시지 전송, 플랫폼 알고리즘을 활용한 선별적 정보 노출, 인공적 계정을 통한 여론 조작, 국경을 넘나드는 글로벌 캠페인, 플랫폼에 축적되어 지속적으로 재활용되는 콘텐츠 등이 새로운 특징이다. 이후 한국 사회에서 나타난 2008년 광우병 사태, 2016~2017년 박근혜 탄핵 촛불 집회 등에서도 비슷한 패턴을 발견할 수 있다. 광우병 사태에서는 온라인을 통한 정보 확산, 감정적 불안감을 활용한 대중 동원, 촛불 집회라는 동일한 방식 활용, 과학적 사실보다 감정에 호소하는 특징이 재현되었다. 하지만 더욱 정교해진 온라인 조직화, 1인 미디어의 적극적 활용, 국제적 정보와의 연결 등 발전된 양상도 보였다. 박근혜 탄핵 촛불 집회에서는 스마트폰과 SNS의 적극 활용, 실시간 스트리밍을 통한 현장 중계, 해시태그를 통한 이슈 프레이밍, 국제적 연대와 관심 확산 등이 새롭게 나타났다.

◆ 성찰과 교훈

미선·효순 사건은 우발적인 교통사고에서 시작되어 강력한 사회운동으로 발전한 복합적 사건이다. 순수한 추모와 정의 구현의 열망이 인터넷과 촛불 집회라는 새로운 방식을 만나 폭발적인 영향력을 발휘했지만, 그 과정에서 정보의 선별적 전달과 과도한 감성적 자극 그리고 이념적 프레임이 개입하면서 사건의 본질을 둘러싼 논란이 발생하고 사회적 갈등이 심화되는 결과를 낳았다.

이 사건이 보여주는 이중성은 중요한 교훈을 준다. 한편으로는 불의에 맞선 시민들의 정당한 분노가 실제 제도 개선으로 이어지는 긍정적 변화를 만들어냈다. 다른 한편으로는 정보의 선별적 전달, 감정의 과도한 자극, 이념적 대립의 심화라는 부정적 결과도 초래했다. 이는 민주주의 사회에서 시민 참여가 갖는 딜레마를 보여준다. 시민들의 적극적 참여 없이는 진정한 민주주의가 불가능하지만, 그 참여가 합리성을 잃고 감정에만 의존할 때는 민주주의를 위협하는 요소가 될 수도 있다.

현대 사회에 주는 교훈은 명확하다. 생명 또는 인권과 관련된 사건일수록 감정과 이성의 균형이 중요하다. 슬픔과 분노는 자연스러운 감정이지만, 이러한 감정이 이성적 판단의 걸림돌이 되어서는 안 된다. 정보를 취사선택하고 특정 목적에 맞게 활용하는 방식을 경계해야 한다. 시민들이 정의 구현이라는 순수한 의도로 참여한 운동이라 할지라도, 그 내부에 정치적 의도를 가진 세력이 개입하면 목적이 달라질 수 있다는 사실을 염두에 두어야 한다.

미선·효순 사건에서 나타난 촛불 집회는 평화적이고 비폭력적인 저항의 새로운 모델을 제시했다. 이는 사회 변화를 추구하는 시민운동이 폭력에 의존하지 않고도 강력한 영향력을 발휘할 수 있음을 보여주었다. 도덕적 우위 확보를 통한 정당성 강화, 더 많은 시민의 참여 가능성 확대, 국제적 지지와 관심 확보, 장기적으로 지속 가능한 사회 변화 추동, 사회 분열 최소화와 화합 도모 등이 비폭력 저항의 효과다.

◆ 미래를 위한 제언

교육적 관점에서는 미디어 비판적 수용 능력을 학습할 수 있도록 해야 한다. 미선·효순 사건과 같은 실제 사례를 통한 학습, 같은 사건을 다양한 관점에서 바라보는 연습, 정보의 사실 여부를 확인하는 구체적 방법 습득, 서로 다른 의견을 가진 상대와 합리적으로 토론하는 연습, 자신의 감정 상태와 그것이 판단에 미치는 영향을 이해하는 감정 인식 등이 필요하다.

제도적 관점에서는 투명성과 책임성 강화가 필요하다. 공공 정보에 대한 시민들의 접근권 강화, 다양한 매체와 방식을 통한 정부-시민 소통 채널 다양화, 정책 결정 과정에서 시민 참여 기회 확대, 잘못된 결정이나 대응에 대한 명확한 책임 규명 시스템, 사회적 갈등을 평화적으로 해결하는 제도적 장치 등이 필요하다.

사회적 관점에서는 관용과 대화의 문화가 필요하다. 서로 다른 의견과 가치관의 존재를 인정하는 다양성 존중, 상대방의 입장을 진지하게 들으려는 경청의 자세, 대립보다는 공통된 가치와 목표에 집중하는 공통 분모 찾기, 급진적 변화보다는 단계적이고 지속 가능한 개선을 추구하는 점진적 변화, 과거의 갈등을 넘어서는 전향적인 화해와 용서 등이 필요하다.

기술적 관점에서는 디지털 플랫폼의 사회적 책임이 중요하다. 정보 노출 방식에 대한 투명한 공개인 알고리즘 투명성, 허위 정보의 확산을 방지하는 시스템 구축인 가짜뉴스 대응, 편향된 정보만 노출되지 않도록 하는 장치인 다양성 보장, 올바른 정보 이용법에 대한 사용자 교육, 플랫폼 정책이 사회에 미칠 영향에 대한 신중한 검토 등이 필요하다.

◆ 기억과 기념의 의미

미선·효순 사건을 올바르게 기억하고 기념하는 것은 단순히 과거를 되돌아보는 것이 아니다. 그것은 미래에 유사한 비극이 재발하지 않도록 하고, 더 성숙한 민주 시민 사회를 만들어가기 위한 교육적 목적을 갖는다. 올바른 기억을 위해서는 감정적 호소보다는 객관적 사실에 기반한 기억, 한쪽 관점만이 아닌 다양한 관점의 균형적 고려, 과거의 실수를 반복하지 않기 위한 구체적 교훈 도출, 과거에 매몰되지 않고 더 나은 미래를 위한 방향 제시, 특정 집단의 이익이 아닌 보편적 가치 추구가 필요하다.

두 소녀의 죽음이 가져온 사회적 파장을 단순히 갈등과 대립의 기억으로만 남길 것이 아니라, 평화와 화해 그리고 성숙한 시민 의식의 상징으로 승화시켜야 한다. 모든 생명의 존엄성과 소중함에 대한 인식, 폭력이 아닌 평화로운 방식의 문제 해결, 서로 다른 문화와 입장에 대한 이해와 존중, 민주적이고 평화로운 시민 참여의 모범 사례 창출, 갈등이 아닌 협력을 통한 국제 관계 발전이 평화적 기념의 방향이어야 한다.

◆ 민주주의의 지혜

미선·효순 사건은 순수했던 대중의 분노와 슬픔이 어떻게 여론 동원의 도구가 되어 이념 갈등의 불씨가 될 수 있었는지를 보여주는 한국 현대사의 중요한 단면이다. 하지만 동시에 이 사건은 한국 민주주의가 어떻게 발전해 왔는지 그리고 앞으로 어떤 방향으로 나아가야 하는지를 보여주는 중요한 이정표이기도 하다. 민주주의는 시민들의 적극적 참여를 전제로 한다. 하지만 그 참여가 합리성을 잃고 감정에만 의존할 때, 민주주의는 오히려 위험에 빠질 수 있다. 이 딜레마를 해결하기 위해서는 시민들의 참여 열정을 유지하면서도 그 참여가 합리적이고 건설적인 방향으로 이루어지도록 하는 것이 필요하다. 이는 교육, 제도, 문화의 종합적 개선을 통해서만 가능하다.

미선·효순 사건은 인터넷과 디지털 기술이 민주주의에 미치는 영향을 보여준 초기 사례 중 하나였으며 기술의 발전은 시민 참여의 기회를 확대하고 민주주의를 더 직접적이고 참여하도록 만드는 가능성을 제공한다. 하지만 동시에 여론 조작의 위험도 그만큼 커진다. 따라서 기술의 발전에 발맞춘 시민 의식의 성숙이 더욱 중요해졌다.

우리는 이 역사를 통해 비판적 사고의 중요성과 함께 사실에 기반한 성숙한 시민 의식이 얼마나 중요한지를 다시 한번 되새겨야 한다. 감정과 이성의 균형, 다양성에 대한 관용, 평화적 갈등 해결 그리고 미래 지향적 사고를 통한 정보의 비판적 수용을 통해 우리는 성숙한 민주사회로 거듭날 수 있을 것이다.

두 어린 생명의 안타까운 죽음이 헛되지 않으려면, 우리는 이 사건에서 배운 교훈을 바탕으로 더욱 성숙하고 지혜로운 시민 사회를 만들어 나가야 한다. 그것이야말로 두 소녀에게 바칠 수 있는 가장 의미 있는 추모가 될 것이다.

역사는 반복되지 않지만, 운율을 맞춘다고 했다. 미선·효순 사건과 같은 비극이 다른 형태로 재현되지 않도록, 우리는 과거의 교훈을 잊지 않고 현재에 적용하는 지혜를 가져야 할 것이다. 그래야만 진정으로 성숙한 민주주의 사회를 만들어갈 수 있을 것이다.

참고문헌

1. 르 봉, G. (2021). 『군중심리』 (강주헌, 역). 현대지성.
2. 『주한미군지위협정(SOFA)』 (1966). (2001년 개정).
3. 미군 8군. (2002. 6. 13.). 공식 성명서.
4. 주한미국대사관. (2002. 11. 27.). 공식 발표문.
5. 부시, G. W. (2002. 12월). 한미 정상 통화 시 유감 표명.
6. 미군 장갑차 여중생 고 신효순·심미선 양 사망사건 범국민대책위원회. (2002). 공식 자료.

VII. 대선후보 병역 비리 선동

이승민(단국대 정치외교학과 22학번)

◆ 의혹이 진실을 집어삼킨 날들

1997년 어느 가을날, 한 장의 X-레이 사진이 대한민국 정치사를 뒤바꿔 놓았다. 뼈만 앙상한 그 사진의 주인공은 당시 대선후보였던 이회창의 장남이었고, 신장 178cm에 체중 47kg이라는 수치가 '특권층의 병역 회피'라는 의혹과 함께 전국을 뒤흔들었다. 이후 2002년 대선까지, 이회창은 두 번의 대선에서 연거푸 패배하며 '네거티브 선동의 대표적 희생양'이라는 불명예를 안게 되었다.

이 사건은 단순한 선거 패배를 넘어, 우리 사회에 깊은 상처를 남겼다. 어떻게 명확한 의학적 소견과 법적 절차를 거친 판정이 '의혹'이라는 이름으로 뒤틀려 해석될 수 있었을까? 왜 대중들은 복잡한 진실보다 단순한 의혹에 더 열광했을까? 그리고 이러한 선동이 우리 민주주의에 남긴 상흔은 무엇일까?

심리학자 다니엘 카너먼이 밝혀낸 '가용성 휴리스틱' 이론은 이 현상을 설명하는 열쇠를 제공한다. 사람들은 쉽게 떠올릴 수 있는 정보에 과도하게 의존하여 판단하는 경향이 있다는 것이다. 병역 비리 의혹은 바로 이러한 인지적 편향을 교묘하게 이용했다. 복잡한 의학적 판정이나 법적 절차보다는 '특권층의 병역 기피'라는 단순하고 자극적인 프레임이 대중의 마음속에 훨씬 강하게 각인되었다.

또한 사회심리학자 레온 페스팅거의 '인지부조화 이론'으로 보면, 이 의혹은 대중들이 가진 '공정성에 대한 믿음'과 '기득권층의 특혜'라는 현실 사이의 인지적 갈등을 극대화하는 방식으로 작동했다. 이러한 갈등 상황에서 사람들은 공정성을 향한 기존에 믿음을 유지하기 위해 특권층을 비판하는 정보를 더 적극적으로 수용하게 되었다.

분단국가 대한민국에서 군 복무는 단순한 의무를 넘어 사회적 통과의례로 인식됐다. 이런 맥락에서 병역 문제는 정치인의 도덕성과 공정성을 판단하는 중요한 잣대로 작용했고, 선동 세력들은 바로 이 지점을 파고들었다.

◆ 분단국가의 특수성과 병역 의무의 상징적 의미

∴ 군사문화가 지배한 사회 그리고 남성성의 증명

1980년대와 1990년대 한국 사회는 강한 군사문화의 그림자 아래 있었다. 군 복무는 단순히 국방의 의무가 아니라 '남자다움'을 증명하는 성인식과 같은 의미를 지녔다. 사회학자 피에르 부르디

외가 말한 '아비투스', 즉 사회 구성원들이 무의식적으로 공유하는 성향과 행동 양식의 핵심에 군 경험이 자리 잡고 있었다.

당시 사회적 가치관을 살펴보면, 군 복무는 애국심과 남자다움의 증명으로 여겨졌고, 반대로 병역 면제는 특권층의 편법 또는 비겁함으로 인식되었다. 집단주의적 가치관이 지배적이었던 이 시기에는 개인의 특수한 상황보다는 평등이 더 중시되었고, 권위주의적 문화 속에서 기득권층에 대한 잠재적 반감이 깔려 있었다.

이러한 현상은 사회심리학에서 말하는 '내집단 편향'과 밀접한 관련이 있다. 군 복무를 마친 남성들은 동일한 경험을 공유하는 내집단 구성원으로서 강한 연대감을 형성했다. 그리고 이 집단에 속하지 않은 사람들, 즉 병역 면제자들에 대해서는 자연스럽게 거리감이나 내재적 의혹을 품게 되었다.

특히 1980년대부터 1990년대에 이르기까지, 부유층과 권력층 자녀들의 병역 면제나 특혜 의혹은 사회적 불평등에 대한 대중의 분노를 자극하는 매우 민감한 이슈였다. 이러한 사회적 맥락 속에서 정치인, 특히 대선 후보자와 그 가족의 병역 문제는 도덕성과 공정성을 시험하는 리트머스 시험지와 같은 역할을 했다.

∴ 민주화 이후, 높아진 도덕적 기준

1990년대 후반부터 2000년대 초반은 한국 사회가 민주화를 이룩한 후 권위주의적 과거와 단절하고 민주주의라는 새로운 정치 질서를 확립해 가는 과도기였다. 이 시기의 가장 큰 특징은 과거 군사 독재 시절의 불공정한 특권 구조에 대한 대중의 비판 의식이 높았다는 점이다. 민주화의 성취와 함께 정치인들의 도덕성과 청렴성에 대한 시민들의 기대치가 크게 상승했다.

시민 사회의 성장은 이러한 변화를 더욱 가속했다. 참여연대, 경실련 등의 시민단체들은 정치인들에 대한 상시적 감시와 견제 기능을 수행하며, 도덕적 기준의 상향 조정을 요구했다. 이들은 특권층 비리에 대해 적극적으로 문제를 제기했고, 언론과 연계한 시민 감시 네트워크를 구축해 나갔다.

∴ 인터넷 혁명과 정보 환경의 변화

1990년대 후반은 한국에서 인터넷이 급속도로 보급되기 시작한 시기였다. 이는 정치 정보의 생산, 유통, 소비 패턴에 혁명적 변화를 불러왔다. 전통적으로는 언론사에서 대중에게로의 일방향적이고 검증된 정보 위주의 제한적 접근이 주를 이뤘지만, 인터넷 시대에는 다양한 주체들이 대중에게 다방향으로 정보를 전달할 수 있게 되었다.

문제는 이 과정에서 검증되지 않은 정보가 유입되었다는 점이다. 실시간으로 무제한 접근이 가능해지면서, 병역 비리 의혹과 같은 정치적 스캔들이 훨씬 빠르고 광범위하게 확산할 수 있는 환경이 조성되었다.

◆ 각기 다른 목적, 하나의 무기

∴ 정치적 경쟁자들

대선후보 병역 비리 의혹 선동의 가장 주요한 주체는 정치적 경쟁자들과 그 지지 세력이었다. 이들의 목적은 명확했다. 상대 후보의 도덕성과 신뢰도를 훼손하여 선거에서 우위를 점하려는 것이었다.

1997년 15대 대선에서 이회창 신한국당 후보의 두 아들이 모두 병역을 면제받았다는 의혹이 본격적으로 제기되었을 때, 정치적 파급력은 즉각적이었다. 특히 장남의 경우 집중적인 공격을 받았다. 최초 병무청 병역판정검사에서 1급 현역 판정을 받았지만, 추후 정밀 신체검사에서 신장 178cm에 몸무게 47kg으로 체중 미달 판정을 받아 면제되었다는 점이 의혹의 핵심이었다.

1997년 8월 13일 시사저널은 "두 아들의 병역 기피 의혹이 공론화한 가운데 병무청의 병역 면제(제2국민역 편입) 처분 자체가 위법이라는 주장이 처음 제기되었다."라고 보도했다. 이는 단순한 개인의 도덕성 문제를 넘어, '기득권 세력의 특권 의식'이라는 프레임을 씌워 유권자들의 계층 의식과 불평등에 대한 분노를 자극하는 전략이었다.

정치심리학 연구에 따르면, 네거티브 캠페인은 인간의 부정 편향, 손실 회피, 확증편향이라는 세 가지 심리적 메커니즘을 동시에 자극한다. 인간은 긍정적 정보보다 부정적 정보에 더 강하게 반응하고, 이익을 얻는 것보다 손실을 피하려는 욕구가 더 강하며, 기존 믿음을 확인해 주는 정보를 선호하는 경향이 있다. 이회창 후보에 대한 병역 비리 의혹은 이 모든 심리적 편향을 완벽하게 건드린 사례였다.

∴ 시민단체

두 번째 주요 선동 주체는 특정 이념적 성향을 보인 시민단체들이었다. 이들은 병역 비리 의혹을 통해 자신들의 정치적 입장을 강화하고 지지 기반을 확대하려 했다. '공정한 사회'와 '특권타파'라는 숭고한 명분을 내세웠지만, 실제로는 사실 확인보다 의혹 자체의 확산에 주력하는 경향이 있었다.

참여연대는 정치인 재산 공개 운동의 연장선에서 병역 문제를 제기했다. '투명한 사회'라는 가치 하에 의혹을 추적했고, 언론과 연계하여 지속적으로 문제를 제기했다. 경실련의 경우는 경제정의 실현이라는 자신들의 목표와 연계하여 병역 특혜를 경제적 특혜의 연장선에서 해석했으며, 학술적 접근을 통해 문제 제기의 정당성을 확보하려 했다.

사회학자 더그 맥아담의 '정치적 기회구조 이론'으로 보면, 사회운동은 정치적 기회가 열렸을 때 더 활발해진다. 민주화 이후 한국 사회는 시민단체들에 정치 엘리트를 견제할 수 있는 절호의 기회구조를 제공했고, 병역 비리 의혹은 이를 활용하기에 적절한 이슈였다.

∴ 언론의 이중적 역할

세 번째 주체는 일부 언론이었다. 병역 비리 의혹이 가진 높은 뉴스 가치를 활용해 자사의 영향력을 확대하고자 했다. 선정적인 보도와 의혹의 지속적인 재생산은 독자들의 관심을 끌고 구독률을 높이는 효과적인 수단이었다.

2002년 대선 당시 언론 보도를 살펴보면 그 양상이 명확해진다. KBS 9시 뉴스는 이회창 후보의 아들 병역 비리 의혹을 대대적으로 보도하며 "대중들에게 병역면탈이 마치 사실인 것과 같은 인식을 심어주었다." 2002년 7월 31일 MBC 뉴스데스크는 "이회창 후보 아들 병역 면제 한인옥 여사 개입 의혹 제기."라는 제목으로 보도하며 의혹을 지속적으로 확산시켰다.

특히 오마이뉴스 등 인터넷 매체들은 "1997년 대선 직전 이회창 후보의 장남 정연씨의 병역 비리를 은폐하기 위한 대책 회의기 열린 뒤 병적 기록이 파기됐다."라는 취지의 보도를 했다. 이는 후에 거짓으로 밝혀졌지만, 이미 확산된 의혹을 되돌리기에는 너무 늦은 시점이었다.

맥스웰 맥콤스와 도날드 쇼가 제시한 '의제설정 이론'에 따르면, 언론은 사람들이 '무엇을 생각해야 할지'를 결정하는 강력한 영향력을 갖는다. 병역 비리 의혹에 대한 지속적이고 반복적인 보도는 이 문제를 중요한 정치적 쟁점으로 만드는 데 결정적 역할을 했다. 또한 어빙 고프만의 '프레이밍 이론'으로 보면, 언론이 병역 문제를 '특권층의 도덕적 문제'로 프레이밍 함으로써 대중의 인식을 특정 방향으로 유도했다고 할 수 있다.

◆ 의혹이 진실을 잠식하는 과정

∴ 감성적 자극과 도덕적 우월감의 조성

병역 비리 의혹 선동은 현대 심리학이 밝혀낸 다양한 인지적 편향과 설득 기법들을 교묘하게 활용했다. 가장 강력한 무기는 '특권층의 병역 회피'라는 프레임이었다. 대한민국 사회에서 젊은 남성이라면 누구나 감내해야 하는 군 복무라는 의무를 특정 권력층의 자제들만 특혜를 통해 회피하려 한다는 주장은 대중의 강한 박탈감과 분노를 자극했다.

헨리 타이펠의 '사회정체성 이론'이 이 현상을 명쾌하게 설명한다. 사람들은 자신이 속한 내집단의 우위를 확인하고 외집단을 폄하하여 자아존중감을 높이려 한다. 병역 비리 의혹은 군 복무를 성실히 마친 일반 국민을 내집단으로, 특혜를 통해 병역을 회피한 특권층을 외집단으로 명확히 구분 지었다.

군 복무 경험이 있는 대다수 국민에게는 이러한 의혹이 자신들의 희생을 기만하는 행위로 비쳤다. 이는 도덕적 우월감을 조성하는 동시에 강한 반감을 유발하는 감성적 장치로 작용했다. "가진 자들은 다 그런 식이다."라는 근본적인 불신을 건드리는 방식이었던 것이다.

엘리아스 카넷티가 『군중과 권력』에서 분석한 바와 같이, 집단 내에서 감정은 강한 전염성을 갖는다. 한 개인의 분노가 집단 차원으로 확산하면서 원래보다 훨씬 강력하고 극단적인 형태로 나타났다. 개인적 불만이 비슷한 경험을 가진 사람들 간의 집단적 공감으로 이어지고, 언론과 인터넷을 통해 사회적으로 증폭되어 결국 투표 행동이나 여론 형성이라는 집단행동으로 발전했다.

∴ 과학적 사실의 자의적 해석과 왜곡

병역 의혹의 중심에는 주로 신체검사 기록, 특히 체중 미달이나 질병 진단서 등 의학적 기록이 있었다. 선동가들은 이러한 의학적 자료를 일반인들이 쉽게 이해하기 어려운 전문적 영역에서 '상식적으로 이해하기 어려운 변화'로, 즉 말도 안 되는 변화로 포장하여 의혹을 제기했다.

이회창 후보 장남의 사례를 구체적으로 살펴보자. 사실은 신장 178cm, 체중 47kg으로 체중 미달 판정을 받았다는 것이었다. 의학적으로는 체질량지수(BMI) 14.8로 정상 범위인 18.5~24.9를 밑도는 명백한 저체중 상태였다. 그러나 선동적 왜곡은 "의도적으로 체중을 조작하여 면제를 받았다."라는 방향으로 이뤄졌다.

'뼈만 앙상한 X-레이 사진'이 공개되면서 대중에게는 '체중을 조작하여 면제를 받았다.'라는 인식이 심어졌다. 명확한 의학적 해명에도 불구하고, 이는 끊임없이 의혹을 증폭시키는 데 활용되었다.

인지심리학에서는 이를 '권위에 호소하는 오류'와 '무지에 호소하는 오류'의 복합적 활용으로 설명할 수 있다. 의료진이나 군 관계자의 일부 발언을 과대 해석하고, 전문적 용어를 사용하여 신빙성을 조작하며, 선별적으로 전문가 의견을 인용하는 권위 남용이 있었다. 동시에 일반인들의 의학 지식 부족을 이용하고, 복잡한 의학적 판정을 단순화하여 설명하며, '상식적으로 이해하기 어렵다.'라는 논리를 남용하는 무지 활용도 있었다.

∴ 지속적 의혹 제기와 반복을 통한 사실화

특정 언론이나 정치 세력이 의혹을 한번 제기하면, 이후 공식적인 해명이나 조사 결과가 나와도 이를 믿지 않고 '꼬리 물기'식의 추가 의혹을 지속적으로 제기했다.

나치 독일의 선전장관 요제프 괴벨스가 활용했다고 알려진 '반복의 원리'는 현대 인지심리학으로도 설명이 가능하다. 로버트 자이언스가 발견한 단순노출효과는 단순히 자주 노출되는 것만으로도 호감도가 증가한다는 현상이다. 또한 실제로는 관련이 없는 두 사건을 관련 있는 것으로 착각하는 착각상관이나, 쉽게 떠올릴 수 있는 정보를 과도하게 중요하게 여기는 가용성 휴리스틱도 작동했다.

언론 보도의 패턴을 보면 악순환의 고리가 명확해진다. 최초 의혹 제기 후 공식 해명이 발표되면, 이에 대해 "완전한 해명이 아니다."라며 의문을 제기한다. 그리고 새로운 각도의 의혹을 제기하여 다시 반복 순환하는 구조였다. 이러한 패턴은 결국 대중에게 '해명할 수 없는 의혹'이라는 인상을 심어주게 되었다.

∴ 증거 조작과 조작된 제보의 활용

일부 사례에서는 병역 비리 의혹을 뒷받침하기 위해 허위 자료나 조작된 증거가 제시되기도 했다. 익명의 제보자나 '내부 고발자'의 주장을 앞세워 대중의 흥미를 유발하고 의혹에 대한 신빙성을 더하려 했다.

2002년 대선에서 가장 논란이 된 것은 '김대업 사건'이었다. 김대업이라는 인물이 "1997년 대선 직전 이회창 후보의 장남 병역 비리를 은폐하기 위한 대책 회의가 열렸다."라며 구체적인 증언을 제시했다. 온라인 매체들은 김대업의 제보를 받고 "1997년 대선 직전 이회창 후보의 장남 정연씨의 병역 비리를 은폐하기 위한 대책 회의가 열린 뒤 병적 기록이 파기됐다."라는 취지의 보도를 했다.

하지만 이후 김대업은 사기꾼으로 밝혀졌고, 그의 증언은 모두 거짓으로 판명되었다. 김대업은 '대한민국의 전직 군인이자 사기꾼'으로 '병풍 사건으로 불리는 제16대 대통령 선거 당시 이회창 후보의 아들' 관련 허위 증언을 한 인물이었다.

심리학자 엘리자베스 로프터스의 '거짓 기억' 연구에 따르면, 사람들은 실제로 경험하지 않은 일도 반복적으로 노출되면 진짜 기억으로 착각할 수 있다. 거짓 제보자들은 바로 이러한 심리적 메커니즘을 악용했다. 구체적인 세부 사항이 많을수록 진실로 인식하는 구체성의 착각, 기존 의심을 증명해 주는 정보로 받아들이는 확증편향, '내부자'라는 권위에 대한 맹신, 분노나 정의감을 자극하는 감정적 호소 등이 복합적으로 작용했다.

∴ 인터넷을 통한 의혹의 기하급수적 확산

1997년과 2002년 대선은 인터넷이 점차 대중화되던 시기였다. 온라인 커뮤니티, 게시판, 개인 홈페이지 등은 검증되지 않은 정보나 루머가 빠른 속도로 확산하는 통로로 기능했다.

인터넷 확산의 특징은 네트워크 효과에 있었다. 관심을 끄는 내용이 바이러스처럼 기하급수적으로 확산하고, 익명성으로 인해 책임 없는 정보 생산과 유통이 가능했다. 실시간 정보 공유와 반응이 이뤄지고, 댓글과 토론을 통한 상호작용으로 의견이 강화되었다.

DC인사이드에서는 패러디와 밈을 통한 조롱 문화가 확산되었고, 다음 카페에서는 정치 성향별 모임에서 의혹을 공유했다. 개인 홈페이지를 통해서는 개인의 의견과 분석을 통한 의혹 재생산이 이뤄졌고, 언론 사이트 댓글에서는 기사에 대한 즉각적 반응과 의견 교환이 활발했다.

이는 전통 언론의 검증 과정을 우회하여 대중에게 직접적으로 접근하는 새로운 선동 방식이었다. 유언비어가 유포되고 '의혹 팩트 체크'라는 이름으로 또 다른 의혹이 생산되는 악순환이 이어졌다.

현대 커뮤니케이션 이론에서 말하는 '에코 체임버' 효과가 인터넷 공간에서 극대화되었다. 비슷한 정치적 성향을 보인 사람들끼리만 소통하면서 자신들의 견해가 강화되고, 반대 의견은 차단되는 현상이 나타났다. 편향된 정보만 선별적으로 수용하고, 극단적 의견을 통해 점진적으로 이동하며, 반대 의견에 대한 거부감이 증대되고, 사실 확인보다 감정적 공감이 우선시되었다.

◆ 개인과 사회에 남긴 깊은 상흔

∴ 선거 결과를 뒤바꾼 결정적 힘

대선후보 병역 비리 선동은 대한민국 선거 역사상 가장 강력하고 파괴적인 네거티브 캠페인 중 하나로 기록된다. 그 영향력과 피해는 개인적 차원뿐만 아니라 사회적 차원에서도 심대했다.

1997년 15대 대선에서 이회창 후보가 연거푸 낙선한 주요 원인으로 병역 비리 의혹이 지목된다. 당시 여론조사를 보면 병역 의혹 제기 전후로 이회창 후보의 지지율이 급격히 하락한 것을 확인할 수 있다. 9월 초에는 이회창 38%, 김대중 32%로 이회창이 앞서고 있었지만, 10월 중순 병역 의혹이 본격 제기된 후에는 이회창 31%, 김대중 39%로 역전되었다. 최종 결과는 이회창 38.7%, 김대중 40.3%였다.

2002년 16대 대선에서도 같은 패턴이 반복되었다. 이회창 후보는 또다시 아들들의 병역 문제로 곤욕을 치러야 했고, 결국 노무현 후보에게 패배했다. 당시 한국갤럽 조사에 따르면 대선 주요 이슈별 중요도에서 경제 정책이 34%, 부패 척결이 23%를 차지했고, 병역 문제가 18%로 세 번째를 기록했다. 병역 문제가 지역 균형발전 15%보다도 높은 비중을 차지했다는 것은 이 문제가 선거 결과에 미친 영향력을 단적으로 보여준다.

정치학자 앤서니 다운스의 '경제적 투표 이론'을 확장해 보면, 유권자들은 후보자의 정책 능력뿐만 아니라 도덕적 자질도 중요한 판단 기준으로 삼는다는 것을 알 수 있다. 병역 비리 의혹은 바로 이러한 '도덕적 투표'를 자극한 대표적 사례였다. 공식적인 수사를 통해 '무혐의' 또는 '면제' 판정이 내려졌음에도 불구하고, 대중의 마음속에는 '의혹'이 '사실'로 굳어져 후보의 도덕성과 신뢰도에 치명적인 타격을 입혔다.

∴ 정치 불신과 사회적 피로감의 심화

병역 비리 의혹은 후보 개인에 대한 불신을 넘어 정치 전반에 대한 냉소주의를 확산시켰다. 끊임없이 제기되는 의혹과 진실 공방은 국민에게 정치적 피로감을 안겨주었고, 정치가 진실을 다루기보다 권모술수가 난무하는 공간이라는 인식을 강화했다.

정치 냉소주의의 지표들을 살펴보면 그 심각성이 드러난다. 정치인 신뢰도는 1990년대 후반 10% 대로 급락했고, 투표율도 감소했다. 특히 젊은 층의 정치 참여 의욕이 크게 저하되었으며, '정치는 더러운 것.'이라는 정치 혐오가 확산하였다.

정치학자 로버트 퍼트넘의 '사회자본' 이론에 따르면, 정치에 대한 불신은 사회 전체의 신뢰도를 낮추고 공동체 결속을 약화시킨다. 병역 비리 선동으로 인한 정치 불신은 한국 사회의 사회자본 축적에 부정적 영향을 미쳤다. 이는 정치 혐오를 조장하고 시민들의 건전한 정치 참여 의지를 약화시키는 결과를 낳았다.

∴ 개인과 가족의 삶에 남긴 돌이킬 수 없는 상처

병역 비리 의혹의 당사자와 그 가족들은 평생 '특권층의 비리'라는 꼬리표와 사회적 비난에 시달려야 했다. 이회창 후보의 두 아들은 물론, 심지어 손자까지도 이러한 의혹의 그림자에서 벗어나지 못했다.

개인적 피해는 구체적이고 지속적이었다. 직장 생활에서의 차별과 편견에 시달려야 했고, 자녀 교육과 사회 활동에서 제약을 받았다. 정신적 스트레스와 우울증에 시달렸으며, 가족 관계의 악화와 사회적 고립을 경험해야 했다.

사회심리학에서 말하는 '낙인 이론'에 따르면, 한번 부정적 꼬리표가 붙으면 이를 벗어나기 극도로 어렵다. 더욱이 인터넷 시대에는 이러한 정보가 반영구적으로 보존되어 지속적인 2차 가해를 당하게 된다. 비록 후에 의혹이 사실이 아니거나 명확히 해명되었더라도, 한번 형성된 부정적 이미지는 쉽게 사라지지 않아 개인의 삶을 피폐하게 만들었다.

∴ 선거 캠페인의 질적 저하

병역 비리 선동은 정책 대결이나 비전 제시보다는 상대방의 약점을 공격하는 네거티브 캠페인의 효과를 입증하며, 이후 한국 선거의 고질적인 악습으로 자리 잡는 데 일조했다.

네거티브 캠페인은 다양한 형태로 확산하였다. 후보자 검증이라는 명목의 신상 털기가 일반화되었고, 가족사까지 파고드는 사생활 침해가 빈번해졌다. 언론들은 정책보다는 스캔들에 집중하게 되었고, 흑색선전을 위한 전문 업체들이 등장하기까지 했다.

이는 후보자들이 상대의 약점을 찾기 위한 '흠집 내기'에 주력하게 만들고, 진정한 정책 논쟁이나 사회 문제 해결을 위한 생산적인 토론을 방해하는 결과를 초래했다. 한국 선거 문화는 1987년 민주화 이후 정책과 이념 중심의 경쟁에서 1997년 이후 네거티브 캠페인의 본격화로, 2000년대에는 인터넷을 활용한 흑색선전의 확산으로 변화했다. 현재는 팩트 체킹과 검증 저널리즘의 대응이 이뤄지고 있지만, 여전히 근본적 문제는 해결되지 않고 있다.

∴ 사회적 갈등 구조의 고착화

병역 비리 의혹은 '특권층 대 일반 국민'이라는 계층 갈등 구조를 더욱 선명하게 만들었다. 이는 사회 통합보다는 분열을 조장하는 결과를 낳았다.

계층 갈등은 여러 양상으로 나타났다. 부유층에 대한 일반화된 불신이 증대되었고, 성공에 대한 부정적 인식이 확산하였다. 사회적 이동에 대한 회의주의가 증가했으며, 공정성에 대한 과민한 반응이 나타났다.

정치학자 릴리아나 맨슨의 연구에 따르면, 개인적 공격에 기반한 정치 갈등은 이념적 양극화를 가속한다. 병역 비리 선동은 합리적 토론보다는 감정적 대립을 부추겨 한국 정치의 양극화에 기여했다.

◆ 거짓 선동의 비극적 잔재를 지우기 위하여

∴ 역사적 교훈의 현재적 의미

대선후보 병역 비리 의혹 선동은 우리 사회에서 병역 문제가 갖는 민감성과 함께, 대중의 감성을 자극하고 정보를 왜곡하는 선동의 강력한 파괴력을 극명하게 보여준 사례다. 정치적 목적을 달성하기 위해 사실 여부와 관계없이 의혹을 제기하고 이를 집요하게 확산시켰으며, 그 과정에서 후보자와 그 가족의 삶을 철저히 파괴했다.

이 사례는 어떤 명분으로든 개인의 명예를 훼손하고 진실을 왜곡하는 선동이 얼마나 위험한지 그리고 그것이 사회 전체에 어떤 부정적인 영향을 미칠 수 있는지를 명확히 보여준다.

∴ 진실의 힘을 믿으며

선동은 일시적으로는 강력한 영향력을 발휘할 수 있지만, 결국 진실 앞에서는 허물어지기 마련이다. 다만 그 과정에서 무고한 개인들이 상처받고, 사회 전체가 분열과 불신의 늪에 빠질 위험이 있다는 점이 문제다.

병역 비리 의혹 선동 사례는 우리에게 교훈을 제공한다. 선동에 휘둘리지 않는 성숙한 시민이 되기 위해서는 끊임없는 노력과 성찰이 필요하다. 진실과 거짓을 구별할 수 있는 안목을 기르고, 감정적 자극보다는 이성적 판단을 우선시하며, 다양한 관점을 수용할 수 있는 열린 자세를 가져야 한다.

무엇보다 중요한 것은 선동의 희생자가 되지 않는 것만큼이나 선동의 가해자가 되지도 않는다는 것이다. 검증되지 않은 정보를 함부로 퍼뜨리거나, 감정적 반응에 휩쓸려 타인을 공격하는 일이 없어야 한다.

대한민국의 민주주의가 한 단계 더 성숙해지기 위해서는, 우리가 모두 이러한 교훈을 가슴에 새기고 실천해 나가야 할 것이다. 선동이 아닌 진실이, 분열이 아닌 통합이, 혐오가 아닌 관용이 우리 사회를 이끌어가는 힘이 되어야 한다.

참고문헌

1. Kahneman, D. (2011). 『Thinking, fast and slow. Farrar, Straus and Giroux』 (한국어판: 생각에 관한 생각)

2. Festinger, L. (1957). 『A theory of cognitive dissonance』 Stanford University Press. (한국어판: 인지 부조화 이론)

3. Bourdieu, P. (1984). 『Distinction: A social critique of the judgement of taste』 Harvard University Press. (한국어판: 구별 짓기)

4. Putnam, R. D. (2000). 『Bowling alone: The collapse and revival of American community』 Simon & Schuster. (한국어판: 홀로 볼링)

5. Canetti, E. (1984). 『Crowds and power. Farrar, Straus and Giroux』 (한국어판: 군중과 권력)

6. MBC. (2002, 7월 31일). 이회창 후보 아들 병역 면제 한인옥 여사 개입 의혹 제기. 뉴스데스크.

7. 시사저널. (1997, 8월 13일). 병역 면제 처분 위법 주장 제기.

VIII. 광우병 사태 선동

이승민(단국대 정치외교학과 22학번)

◆ 위험한 진실 게임의 서막

2008년 봄, 대한민국은 마치 전염병에 걸린 듯 광우병 공포에 휩싸였다. 미국산 쇠고기 수입 재개 결정으로 시작된 이 논란은 단순한 식품 안전 이슈를 훨씬 넘어서 한미 관계의 근본부터 흔들어 놓았다. 미국산 쇠고기 광우병 위험 논쟁과 수십만 명이 촛불을 들고 거리로 나섰고, 이명박 정부는 출범 100일 만에 최대 위기에 직면했다. 이후 이와 관련된 논쟁은 과학과 비과학 두 개의 이분법적으로 상반된 관점으로 전유되었다. 그런데 과연 이 모든 소동이 과학적 근거에 기반한 합리적 우려였을까?

돌이켜보면 이 사태는 현대 심리학이 규명한 인간 정신의 취약점들이 총집합된 사례였다. 노벨경제학상을 받은 심리학자 다니엘 카너먼이 말한 '빠르게 생각하기'의 함정에 온 국민이 빠진 것이다. 복잡한 과학 데이터와 통계 대신, '뇌에 구멍이 뚫린다.'라는 섬뜩한 이미지가 사람들의 판단을 지배했다. 이성보다 감정이, 사실보다 공포가 승리한 순간이었다.

공포란 이성적인 판단을 흐려지게 만들고, 쉽게 불안감에 빠져들게 한다. 즉, 사람들을 감정에 휩쓸리게 만들어 선동시키기에 너무나 매력적인 요소이다.

과학적 대상이 사실과 믿음 사이를 오가듯이, 위험도 객관적 사실과 근거 없는 괴담 사이를 오고 간다. 과연 광우병 사태는 비인간을 대변하는 과학적 대상이 과학자들, 기구, 데이터, 제도, 이해관계 등의 복합 요소들을 거친 과학적 사실인지, 그것이 아닌 반정부 세력들의 선동일지 우리는 감정에 휩쓸리는 것이 아닌, 이성적인 판단으로 광우병 사건을 다시 바라볼 필요가 있다. (하대청, 2016)

이 사건을 단순히 '국민이 속았다.'라거나 '정부가 소통을 잘못했다.'라는 식으로만 해석해서는 안 된다. 오히려 이것은 선동이 얼마나 정교하게 작동하는지 그리고 그 파괴력이 얼마나 치명적일 수 있는지를 보여주는 현대사의 중요한 교훈이다. 선동은 결코 과거의 유물이 아니다. 오늘날 소셜미디어와 인공지능의 시대에 그 위력은 더욱 강해지고 있다.

◆ 이명박 정부가 직면한 완벽한 폭풍

∴ 성급한 개혁의 대가

2008년 2월, 이명박 대통령이 청와대에 입성했을 때의 분위기를 기억해 보자. '경제 대통령'이라는 별명으로 불린 그는 '747 공약'을 내세우며 대한민국을 선진국 대열에 올려놓겠다고 약속했다. 연간 7% 경제 성장, 1인당 소득 4만 달러, 세계 7대 강국 진입이라는 야심에 찬 목표였다. 하지만 이런 목표를 달성하려면 과감한 개방과 규제 완화가 필요했고, 그 첫 번째 관문이 바로 한미 자유무역협정(FTA)의 조속한 비준이었다.

문제는 미국 의회가 한국의 쇠고기 시장 전면 개방을 FTA 비준의 전제 조건으로 내세웠다는 점이다. 당시 미국 농무부 장관 에드 섀퍼는 노골적으로 압박했다. "한국이 쇠고기 시장을 열지 않으면 FTA 비준은 어려울 것."이라고 공개석상에서 못 박은 것이다. 이명박 정부로서는 딜레마였다. FTA 없이는 경제 도약이 어려웠지만, 쇠고기 개방은 국민 건강 논란을 피할 수 없었다.

결국 정부는 속도전을 택했다. 2008년 4월 18일, 30개월령 미만 소의 전 부위와 특정 위험물질을 제거한 30개월령 이상 소의 뼈까지 수입을 허용하는 합의를 전격 발표했다. 그런데 이 과정에서 치명적인 실수를 저질렀다. 국민과의 충분한 소통 없이, 협상 과정도 투명하게 공개하지 않고, 일방적으로 결과만 발표한 것이다. 이는 정치학에서 말하는 '절차적 정당성'의 심각한 결여였다. 아무리 좋은 정책이라도 과정에서 국민의 동의를 구하지 않으면 반발에 직면하게 된다는 철칙을 간과한 것이다.

∴ 불안의 시대

당시 한국 사회는 불안이 축적된 상태였다. 2008년 글로벌 금융위기의 여파로 경제적 불확실성이 팽배했고, 새 정부의 급격한 정책 변화에 대한 적응 스트레스가 쌓여가고 있었다. 심리학자들이 말하는 '불확실성 회피' 성향이 높은 한국인들에게는 더욱 고통스러운 상황이었다.

네덜란드의 문화심리학자 헤르트 호프스테데의 연구에 따르면, 한국은 세계에서 불확실성 회피 지수가 가장 높은 나라 중 하나다. 즉, 애매하고 불분명한 상황에 대해 다른 나라 사람들보다 훨씬 큰 불안감을 느낀다는 뜻이다. 이런 상황에서 '광우병'이라는 불확실하고 공포스러운 이슈가 등장했을 때, 한국인들의 반응이 극단적일 수밖에 없었던 것이다.

더욱이 과거 유럽의 광우병 파동에 대한 기억이 생생했다. 1996년 영국에서 광우병과 인간 광우병의 연관성이 확인되었을 때의 충격, 수십만 마리의 소가 살처분되는 끔찍한 장면들이 사람들의 기억 속에 각인되어 있었다. 미국에서도 2003년과 2006년 광우병이 발생해 수입이 중단된 전력이 있어, 사람들의 불안감은 더욱 증폭되었다.

이런 상황에서 정부가 갑자기 "이제 미국산 쇠고기를 전면 수입하겠다."라고 발표했을 때 국민이 느꼈을 충격과 배신감을 상상해 볼 수 있다. 게다가 협상 과정이 비공개로 진행되어 무엇이 어떻게 결정되었는지 제대로 알 수도 없었다. 이는 정부에 대한 불신의 씨앗을 심는 결과를 낳았다.

∴ 인터넷이 바꾼 정보 생태계

2008년은 한국 인터넷 역사에서 기념비적인 해였다. 포털 사이트 다음의 '아고라' 서비스가 활성화되면서, 일반 시민들도 언론사처럼 정보를 생산하고 유통할 수 있게 되었다. 블로그와 카페, 댓글과 추천 시스템이 결합하여 완전히 새로운 형태의 여론 형성 구조가 만들어졌다.

이 변화의 심리학적 의미는 매우 컸다. 전통적으로 정보는 전문가나 언론사에서 일반인으로 흐르는 일방향 구조였다. 그런데 인터넷은 이런 위계를 무너뜨렸다. 이제 누구나 '기자'가 될 수 있었고, 누구나 '전문가' 행세를 할 수 있었다. 문제는 전문성에 대한 검증 없이 영향력만 커졌다는 점이다.

더 심각한 것은 '확증 편향'과 '동조 효과'가 극대화되는 환경이 조성되었다는 점이다. 사람들은 자신과 비슷한 생각을 하는 사람들의 글만 읽고, 그들의 의견에만 동조하는 경향을 보였다. 서로 다른 의견을 가진 사람들 간의 건설적 토론보다는, 같은 생각을 하는 사람들끼리의 감정적 공감이 더 중요해졌다.

'다음 아고라'의 실시간 이슈 랭킹 시스템은 특히 강력했다. 특정 주제가 순위에 오르기 시작하면, 더 많은 사람들이 관심을 두고 클릭하게 된다. 이는 심리학에서 말하는 '밴드왜건 효과'를 만들어낸다. "다른 사람들이 다 관심 있어 하니까 나도 봐야지."라는 심리가 작동하는 것이다. 하루에 수백만 명이 아고라를 방문했고, 하나의 이슈가 올라오면 몇 시간 만에 수만 개의 댓글이 달리는 것이 일상이었다.

이런 환경에서 광우병 이슈는 단숨에 전국적 관심사로 떠오를 수 있는 완벽한 조건을 갖추고 있었다.

◆ 각기 다른 목적을 가진 연합

∴ 시민 사회단체

참여연대, 환경운동연합, 민주노총, 전국농민회총연맹 등 진보 성향의 시민 사회단체들은 광우병 사태를 이끈 핵심 동력이었다. 이들은 오랜 경험을 통해 축적한 '사회 운동의 노하우'를 총동원했다. 언론 브리핑, 거리 캠페인, 온라인 여론 조성, 집회 조직에 이르기까지 체계적이고 전문적인 접근을 보였다.

이들의 전략은 심리학적으로 매우 정교했다. 가장 핵심적인 것은 '사회적 증명' 원리의 활용이었다. 심리학자 로버트 치알디니가 『설득의 심리학』에서 제시한 6가지 설득 원리 중 하나인 사회적 증명은 '다른 사람들이 하는 행동을 따라 하려는' 인간의 기본 성향을 이용한다. 시민단체들은 자신들이 먼저 나서서 반대 입장을 표명함으로써, 일반 시민들도 '그렇다면 나도 반대해야겠다.'라는 생각을 갖게 했다.

참여연대는 4월 21일 첫 성명서에서 "국민 건강을 담보로 한 굴욕적 협상."이라는 강렬한 표현을 사용했다. 여기서 주목할 점은 '국민 건강'과 '굴욕'이라는 두 개의 강력한 감정 코드를 결합했다는 것이다. 건강은 생존 욕구와 직결되는 가장 기본적인 관심사이고, 굴욕은 자존심과 관련된 강력한 부정 감정이다. 이 둘을 연결함으로써 단순한 정책 비판을 넘어 감정적 분노를 자극한 것이다.

환경운동연합은 '먹거리 안전'이라는 프레임을 통해 환경 보호와 건강권을 연결시키는 전략을 구사했다. 이는 광우병 문제를 단순히 특정 제품의 안전성 문제가 아니라 전체 먹거리 시스템의 문제로 확장하는 효과를 가져왔다. 사람들은 미국산 쇠고기만의 문제가 아니라 우리가 먹는 모든 음식의 안전성에 대해 의심하기 시작했다.

그런데 이들의 표면적인 명분인 '국민 건강권 수호' 뒤에는 다른 목적들이 숨어 있었다. 한미 FTA 자체에 대한 반대, 신자유주의적 개방 정책에 대한 저항 그리고 이명박 정부의 국정 운영 방식에 대한 전반적인 비판 의도가 내재되어 있었던 것이다. 이는 '숨겨진 의제'의 전형적인 사례다. 표면적으로는 A를 위해 싸우는 것처럼 보이지만, 실제로는 B를 위해 싸우는 것이다.

∴ 야당

당시 통합민주당을 비롯한 야당들의 행보를 보면 정치적 기회주의가 무엇인지 알 수 있다. 이들은 미국산 쇠고기 수입 재개를 이명박 정부를 공격하는 정치적 기회로 활용했다. 심리학적으로 이는 '근본 귀인 오류'의 전형적 사례였다. 정부의 정책적 판단을 상황적 요인(국제적 압력, 경제적 필요성)으로 해석하지 않고, 개인적 특성(무능함, 친미 사대주의)으로 해석하는 오류인 것이다.

당시 통합민주당 정세균 원내대표의 발언을 보자. "국민의 건강과 생명을 미국 농민의 이익보다 뒤로 밀어두는 굴욕적 협상." 이라고 규정했다. 여기서 핵심은 '국민 vs 미국 농민'이라는 대립 구도를 설정한 점이다. 복잡한 국제 통상 협상을 선악의 이분법으로 단순화시킨 것이다. 이런 프레이밍은 대중들의 이해를 쉽게 만들어주지만, 동시에 사안의 복잡성을 무시하게 만든다.

손학규 대표는 "이명박 정부의 일방통행식 밀어붙이기 정치."라고 비판했다. 여기서도 '일방통행'과 '밀어붙이기'라는 부정적 이미지를 활용한 언어 전략을 확인할 수 있다. 정책의 내용보다는 추진 방식을 문제 삼음으로써, 정부에 대한 전반적인 불신을 조장하는 효과를 노린 것이다.

야당의 진짜 목적은 명확했다. 이명박 정부의 국정 동력을 약화시키고 지지율을 끌어내려 차기 선거를 대비하려는 것이었다. 실제로 2008년 4월 총선에서 한나라당은 과반 의석 확보에 실패했고, 이는 광우병 사태의 정치적 파급력을 여실히 보여주는 결과였다.

∴ 인터넷 커뮤니티

'다음 아고라'와 같은 대형 인터넷 커뮤니티는 광우병 선동의 가장 중요한 플랫폼이었다. 이곳은 검증되지 않은 정보와 개인적 추측이 마치 객관적 사실처럼 받아들여지는 '정보의 무법지대'였다. 동시에 비슷한 생각이 있는 사람들이 모여 서로의 의견을 강화하는 '에코 챔버(Echo Chamber)'이기도 했다.

어빙 자니스가 제시한 '집단사고' 현상이 이 공간에서 완벽하게 재현되었다. 집단사고의 8가지 증상을 아고라에서 하나씩 확인할 수 있었다. 첫째, 집단의 무오류성에 대한 환상이 있었다. 광우병을 반대하는 사람들은 자신들이 절대적으로 옳다고 믿었다. 둘째, 집단 외부에 대한 고정관념이 존재했다. 정부와 미국 그리고 정부 정책을 지지하는 사람들은 모두 '악'으로 규정되었다.

셋째, 반대 의견에 대한 직접적 압력이 가해졌다. 광우병의 위험성을 의심하거나 정부 정책을 옹호하는 댓글은 즉시 '매국노', '알바'라는 공격을 받았다. 넷째, 자기 검열이 광범위하게 일어났다. 많은 사람들이 내심으로는 의문을 가졌지만, 분위기에 휩쓸려 침묵을 택했다.

다섯째, 만장일치에 대한 환상이 존재했다. 반대 의견이 억압되다 보니 마치 모든 사람이 같은 생각을 하는 것처럼 보였다. 여섯째, 자체적인 '검열관'들이 등장했다. 일부 적극적인 참여자들이 다른 사람들의 발언을 감시하고 통제하는 역할을 했다.

일곱째, 집단의 도덕성에 대한 무조건적 믿음이 있었다. 자신들은 국민 건강을 위해 싸우는 정의로운 존재라고 확신했다. 여덟째, 외부 정보에 대한 차단이 일어났다. 정부나 전문가들의 설명, 해외 언론의 보도 등은 의도적으로 무시되거나 왜곡되었다.

당시 아고라에서 가장 인기를 끈 게시글 중 하나인 "미국 쇠고기, 이것만은 알고 먹자."라는 제목의 글을 보면 이런 현상을 확인할 수 있다. 이 글은 하루 만에 조회수 50만을 넘어섰고 수천 개의 댓글이 달렸는데, 댓글의 99%가 정부 정책을 비판하는 내용이었다. 조금이라도 다른 의견을 제시한 댓글은 순식간에 수십 개의 비추천을 받으며 화면 하단으로 밀려 나갔다.

∴ MBC 'PD수첩'

2008년 4월 29일 방영된 MBC 'PD수첩', "긴급취재! 미국산 쇠고기, 과연 안전한가?" 편은 광우병 사태의 결정적 전환점이었다. 이 프로그램은 시청률 13.1%를 기록하며 큰 화제를 모았는데, 문제는 그 내용에 심각한 오류와 왜곡이 있었다는 점이다.

당시 프로그램의 핵심 내용을 보면, 먼저 주저앉는 다우너(Downer) 소 영상을 보여주면서 '광우병 소'라고 지칭했고 한 미국인이 '인간광우병'으로 사망했다고 보도했는데, 이는 나중에 재판에서 허위로 판명되었다. 또한 미국에서 광우병 감염 소가 지속적으로 발견되고 있으며, 검사 체계가 허술하다고 주장했다. 또한 아레사 빈슨이라는 20대 미국 여성의 죽음을 인간 광우병 의심 사례로 소개했다. 그리고 30개월령 이상의 소는 모두 위험하다는 인상을 주었다.

그런데 이후 여러 언론사의 검증 결과 이러한 주장들에 심각한 문제가 있음이 드러났다. 조선일보가 2008년 7월 아레사 빈슨의 어머니를 직접 인터뷰한 결과, 딸은 광우병이 아닌 유전질환인 GSS(게르스트만-스트라우슬러-샤인커 증후군)로 사망했다고 확인되었다. 이는 광우병과는 전혀 다른 유전적 프리온 질환이었다.

중앙일보는 PD수첩이 사용한 미국 도축장 영상이 2002년 자료로, 현재 미국의 도축 실태와는 다르다고 지적했다. 동아일보는 미국 농무부 통계를 확인한 결과 광우병 발생률이 PD수첩의 주장보다 훨씬 낮다고 보도했다.

그럼에도 불구하고 이 프로그램의 파급력은 엄청났다. 특히 '뇌에 구멍이 송송 뚫리는' 장면은 강력한 시각적 충격을 주었다. 이는 심리학의 '가용성 편향'을 극대화한 사례다. 사람들은 복잡한 확률 계산보다는 쉽게 떠올릴 수 있는 생생한 이미지를 바탕으로 위험도를 판단한다. 구멍 뚫린 뇌라는 끔찍한 이미지는 실제 위험도와 상관없이 광우병에 대한 공포를 극대화했다.

방송 직후 인터넷에서는 관련 동영상과 캡처 이미지들이 폭발적으로 확산되었다. 특히 '뇌 송송 구멍 탁'이라는 표현은 유행어가 될 정도로 널리 퍼졌다. 방송통신위원회는 이후 이 방송에 대해 "사실 확인이 부족했다."라며 권고 처분을 내렸지만, 이미 여론은 돌이킬 수 없는 상태가 되어있었다. 또한 대법원 2부가 2011년 9월 2일 상고심에서 확정판결을 내린 후, 당시 엄기영

MBC 사장은 3일 후인 9월 5일 밤 뉴스데스크 방송 첫머리에서 사과방송을 하고 거의 모든 일간신문에 사과 광고를 실었다. 이는 가짜와 왜곡, 날조 가득한 프로를 내보냈음을 만천하에 인정한 것이다. 이러한 가짜 방송에 대부분의 국민이 속아 나라 전체가 엄청난 혼란을 겪고, 에너지를 허비했다.

∴ 유명인들의 참여

일부 연예인과 지식인들의 참여는 광우병 사태의 파급력을 더욱 확산시켰다. 이는 심리학의 '후광 효과'와 '권위에 대한 복종'이 결합한 현상이었다. 사람들은 자신이 좋아하거나 존경하는 인물의 의견에 더 쉽게 동조하는 경향을 보인다.

배우 문소리는 자신의 블로그에 "우리 아이들의 미래를 위해 나서야 한다."라는 글을 올려 큰 화제가 되었다. 가수 윤도현은 "음악인으로서 침묵할 수 없다."라며 촛불 집회 참여를 독려했다. 영화감독 봉준호는 "창작자의 사회적 책임."을 언급하며 정부 정책을 비판했다.

또한 [2)]배우 김규리(당시 김민선)는 자신의 미니홈피에 "광우병이 득실거리는 소를 먹느니 청산가리를 입안에 털어 넣는 편이 낫겠다."라는 글을 올렸다. 또한 배우 이동욱은 "광우병 걸릴 위험이 단 0.1%라도 있으면 수입 안 해야 하는 것 아니냐. 우리 국민

2) https://www.chosun.com/national/2023/07/16/IXH5GTBNOFCEHBC2XDRU3MIJNU/?utm_source=naver&utm_medium=referral&utm_campaign=naver-news

중 누군가가 광우병에 걸려야 정신을 차릴 것인가?"라는 글을 자신의 팬카페에 올렸다.

이들의 발언은 특히 20~30대 젊은 층에 큰 영향을 미쳤다. 연예인들의 정치적 발언은 그동안 금기시됐는데, 광우병 사태를 계기로 이런 장벽이 무너지기 시작했다. 어떠한 사건으로 비판을 할 땐 명확한 근거와 팩트를 기반으로 주장해야 한다. 그러나 문제는 이들이 해당 분야의 전문가가 아님에도 불구하고, 단지 유명하다는 이유만으로 큰 영향력을 발휘했다는 점이다.

학계에서도 일부 교수들이 적극적으로 참여했다. 서울대 의대 안덕선 교수는 '30개월령 이상 소의 위험성'을 경고하는 성명을 발표했고, 연세대 의대 김윤 교수는 언론 인터뷰를 통해 '정부 협상의 문제점'을 지적했다. 이들의 참여는 운동에 '학술적 권위'를 부여하는 역할을 했다.

하지만 이들의 영향력은 대중에게 쉽게 접근하여 공포감을 증폭시키고 행동으로 이끄는 데 기여했을 뿐, 과학적 근거를 제시하는 데는 한계가 있었다. 오히려 자신들의 지위와 영향력을 정치적 목적으로 활용했다는 비판을 피하기 어려웠다.

◆ 이성을 마비시키는 정교한 전략

∴ 괴담과 공포 조장

광우병 사태에서 가장 강력했던 선동 기법은 바로 공포 조장이었다. 이는 인간의 가장 원초적인 생존 본능을 자극하는 방법으로, 이성적 판단력을 마비시키는 데 매우 효과적이다.

'인간 광우병은 뇌에 구멍이 송송 뚫리는 끔찍한 병이다.'라는 표현을 생각해 보자. 이 문장에는 여러 층위의 심리적 조작이 숨어 있다. 첫째, '뇌'라는 단어는 인간의 정체성과 직결되는 가장 중요한 기관을 지칭한다. 둘째, '구멍이 송송 뚫린다.'라는 표현은 시각적으로 끔찍한 상상을 불러일으킨다. 셋째, '송송'이라는 의성어는 마치 치즈에 구멍이 뚫린 것처럼 경쾌한 느낌을 주어 오히려 더 섬뜩한 대조 효과를 만들어낸다.

이런 표현들이 인터넷을 통해 무차별적으로 확산하면서 사람들의 상상력을 자극했다. "미국 소들은 다 광우병에 걸려 죽어간다", "뼛조각이 섞인 쇠고기를 먹으면 즉사한다", "아들을 군대에 보내지 못한다." 등의 극단적인 주장들이 마치 사실인 양 받아들여졌다.

심리학적으로 이는 '가용성 편향'을 극단적으로 활용한 사례다. 노벨경제학상 수상자인 다니엘 카너먼과 아모스 트베르스키가 발견한 이 현상은 사람들이 확률을 판단할 때 통계적 사실보다는 쉽게 떠올릴 수 있는 생생한 사례에 더 의존한다는 것이다.

'뇌에 구멍이 뚫린다.'라는 강렬한 이미지는 실제 감염 확률이나 과학적 데이터보다 훨씬 강력한 판단 근거가 되었다.

문제는 이런 이미지 중 상당수가 사실과 다르거나 과장되었다는 점이다. 당시 인터넷에 유통된 뇌 조직 사진들을 추적해 보면, 광우병과 전혀 관련 없는 다른 질병의 사진이거나 아예 조작된 이미지인 경우가 많았다. 의학 전문가들이 이를 지적했지만, 이미 대중의 인식에 강하게 각인된 후였다.

∴ 모성 본능의 정치적 도구화

촛불 집회 현장에서 가장 강력한 이미지 중 하나는 어린 자녀를 유모차에 태우고 나온 젊은 엄마들이었다. 이는 우연이 아니라 매우 계산된 전략이었다. '아이들의 미래를 위한 엄마들의 싸움'이라는 프레임은 그 어떤 정치적 논리보다 강력한 감성적 호소력을 가졌다.

당시 언론들은 앞다투어 '유모차 부대', '엄마 부대'라는 표현을 사용했다. KBS는 "유모차를 끌고 나온 엄마들의 간절한 외침."이라고 보도했고, MBC는 "아이를 안고 나온 젊은 엄마들의 절규."라는 제목으로 뉴스를 내보냈다. SBS는 "미래 세대를 위한 엄마들의 용기."라고 찬양했다.

이런 프레임이 강력한 이유는 여러 심리적 메커니즘이 복합적으로 작용하기 때문이다. 첫째, 모성 보호 본능은 인간의 가장 원초적이고 강력한 감정 중 하나다. 자녀를 보호하려는 어머니의 모습은 보편적 공감을 불러일으킨다. 둘째, 어린아이는 '순수함'과 '무력함'을 상징한다. 아이들을 해치려 한다면 그것은 절대악이 된다.

셋째, 한국 사회의 교육열과 자녀 사랑이라는 문화적 맥락과 완벽하게 부합했다. 한국 부모들의 자녀에 대한 헌신은 세계적으로도 유명할 정도다. 이런 문화적 토양에서 '아이들을 지키기 위한 어머니들의 싸움'은 거부할 수 없는 대의명분이 되었다.

하지만 이런 감성적 호소 뒤에는 정교한 정치적 계산이 숨어 있었다. 심리학의 '인그룹 편향'과 '확장된 표현형' 개념으로 설명할 수 있다. 사람들은 자신의 자녀나 미래 세대를 자신의 확장된 존재로 인식한다. 따라서 이들에 대한 위협은 자신에 대한 직접적인 위협으로 받아들여진다. 선동 세력들은 이런 심리를 정확히 파악하고 활용한 것이다.

∴ 진실과 거짓을 뒤섞는 교묘함

선동에서 가장 교묘한 기법 중 하나는 완전한 거짓말을 하는 것이 아니라, 일부 사실에 과장과 왜곡을 섞어 그럴듯하게 포장하는 것이다. 'PD수첩'의 보도가 바로 그런 사례였다.

프로그램은 미국에서 실제로 광우병이 발생했다는 사실을 바탕으로 시작했다. 이것은 부정할 수 없는 사실이었다. 그런데 여기에 과장과 추측 그리고 관련 없는 사례들을 교묘하게 섞어 넣었다. 아레사 빈슨의 사례가 대표적이다. 실제로는 유전질환으로 사망한 사람을 인간 광우병 의심 사례로 소개한 것이다.

또한 미국의 '떨어뜨리는 소(Downer Cow)' 문제를 부각하면서, 마치 모든 미국산 쇠고기가 이런 소에서 나온 것처럼 인식을 조장했다. 하지만 실제로는 미국도 2004년부터 이런 소를 식용으로 사용하는 것을 금지하고 있었다.

이런 정보 왜곡은 '확증 편향'과 '선별적 노출'을 활용한 전형적인 선동 기법이다. 사람들은 자신의 기존 믿음을 증명해 주는 정보는 쉽게 받아들이고, 반박하는 정보는 무시하거나 회피하는 경향이 있다. 'PD수첩'은 이러한 심리적 특성을 정확히 파악하여 미국산 쇠고기의 위험성을 뒷받침하는 정보만을 선별적으로 제시했다.

더 교묘한 점은 일부 정확한 정보와 함께 제시함으로써 전체적인 신뢰도를 높였다는 것이다. 예를 들어 영국에서 실제로 광우병이 발생했던 사실, 미국에서도 몇 차례 광우병이 확인되었다는 사실 등은 정확했다. 하지만 이런 부분적 사실들 사이에 추측과 과장을 섞어 넣어 전체적으로는 왜곡된 인상을 주었다.

민족주의 감정의 정치적 동원

광우병 사태에서 또 다른 강력한 선동 도구는 '굴욕 외교' 프레임이었다. 이는 단순한 통상 협상을 민족의 자존심과 주권 문제로 확대 해석하는 전략이었다.

"이명박이 미국에 가서 무릎 꿇고 왔다", "부시 대통령 앞에서 굴복한 한국." 같은 표현들이 인터넷을 통해 널리 유통되었다.

한겨레신문은 "졸속 협상, 굴욕 외교."라는 제목의 사설을 게재했고, 경향신문은 "미국 앞에 무릎 꿇은 외교."라고 비판했다.

이런 프레임이 강력한 이유는 한국 사회의 역사적 트라우마와 직결되기 때문이다. 일제강점기, 한국전쟁, 분단 등의 경험이 집단 무의식에 깊이 자리 잡고 있어, '외세에 의한 굴욕'은 매우 민감한 정서적 코드였다. 심리학적으로는 '집단 정체성'과 '사회정체성 이론'이 작동한 사례다. 사람들은 자신이 속한 집단(한국)의 지위가 위협받거나 굴욕당한다고 느낄 때 강한 분노와 저항 의지를 보인다.

문제는 복잡한 국제 협상 과정을 지나치게 단순화했다는 점이다. 실제로는 양국 모두 양보와 타협을 통해 합의점을 찾아가는 과정이었지만, 이를 일방적인 '굴복'으로 해석한 것이다. 이는 국제 관계의 복잡성을 무시하고 감정적 반응만을 자극하는 결과를 낳았다.

∴ 인터넷 공간의 전략적 활용

2008년 광우병 사태는 인터넷을 통한 대중 동원의 새로운 모델을 제시했다. '다음 아고라'를 중심으로 한 온라인 공간은 단순한 정보 교환의 장을 넘어 정치적 행동을 조직하는 플랫폼이 되었다.

당시 아고라의 '촛불 시위' 관련 게시판을 보면 놀라운 현상을 발견할 수 있다. 2008년 5월 2일 첫 촛불 집회가 열린 후, 관련 게시판에는 하루 평균 1만 개 이상의 새로운 글이 올라왔다. 가장 인기를 끈 "5월 6일 촛불 집회 참석 방법."이라는 글은 24시간 만에 조회수 100만을 돌파했다.

이는 기존의 전통적인 언론 매체로는 불가능한 속도와 규모였다. 더욱 중요한 것은 이런 정보들이 일방향적 전달이 아니라 쌍방향적 소통을 통해 확산되었다는 점이다. 사람들은 단순히 정보를 받아보기만 하는 것이 아니라, 직접 생산하고 수정하고 보완했다.

익명성과 빠른 전파력은 비이성적인 주장이 검증 없이 확산하는 환경을 만들었다. 심리학의 '탈개성화' 현상이 온라인 공간에서 극대화된 것이다. 사람들은 익명성이 보장되는 환경에서 평소보다 더 극단적이고 감정적인 의견을 표출하는 경향을 보인다.

특히 '실시간 댓글'과 '추천/비추천' 시스템은 즉각적인 피드백을 통해 집단 의견을 강화하는 '에코 챔버' 효과를 만들어냈다. 광우병의 위험성을 강조하는 글은 수천 개의 추천을 받았지만, 반박하는 글은 비추천과 악플에 묻혔다. 이는 다양한 의견의 자유로운 경쟁이 아니라, 특정 방향의 의견만이 살아남는 구조를 만들었다.

∴ 촛불이 만들어낸 저항의 미학

광우병 사태에서 '촛불'이라는 상징의 활용은 매우 전략적이었다. 2002년 미군 장갑차 사고로 숨진 두 여중생을 추모하며 시작된 촛불 집회의 경험이 2008년에 더욱 세련되게 재현된 것이다.

촛불은 여러 층위의 상징적 의미를 담고 있었다. 첫째는 '순수함'의 의미다. 촛불은 인공조명과 달리 자연스럽고 따뜻한 느낌을 준다. 이는 순수한 시민들의 자발적 참여를 상징했다. 둘째는 '희생'의 의미다. 자신을 태워 빛을 만드는 촛불처럼, 시민들이 개인적 편의를 포기하고 공익을 위해 나선다는 숭고한 이미지를 형성했다.

셋째는 '연대'의 의미다. 하나하나는 작은 불빛이지만 모이면 큰 빛이 된다는 집단행동의 논리를 시각적으로 구현했다. 넷째는 '평화'의 의미다. 폭력적인 시위와 달리 평화로운 저항의 상징으로 인식되었다.

하지만 시위가 장기화되고 격화되면서 이런 평화적 이미지에도 균열이 생겼다. 2008년 6월 10일 대학로에서 열린 집회에서는 경찰과 시위대 간 물리적 충돌이 발생했고, 이는 주요 방송사에서 생중계되며 사회적 충격을 주었다. 밤샘 시위, 청와대 진출 시도 등이 계속되면서 초기의 '평화적 시위'라는 프레임이 흔들리기 시작했다.

그럼에도 불구하고 촛불이라는 상징은 강력한 도덕적 정당성을 제공했다. 심리학적으로는 '도덕적 우월감'과 '정의 실현 욕구'가 결합한 현상으로 분석할 수 있다. 사람들은 자신들이 정의로운 일을 하고 있다고 확신했고, 이는 어떤 비판이나 회의에도 굴복하지 않는 강력한 동기가 되었다.

◆ 광우병 공포가 남긴 상처들

∴ 신생 정부의 조기 몰락

이명박 정부가 광우병 사태로 입은 정치적 타격은 상상을 넘어섰다. 한국갤럽이 실시한 여론조사에 따르면, 이명박 대통령의 지지율은 2008년 2월 취임 당시 52%에서 6월 17%까지 급락했다. 35%라는 기록적인 하락폭이었다. 이는 역대 대통령 중 취임 초기 지지율 하락 속도로는 최고 수준이었다.

더 심각한 것은 단순한 지지율 하락을 넘어 정부의 전체적인 국정 동력이 마비되었다는 점이다. 이명박 정부가 야심 차게 추진하려던 '747 공약', 한반도 대운하 사업, 공기업 민영화 등의 핵심 정책들이 모두 표류하기 시작했다. 국회에서는 정부 정책에 대한 비판이 쏟아졌고, 야당은 연일 장관 해임과 정책 철회를 요구했다.

결국 정부는 대대적인 인사 교체로 위기를 수습하려 했다. 2008년 6월 유명환 외교통상부 장관이 경질되었고, 청와대 국정기획수석과 홍보수석이 연이어 교체되었다. 총리실과 각 부처의 대미 협상 담당자들도 대거 물갈이되었다. 하지만 이런 조치들도 이미 깊어진 불신을 회복하는 데는 역부족이었다.

정치학적 관점에서 보면, 이는 신생 정부의 '허니문 기간' 조기 종료를 의미했다. 일반적으로 새 정부는 취임 후 6개월에서 1년간 국민의 기대와 지지 속에서 주요 정책을 추진할 수 있는 정치적 자본을 갖게 된다. 하지만 광우병 사태로 인해 이명박 정부는 이런 소중한 기회를 상실했다. 이후 5년 임기 내내 이 사건의 그림자에서 벗어나지 못했다는 평가를 받는다.

∴ 경제적 출혈

광우병 공포가 경제에 미친 피해는 여러 분야에 걸쳐 나타났다. 가장 직접적인 피해를 본 것은 축산업계였다. 한국 육류 유통수출협회의 자료에 따르면, 2008년 5월부터 8월까지 국내 쇠고기 소비량이 전년 동기 대비 40% 급감했다. 흥미로운 것은 이 감소가 미국산 쇠고기에만 국한되지 않았다는 점이다. 한우 소비량도 함께 줄어들었다. 많은 소비자가 쇠고기 자체에 대한 막연한 불안감을 느끼게 되었기 때문이다.

가격과 소득의 변화로 인한 소비량의 변화는 가격과 소득이 변화하면 소비량이 회복될 수 있다는 점에서 임시적인 소비변화라고 볼 수 있다. 하지만 선호 변화가 있었다면 가격과 소득이 과거 수준으로 돌아간다고 하더라도 소비가 회복되지 않을 것이다(사공용, 2014). 한국 정부는 2003년 1인당 쇠고기 소비량이 8.1kg에서 2004년에는 16% 감소한 6.8kg을 나타내었고, 2009년 1인당 연간 쇠고기 소비량이 8.1kg을 보임에 따라 소비량을 회복하는 데 6년이 걸렸다. 반면 1인당 연간 돼지고기와 닭고기 소비량은 2003년 17.3kg과 7.9kg에서 2009년에는 19.1kg과 9.6kg으로 각각 10%와 22% 증대되었다. 이와 같은 소비량의 변화는 광우병으로 인한 소비자들의 선호 변화일 가능성이 다분하다.

한우 농가들의 고통은 특히 심각했다. 전국한우협회의 추산에 따르면, 광우병 사태로 인한 한우 농가 피해액이 1조 원을 넘어섰다. 한우 가격은 2008년 상반기 대비 하반기에 평균 15% 하락했고, 일부 농가는 사육 중인 소를 헐값에 급매해야 하는 상황에 내몰렸다. 30년간 한우를 키워온 충남의 한 농민은 당시 언론 인터뷰에서 "억울하고 분통 터진다."라며 "미국산도 아닌 우리 한우까지 왜 피해를 봐야 하느냐."라고 호소했다.

도심 상권의 피해도 만만치 않았다. 서울시의 조사에 따르면, 2008년 5~7월 명동, 종로, 강남 등 주요 상권의 매출이 평균 20~30% 감소했다. 광화문 인근의 음식점들은 집회로 인한 교통 통제와 소음으로 영업에 차질을 빚었다. 한 광화문 인근 음식점 사장은 "저녁 시간만 되면 시위대가 몰려와 손님들이 발길을 끊었다."라며 "3개월간 적자가 누적되어 가게를 정리할 생각까지 했다."라고 토로했다.

국제적 차원에서도 경제적 손실이 발생했다. 광우병 문제로 인해 한미 관계가 경색되면서 한미 FTA 비준이 지연되었다. 미국 의회에서는 "한국이 약속을 지키지 않는다."라는 비판이 제기되었고, 결국 FTA 비준은 2011년까지 미뤄졌다. 이는 양국 간 경제협력의 기회비용으로 환산하면 수십억 달러 규모의 손실을 의미했다.

국제 신용평가사들도 한국의 정치적 불안정성에 우려를 표했다. 무디스는 2008년 6월 보고서에서 "한국의 정치적 갈등이 경제 정책 시행에 부정적 영향을 미칠 수 있다."라고 경고했다. 스탠더드앤드푸어스(S&P)도 "정부와 시민 사회 간의 신뢰 부족이 구조개혁을 지연시킬 위험이 있다."라고 지적했다.

∴ 사회 분열의 심화

광우병 사태는 한국 사회에 깊은 이념적 분열을 남겼다. 이는 단순한 정책 논쟁을 넘어 가치관과 세계관의 충돌 양상을 띠었다. 보수 진영에서는 이를 '과학을 무시한 비이성적 선동'으로, 진보 진영에서는 '국민 건강권을 지키는 정당한 저항'으로 평가하며 완전히 다른 역사 인식을 갖게 되었다.

언론계의 분화는 특히 극명했다. 조선일보, 중앙일보, 동아일보 등은 'PD수첩의 오보'와 '비이성적 집회'를 지속적으로 비판했다. 반면 한겨레, 경향신문, 오마이뉴스 등은 '정당한 시민 저항'과 '정부의 일방적 정책 추진'을 문제 삼았다. 이런 언론의 분화는 독자들의 정보 소비 패턴에도 영향을 미쳤다. 사람들은 자신의 기존 믿음을 확인해 주는 언론만 선택적으로 소비하는 '정보 편식' 현상을 보이기 시작했다.

더 심각한 것은 이런 분열이 일상생활에까지 침투했다는 점이다. 당시 인터넷 커뮤니티에는 "아버지와 광우병으로 말다툼했다", "친구와 절교했다."라는 글들이 다수 올라왔다. 직장에서도 광우병에 대한 견해 차이로 동료들 간에 갈등이 생기는 사례가 빈발했다. 한 대기업 직장인은 "회식 자리에서 광우병 얘기가 나오면 분위기가 싸해진다."라며 "정치 얘기는 아예 하지 않는 것이 상책."이라고 말했다.

이 사건을 계기로 한국 사회에서는 '이성적 토론'보다 '감성적 선동'이 여론 형성의 주된 방식이 될 수 있다는 선례가 만들어졌다. 이는 이후 세월호 사건, 사드 배치 논란, 조국 사태 등에서도 반복적으로 나타나는 패턴이 되었다. 복잡한 사안을 단순한 선악 구도로 나누고, 감정적 호소에 의존하며, 반대 의견을 원천 차단하는 방식이 정착된 것이다.

∴ 권위의 실추

광우병 사태는 전문가와 언론에 대한 국민의 신뢰에 치명타를 입혔다. 'PD수첩'의 잘못된 보도가 드러나면서 '언론도 믿을 수 없다.'라는 인식이 확산하였다. 한국언론진흥재단이 실시한 조사에 따르면, 언론에 대한 국민 신뢰도가 2008년을 기점으로 크게 하락했다.

방송통신위원회는 2008년 8월 'PD수첩'에 대해 "사실 확인이 부족하고 균형성을 잃었다."라며 '권고' 조처를 내렸다. 하지만 이미 방송의 파급력은 되돌릴 수 없었다. 더욱이 이런 사후 조치에 대해서도 "정부가 언론을 탄압한다."라는 반발이 일어났다. 진실 규명보다는 정치적 해석이 우선하는 상황이 된 것이다.

의학 전문가들의 목소리도 힘을 잃었다. 서울대 의대, 연세대 의대 등의 교수들이 "광우병의 실제 위험도는 매우 낮다."라는 과학적 근거를 제시했지만, 이는 대중의 관심을 끌지 못했다. 오히려 이들은 "정부 편을 드는 御用학자."라는 비판을 받았다. 한 의과대학 교수는 "과학적 사실을 말했을 뿐인데 정치적 공격을 받는다."라며 "앞으로는 공개적 발언을 자제할 수밖에 없다."라고 말했다.

이는 '반지성주의'와 '포퓰리즘'이 확산하는 계기가 되었다. 전문가의 의견보다 '일반인의 인식'이나 '엄마의 직감'이 더 신뢰받는 현상이 나타났다. 복잡한 과학적 설명보다는 단순하고 감정적인 메시지가 더 설득력이 있게 되었다. 이런 경향은 이후 백신 거부, GMO 반대, 원자력 발전 논란 등에서도 반복적으로 관찰되었다.

∴ 정보 생태계의 변화

광우병 사태는 '사실'보다 '감정'이 여론을 좌우하는 '포스트-트루스' 시대의 전조를 보여준 사건이었다. 객관적 사실의 확인보다는 감정적 호소와 개인적 신념이 여론 형성에 더 큰 영향을 미치는 현상이 본격화되었다.

인터넷과 소셜미디어를 통한 정보 확산의 속도와 범위가 기존 매스미디어를 압도하면서, 정보의 생산과 유통 구조가 근본적으로 변화했다. '다음 아고라'와 같은 플랫폼에서 일반인이 생산한 콘텐츠가 기존 언론사의 기사보다 더 큰 영향력을 갖게 되었다. 문제는 이런 콘텐츠들에 대한 사실 검증 시스템이 전혀 없었다는 점이다.

더욱 심각한 것은 '정보의 민주화'라는 긍정적 변화와 함께 '가짜뉴스의 확산'과 '확증 편향의 증폭'이라는 부작용이 나타났다는 점이다. 사람들은 자신이 믿고 싶은 정보만을 선별적으로 소비하고, 반박하는 정보는 배제하는 경향을 보였다. 이는 다양한 의견의 자유로운 경쟁이 아니라, 각자의 '정보 버블' 속에서 같은 생각을 하는 사람들끼리만 소통하는 구조를 만들었다.

이러한 변화는 이후 한국 사회의 정보 환경을 근본적으로 바꿔놓았다. SNS를 통한 루머 확산, 온라인 커뮤니티의 극화 현상, 알고리즘에 의한 필터 버블 형성 등의 문제들이 광우병 사태에서 이미 그 원형을 드러냈다. 2016년 미국 대선에서 본격적으로 주목받기 시작한 '가짜뉴스' 문제도 사실 그 뿌리를 2008년 한국의 광우병 사태에서 찾을 수 있다.

∴ 시민 의식의 성장과 한계

물론 광우병 사태가 모든 면에서 부정적이었다고 볼 수는 없다. 일부에서는 이를 통해 시민들이 직접 정치에 참여하고 목소리를 내는 '시민 의식'이 성장하는 계기가 되었다는 긍정적인 평가도 존재한다.

실제로 20~30대 젊은 층의 정치 참여가 늘어났다. 그동안 정치에 무관심했던 젊은 직장인, 대학생, 주부들이 촛불을 들고 거리로 나섰다. 이들은 정부 정책에 대해 적극적으로 의견을 표명하고, 온라인을 통해 정치적 토론에 참여하기 시작했다. 중앙

선거관리위원회의 통계를 보면, 2008년 이후 20~30대의 각종 선거 투표율이 상승하는 추세를 보였다.

정부 정책에 대한 시민 감시 기능도 강화되었다. 촛불 집회를 통해 시민들은 정부가 일방적으로 정책을 결정하고 추진하는 것에 대해 견제할 수 있다는 자신감을 얻었다. 이후 정부들은 주요 정책을 발표하기 전에 국민 여론을 더 세심하게 살피게 되었다.

온라인을 통한 정치 참여와 여론 형성이 일상화되었다. 블로그, 카페, SNS 등을 통해 누구나 정치적 의견을 표현하고 공유할 수 있게 되었다. 이는 기존의 엘리트 중심 정치에서 시민 중심 정치로의 전환을 가속하는 요인이 되었다.

또한 이 사태를 겪으며 정부도 국민과의 소통의 중요성을 절감하게 되었다. 이명박 정부는 광우병 사태 이후 '국민과의 대화' 프로그램을 확대하고, 정책 브리핑을 강화하며, 청와대 홈페이지를 통한 소통 채널을 다양화하는 등 소통 정책을 개선하려고 노력했다.

하지만 이런 긍정적 측면들은 심각한 한계를 동반했다. 시민 참여의 증가가 반드시 합리적이고 건설적인 정치 참여를 의미하는 것은 아니었다. 감정적이고 비이성적인 동원이 민주주의에 오히려 해가 될 수 있다는 점이 드러났다. 복잡한 정책 문제를 단순한 선악 구도로 나누고, 과학적 근거보다는 감정적 호소에 의존하는 방식이 정착된 것이다.

◆ 다른 나라들은 어떻게 대응했나

∴ 영국의 실제 광우병 사태의 교훈

한국의 광우병 공포를 이해하려면 먼저 1990년대 영국에서 실제로 일어난 광우병 사태를 살펴볼 필요가 있다. 이는 실제로 수십만 마리의 소가 감염되고 수백 명의 사람이 목숨을 잃은 진짜 재앙이었다.

1980년대 후반부터 영국에서는 소들이 이상한 증상을 보이기 시작했다. 갑자기 공격적으로 변하거나, 걸음걸이가 비틀거리거나, 결국 죽음에 이르는 소들이 늘어났다. 처음에는 원인을 알 수 없었지만, 1986년 이것이 새로운 질병임이 확인되었다. BSE(Bovine Spongiform Encephalopathy), 즉 소해면상뇌증, 일명 '광우병'이었다.

더 충격적인 것은 1996년 영국 정부가 이 질병이 인간에게 전염될 수 있다고 공식 발표한 것이었다. 변형 크로이츠펠트-야코프병(vCJD)이라는 새로운 형태의 인간 광우병이 확인된 것이다. 1995년부터 2020년까지 총 178명이 이 질병으로 사망했다.

영국 정부의 초기 대응은 혼란스러웠다. 1990년 농업부 장관 존 거머는 TV 카메라 앞에서 자신의 딸과 함께 햄버거를 먹는 퍼포먼스를 했다. "영국산 쇠고기는 안전하다."라는 메시지를 전달하기 위해서였다. 하지만 6년 후 인간 전염 가능성이 확인되면서 이는 역사상 최악의 정치적 실수 중 하나로 기록되었다.

결국 영국은 감염 소와 위험 부위를 전면 폐기하는 극단적 조치를 취했다. 총 470만 마리의 소가 살처분되었다. 경제적 손실은 약 100억 파운드에 달했다. 유럽연합은 영국산 쇠고기 수입을 전면 금지했고, 이 금지 조치는 10년간 지속되었다.

하지만 영국의 경험에서 주목할 점은 과학에 기반한 체계적 대응이었다. 정부는 독립적인 전문가 위원회를 구성하여 투명하게 정보를 공개했다. 언론도 선정적 보도보다는 사실에 기반한 보도에 집중했다. 무엇보다 시민들도 초기의 혼란 이후에는 과학적 근거에 기반한 합리적 대응을 보였다.

∴ 일본의 신뢰에 기반한 위기관리

2001년 일본에서 광우병이 발견되었을 때의 상황도 한국과는 매우 달랐다. 일본 정부는 첫 발견 즉시 전국적인 검사 체계를 구축했다. 모든 도축장에서 광우병 검사를 의무화했고, 30개월령 이상 소의 위험 부위 제거를 법제화했다.

일본 정부의 대응에서 주목할 점은 투명성이었다. 매일 검사 결과를 공개했고, 언론 브리핑을 통해 상세한 정보를 제공했다. 농림수산성과 후생노동성은 합동으로 '광우병 대책본부'를 설치하여 일원화된 대응 체계를 구축했다.

언론의 역할도 달랐다. NHK를 비롯한 주요 방송사들은 과학적 사실에 기반한 균형 잡힌 보도를 했다. 선정적인 표현이나 불안감을 조장하는 내용보다는, 실제 위험도와 예방 방법에 대한 정확한 정보를 전달하는 데 집중했다.

시민 사회의 반응도 합리적이었다. 초기에는 쇠고기 소비가 급감했지만, 정부의 투명한 정보 공개와 체계적 대응을 확인한 후에는 점진적으로 소비가 회복되었다. 무엇보다 과학적 근거에 기반한 토론이 이루어졌다.

일본에서는 총 36마리의 광우병 감염 소가 발견되었지만, 체계적인 대응으로 인간 광우병 사례는 한 건도 발생하지 않았다. 이는 정부와 언론 그리고 시민 사회가 과학적 근거에 기반하여 합리적으로 대응한 결과였다.

∴ 한국은 무엇이 달랐나

한국의 광우병 사태가 다른 나라들과 구별되는 가장 큰 특징은 '실제 발생 사례가 없는 상황에서의 예방적 공포'였다는 점이다. 영국은 실제로 수십만 마리의 소가 감염되고 수백 명이 사망한 실제 위기였다. 일본도 실제로 광우병이 발견된 상황이었다. 하지만 한국에서는 광우병이나 인간 광우병 사례가 단 한 건도 없었다.

두 번째 특징은 인터넷을 통한 급속한 정보 확산이었다. 2008년 한국의 인터넷 보급률은 90%를 넘어섰고, 온라인 커뮤니티가 활성화된 상태였다. 이는 다른 나라에서는 볼 수 없었던 새로운 현상이었다. 검증되지 않은 정보가 실시간으로 확산하면서 공포감이 기하급수적으로 증폭되었다.

세 번째는 정치적 이슈와의 결합이었다. 순수한 보건 문제를 넘어 반미 감정, 정부 불신, 이념 갈등 등이 복합적으로 작용했다. 미국산 쇠고기 수입 재개가 한미 FTA와 연결되면서 경제 정책 전반에 대한 비판으로 확대되었다.

네 번째는 시민 사회의 높은 조직력이었다. 한국의 발달한 시민 사회 조직들이 효과적으로 여론을 조직하고 집회를 동원했다. 이는 다른 나라에서는 찾아보기 어려운 수준의 조직화한 대응이었다.

마지막으로 언론의 역할이 달랐다. 'PD수첩'의 문제적 보도처럼, 일부 언론이 과학적 근거보다는 선정적 내용에 집중했다. 이는 공포감을 증폭시키고 합리적 토론을 방해하는 결과를 낳았다.

◆ 선동의 그림자에서 배우는 교훈

∴ 어떻게 전 국민이 속았는가

2008년 광우병 사태를 돌이켜보면, 이는 현대 선동 기법의 교과서적 사례였다. 선동의 핵심 요소들이 완벽하게 결합하여 전 국민을 공포로 몰아넣었다.

첫째, 생존 본능을 자극하는 '공포 어필'이 핵심이었다. 인간의 가장 기본적인 욕구인 안전과 건강에 대한 불안을 자극한 것이다. '뇌에 구멍이 뚫린다.'라는 섬뜩한 이미지는 이성적 판단을 마비시키고 원시적 공포를 불러일으켰다.

둘째, 집단 내에서의 '감정 전염'이 기하급수적으로 확산하였다. 한 사람의 불안이 주변 사람들에게 전달되고, 이것이 온라인과 오프라인을 통해 전국으로 퍼져나갔다. 개인의 이성적 판단력이 집단의 감정에 압도당한 것이다.

셋째, '확증 편향'을 교묘하게 활용했다. 사람들의 기존 믿음이나 불안감을 확인해 주는 정보만을 선별적으로 제공하고, 반박하는 정보는 차단했다. 이는 균형 잡힌 판단을 불가능하게 만들었다.

넷째, 다양한 '권위'를 차용하여 신뢰성을 확보했다. MBC라는 공영방송의 권위, 대학교수의 학술적 권위, 유명 연예인의 사회적 권위가 과학적 근거를 대신했다.

다섯째, '우리 vs 그들'의 집단 정체성을 강화했다. 국민 건강을 지키려는 선량한 시민들과 그것을 위협하는 악한 세력(정부, 미국, 보수 언론)이라는 이분법적 구도를 만들었다.

∴ 광우병 사태가 남긴 시대적 과제

2008년 광우병 사태는 우리에게 여러 가지 중요한 교훈을 남겼다. 무엇보다 선동이 얼마나 쉽게, 얼마나 빠르게, 얼마나 광범위하게 확산할 수 있는지를 보여줬다. 인터넷과 소셜미디어의 발달로 이런 위험성은 더욱 커지고 있다.

하지만 동시에 시민들의 정치 참여 의식도 높아졌다. 정부 정책에 대한 관심과 감시 기능이 강화되었다. 온라인을 통한 정치 참여가 일상화되었다. 이는 민주주의 발전에 기여하는 긍정적 변화였다.

문제는 이 두 가지 변화를 어떻게 조화시키느냐는 것이다. 시민 참여는 확대하되 선동의 위험은 줄이는 방법을 찾아야 한다. 감정적 호소도 인정하되 이성적 판단을 우선하는 문화를 만들어야 한다. 다양한 의견을 존중하되 사실에 기반한 토론을 하는 습관을 길러야 한다.

이는 쉽지 않은 과제다. 인간의 본성을 거스르는 측면도 있다. 하지만 불가능하지는 않다. 교육을 통해, 제도를 통해 그리고 무엇보다 개인의 의식적 노력을 통해 점진적으로 개선해 나갈 수 있다.

광우병 사태는 이미 15년이 지난 과거의 일이다. 하지만 그 교훈은 여전히 현재진행형이다. 코로나19 팬데믹 과정에서도, 각종 정치적 이슈에서도 비슷한 패턴이 반복되고 있다. 가짜뉴스와 음모론, 감정적 동원과 이념적 대립은 여전히 우리 사회의 큰 과제다.

이런 문제들을 해결하는 것은 결국 우리 모두의 몫이다. 정부도, 언론도, 시민 사회도 그리고 개인도 각자의 역할을 다해야 한다. 2008년의 아픈 경험을 반면교사로 삼아, 더 성숙하고 합리적인 민주주의를 만들어가야 할 때다.

선동은 언제나 우리 곁에 있다. 완전히 막을 수는 없지만, 그 메커니즘을 이해하고 대비함으로써 피해를 최소화할 수 있다.

2008년 광우병 사태의 교훈을 잊지 않고, 더 나은 사회를 위한 지혜로 삼아야 할 것이다. 진실은 때로 거짓에 밀릴 수 있지만, 결국에는 진실이 승리한다. 그 승리를 앞당기는 것이 바로 우리의 역할이다.

참고문헌

1. 하대청. (2016-12-03). 「위험, '괴담', 감정」 한국과학기술학회 학술대회, 서울.
2. 사공용. (2014). 「광우병이 국내 육류 선호변화에 미친 영향」 농업경제연구, 55(2), 51–70.

IX. 사드 전자파 위험 선동

이승규(단국대 정치외교학과 21학번)

◆ 북핵 위협의 그림자 그리고 '전자파 공포'의 등장

2016년 한반도에는 긴장감이 감돌고 있었다. 북한은 연초부터 4차 핵실험을 감행했고, 연말까지 5차 핵실험과 여러 차례의 미사일 발사를 통해 한반도 안보에 심각한 위협을 가하고 있었다. 이러한 상황에서 한미 양국은 불가피한 결정을 내렸다. 바로 대한민국에 고고도 미사일 방어체계인 사드(THAAD, Terminal High Altitude Area Defense)를 배치하겠다는 것이었다.

그런데 이 안보 강화 조치가 발표되자마자, 예상치 못한 곳에서 거센 반발이 터져 나왔다. 북한의 핵미사일로부터 우리를 보호하겠다는 방어체계가 오히려 우리 국민을 해칠 수 있다는 주장이 제기된 것이다. "사드 레이더에서 나오는 전자파가 인체에 치명적이다", "전자파 때문에 성주 참외가 오염된다."라는 소문이 인터넷과 언론을 통해 빠르게 퍼져나갔다.

특히 성주군이 사드 배치 지역으로 확정되면서, 지역 특산물인 참외와 관련된 공포는 상당히 선정적으로 변했다. 온라인 공간에는 "전자파 먹고 자란 참외 사세요", "이제 사드 참외 먹는 건가?"라는 조롱성 게시물들이 넘쳐났다. 수십 년간 정성스럽게 기른 참외가 하루아침에 '방사능 과일'처럼 취급받게 된 것이다.

이 장에서 우리가 다룰 사드 전자파 위험 선동은 단순한 지역 갈등을 넘어선다. 이는 현대 정보사회에서 과학적 사실이 어떻게 왜곡될 수 있는지 그리고 그러한 왜곡이 국가 안보와 사회 통합에 어떤 심각한 영향을 미칠 수 있는지를 보여주는 생생한 사례다. 더 나아가 이는 디지털 시대의 선동이 얼마나 빠르게 확산하고, 얼마나 깊숙이 사회를 분열시킬 수 있는지를 적나라하게 드러낸다.

◆ 복잡하게 얽힌 안보와 외교의 딜레마

∴ 북핵 위협의 현실과 방어의 필요성

사드 배치가 결정된 2016년은 북한의 핵 능력이 급속도로 고도화되던 시기였다. 북한은 이 해에만 두 차례의 핵실험을 강행했고, 다양한 종류의 미사일 발사를 통해 기술력을 과시했다. 김정은이 집권한 이후 북한의 도발은 더욱 빈번해지고 위협적으로 되었다. 과거처럼 정치적 협상용 카드가 아니라, 실제로 사용 가능한 무기를 개발하고 있다는 것이 전문가들의 중론이었다.

이러한 위협 앞에서 한국과 미국은 기존의 패트리어트 미사일

방어체계만으로는 한계가 있다고 판단했다. 특히 북한이 개발하고 있는 중거리 탄도미사일에 대해서는 고고도에서 요격할 수 있는 사드가 유일한 대안이었다. 군사 전문가들은 사드 배치가 한국의 방어 능력을 획기적으로 향상시킬 것이라고 평가했다.

하지만 문제는 이런 군사적 논리만으로는 설명할 수 없는 복잡한 지정학적 이해관계가 얽혀 있다는 점이었다. 동북아시아에서 미국과 중국 간의 세력 경쟁이 심화되는 가운데, 사드는 단순한 방어무기를 넘어 전략적 균형을 바꿀 수 있는 변수로 인식되었다.

∴ 중국의 반발과 경제 보복의 파급효과

중국은 사드 배치 결정이 발표되자마자 강력한 반발에 나섰다. 중국 정부는 사드의 고성능 레이더가 중국 내부까지 감시할 수 있다며 안보 위협이라고 주장했다. 하지만 이는 표면적인 이유였고, 실제로는 미국의 아시아 회귀 전략과 중국 견제 정책에 대한 우려가 더 컸다.

중국의 대응은 즉각적이고 전방위적이었다. 한류 콘텐츠 수입 금지, 중국인의 한국 관광 제한, 롯데그룹에 대한 각종 규제 등 경제 전반에 걸친 보복 조치가 이어졌다. 이는 한국 경제에 직접적인 타격을 주었고, 그뿐만 아니라, 국내에서 사드 배치에 대한 반대 여론을 확산시키는 데도 일조했다.

특히 한류 산업과 관광업계에 종사하는 사람들 사이에서는 "사드 때문에 밥줄이 끊어진다."라는 불만이 커졌다. 이러한 경제적 우려는 전자파 위험 괴담과 결합하면서 사드 반대 여론의 또 다른 동력이 되었다.

∴ 국내 정치 상황과 불신의 확산

당시 국내 정치 상황도 사드 논란을 증폭시키는 요인이었다. 박근혜 정부에 대한 불신이 높아지고 있었고, 국정농단 의혹이 불거지기 시작한 시점이었다. 이런 상황에서 정부의 어떤 정책 결정도 의심의 눈초리를 받을 수밖에 없었다.

더욱이 사드 배치 과정에서 충분한 국민적 합의나 국회 동의 절차 없이 행정부 단독으로 결정이 이루어진 점도 비판의 빌미가 되었다. "국민 모르게 위험한 무기를 들여온다."라는 프레임이 형성되면서, 사드 자체에 대한 반감이 커졌다.

과거 광우병 사태에서 보았듯이, 정부에 대한 불신과 과학적 사실에 대한 의심이 결합할 때 어떤 일이 벌어지는지 한국 사회는 이미 경험한바 있었다. "뇌에 구멍이 뚫린다."라는 자극적인 이미지가 과학적 근거를 압도했던 것처럼, 이번에는 "전자파가 몸을 망가뜨린다."라는 공포가 안보의 필요성을 가려버렸다.

∴ 불확실성이 만든 공포의 씨앗

사드 전자파 괴담이 이토록 빠르게 확산할 수 있었던 것은 사람들의 심리적 토양이 이미 준비되어 있었기 때문이다. 전자파라는 눈에 보이지 않는 존재에 대한 막연한 불안감은 현대인들이 공통적으로 가지고 있는 감정이다. 휴대폰 전자파, 전자레인지 전자파 등에 대한 우려는 이미 일상생활 속에 스며들어 있었다.

심리학에서 말하는 가용성 휴리스틱이 작동한 것이다. 사람들은 전자파의 구체적인 원리나 위험 수준을 모르는 상태에서, 언론이나 인터넷을 통해 접한 자극적인 정보를 바탕으로 판단을 내렸다. '전자파는 위험하다.'라는 단순한 연상이 '사드 전자파도 위험할 것이다.'라는 결론으로 이어진 것이다.

또한 확증편향도 중요한 역할을 했다. 이미 정부나 미국에 대해 불신을 가진 사람들은 사드의 위험성을 뒷받침하는 정보만을 선택적으로 받아들였다. 반대로 안전성을 입증하는 과학적 데이터는 "정부의 거짓말." 또는 "미국이 숨기는 진실."이라며 의심했다.

◆ 서로 다른 목적, 하나의 구호

사드 전자파 위험 선동에는 다양한 주체들이 각기 다른 목적을 가지고 참여했다. 이들의 이해관계는 서로 달랐지만, '전자파는 위험하다.'라는 하나의 메시지로 수렴되면서 강력한 선동의 힘을 발휘했다.

∴ 지역 주민들

가장 먼저 목소리를 낸 것은 사드가 배치되는 성주군과 김천시 주민들이었다. 이들의 반대는 무엇보다 생계에 대한 현실적인 걱정에서 출발했다. 성주군은 전국 참외 생산량의 절반 이상을 담당하는 대표적인 농업 지역이다. 수십 년간 참외 농사로 생계를 이어온 농민들에게 "전자파 때문에 농작물이 오염된다."라는 소문은 생존권과 직결된 문제였다.

이들의 우려는 순수했다. 과학적 근거가 부족하더라도, 가족의 건강과 생계를 지키고 싶은 마음은 진실했다. "우리가 뭘 잘못했다고 이런 위험한 걸 우리 동네에 가져다 놓느냐?!"라는 절규는 단순한 반대를 넘어선 절망감의 표현이었다.

문제는 이러한 순수한 우려가 외부 세력에 의해 정치적으로 이용되기 시작했다는 점이다. 지역 주민들의 생존권 투쟁이 반미 투쟁이나 정권 반대 운동과 결합하면서, 본래의 의미가 변질되었다.

∴ 시민 사회단체

전국에서 다양한 시민 사회단체들이 반사드 운동에 합류했다. 이들 중 일부는 오랫동안 평화 운동이나 반핵 운동을 해온 단체들이었다. 이들에게 사드는 단순한 방어 무기가 아니라 한반도를 군사적 긴장 상태로 몰아넣는 위험한 장치로 인식되었다.

특히 "사드가 북한을 자극해서 오히려 전쟁 위험을 높인다."라는 논리와 "전자파가 주민들을 해친다."라는 주장이 결합하면서, 평화와 건강이라는 두 가지 가치를 모두 위협하는 존재로 사드를 규정했다. 이는 대중들에게 강력한 호소력을 가졌다.

하지만 이들의 주장에는 논리적 모순이 있었다. 북한의 핵미사일 위협에 대해서는 상대적으로 관대하면서, 그로부터 우리를 보호하려는 방어 시설에 대해서는 극도로 비판적이었다. 이는 이념적 편향이 과학적 판단을 가렸음을 시사한다.

∴ 야당 정치인들

당시 야당이었던 더불어민주당을 비롯한 진보 진영 정치인들도 사드 반대에 적극적으로 나섰다. 이들에게 사드 문제는 박근혜 정부를 공격할 수 있는 좋은 소재였다. "국민과의 충분한 협의 없이 일방적으로 결정했다", "주민들의 건강권을 무시했다."라는 비판은 정부의 독선과 무능함을 부각시키는 데 효과적이었다.

또한 한미 동맹에 대한 근본적인 재검토와 중국과의 관계 개선이라는 더 큰 외교적 목표와도 연결되어 있었다. 사드 배치 반대는 단순히 특정 무기체계에 대한 반대가 아니라, 한국의 외교 방향에 대한 근본적인 문제 제기였던 것이다.

정치인들의 이런 입장은 어느 정도 이해할 수 있다. 야당으로서 정부 정책을 견제하고 대안을 제시하는 것은 당연한 역할이다. 하지만 문제는 과학적 근거가 부족한 전자파 위험론을 정치적 목적을 위해 적극 활용했다는 점이다. 이는 결과적으로 국민을 잘못된 정보에 노출시키고, 합리적 판단을 방해하는 결과를 낳았다.

∴ 중국의 간접적 영향

중국은 직접적으로 한국 내 전자파 괴담 유포에 개입하지는 않았지만, 간접적으로 큰 영향을 미쳤다. 중국의 관영 언론들은 사드 레이더의 위험성을 과장하는 보도를 지속적으로 내보냈다. 이런 보도들이 한국 언론에 재인용되면서 괴담 확산에 일조했다.

더 중요한 것은 중국의 경제 보복이 만들어낸 심리적 압박이었다. "사드 때문에 중국과 관계가 나빠져서 경제적 손실이 크다."라는 인식이 확산하면서, 사드 자체에 대한 부정적 감정이 강화되었다. 이는 전자파 위험론에 대한 수용성을 높이는 토양이 되었다.

중국의 이런 전략은 매우 교묘했다. 직접적으로 한국 내정에 개입한다는 비판을 받지 않으면서도, 경제적 압박과 정보 조작을 통해 한국 내 여론을 자신들이 원하는 방향으로 유도했던 것이다.

∴ 일부 언론의 역할

언론의 역할도 간과할 수 없다. 특히 진보 성향의 일부 언론들은 정부 정책에 비판적인 입장에서 사드 문제를 다뤘다. 이 과정에서 전자파 위험에 대한 일방적인 정보나 검증되지 않은 해외 사례들이 무비판적으로 보도되었다.

더 큰 문제는 선정적인 제목과 자극적인 내용으로 독자들의 관심을 끌려는 클릭베이트 저널리즘이었다. "사드 전자파, 정말 안전한가?", "숨겨진 위험, 사드의 진실." 같은 제목들은 마치 정부가 뭔가를 숨기고 있다는 의혹을 부추겼다.

언론이 과학적 사실보다는 논란의 양면을 동등하게 다루는 거짓 균형 보도를 했다는 점도 문제였다. 압도적인 과학적 증거가 안전성을 뒷받침하고 있음에도, 마치 찬반 논란이 팽팽한 것처럼 보도함으로써 대중들에게 혼란을 가중시켰다.

◆ 과학을 압도하는 감정의 힘

사드 전자파 위험 선동이 이토록 성공적일 수 있었던 것은 정교하고 체계적인 심리적 조작 기법들이 동원되었기 때문이다. 선동 세력들은 인간의 인지적 편향과 감정적 취약성을 정확히 파악하고 이를 전략적으로 활용했다.

∴ 구체적 공포 이미지를 통한 감정 조작

가장 강력한 무기는 구체적이고 생생한 공포 이미지였다. "사드 레이더에서 나오는 전자파로 참외 농사를 못 짓게 된다", "사드 기지 인근 주민은 암에 걸리고 불임이 된다."라는 주장은 추상적인 통계나 수치보다 훨씬 강한 인상을 남겼다.

이는 심리학에서 말하는 생생함 효과를 적극 활용한 것이다. 사람들은 복잡한 과학적 데이터보다는 쉽게 상상할 수 있는 구체적 이미지에 더 강하게 반응한다. '전자파 참외'라는 표현은 성주 지역 농민들의 생계에 대한 걱정을 극대화시키는 데 매우 효과적이었다.

특히 광우병 사태에서 '뇌에 구멍이 뚫린다.'라는 이미지가 강력한 공포를 조성했던 경험이 그대로 재현되었다. 복잡한 과학적 설명보다는 단순하고 충격적인 이미지 하나가 여론을 좌우하는 현실을 보여준 것이다.

∴ 권위의 선택적 인용과 왜곡

선동 세력들은 권위 있는 전문가나 기관의 발언을 교묘하게 왜곡해서 자신들의 주장을 뒷받침하는 근거로 활용했다. 일부 의사나 과학자가 발언한 내용 중 일부분만을 발췌하거나, 전혀 다른 맥락의 발언을 사드 문제에 적용하는 방식이었다.

해외의 다른 고출력 레이더 사례도 마찬가지였다. 전혀 다른 조건과 환경에서 발생한 사건들을 사드 레이더에 그대로 적용하여 위험성을 과장했다. 이는 일반인들이 전문적인 내용을 검증하기 어렵다는 점을 악용한 것이다.

반면 정부와 국내외 과학자들이 제시하는 안전성 검증 결과는 '정부의 은폐' 또는 '미국의 압력에 의한 조작'이라며 일방적으로 부정했다. 이런 식으로 자신들에게 유리한 정보만 선택적으로 받아들이고, 불리한 정보는 음모론으로 치부하는 확증편향이 극명하게 드러났다.

∴ 감성적 호소와 피해자 프레임의 구축

사드 배치 지역 주민들, 특히 노인이나 여성들이 반대 시위 현장에서 눈물을 흘리거나 절규하는 모습은 대중들의 감성적 공감을 자아내는 데 매우 효과적이었다. 이들은 '국가 안보라는 거대한 논리에 희생되는 무고한 피해자'라는 프레임 속에서 비과학적 주장을 전달하는 상징적 존재가 되었다.

"우리 마을을 지키자", "내 몸과 가족을 지키자."라는 구호는 누구나 공감할 수 있는 보편적 가치에 호소했다. 복잡한 안보 논리보다는 단순하고 직관적인 생존 본능에 호소한 것이다. 이는 프레이밍 효과의 전형적인 사례로, 같은 사안을 '국가 안보'가 아닌 '주민 건강권'의 관점에서 바라보도록 유도했다.

특히 "정부가 국민을 실험용 쥐로 취급한다."라는 식의 표현은 정부에 대한 분노와 불신을 극대화시켰다. 이는 합리적 토론을 가로막고 감성적 대립을 부추기는 결과를 낳았다.

∴ 온라인 공간의 전략적 활용

인터넷 카페, 블로그, 유튜브, SNS 등 다양한 온라인 플랫폼이 선동의 주요 무대가 되었다. 이런 공간에서는 검증되지 않은 정보라도 빠르게 확산할 수 있고, 익명성 때문에 책임 추궁도 어렵다.

특히 같은 생각을 하는 사람들끼리 모인 온라인 커뮤니티에서는 에코 챔버 효과가 두드러졌다. 전자파 위험에 대한 공포가 계속 증폭되고 재생산되면서, 점점 더 극단적인 주장들이 등장했다. "사드 때문에 한반도가 불바다가 된다", "미국이 한국인을 대상으로 생체실험을 한다."라는 식의 음모론까지 나타났다.

소셜미디어의 알고리즘도 문제를 악화시켰다. 사용자의 관심사에 맞는 정보만 제공하는 필터 버블 현상으로 인해, 사람들은 자신의 기존 믿음을 강화하는 정보만 접하게 되었다. 이는 극화 현상을 가속화하는 결과를 낳았다.

∴ 기존 불신을 활용한 프레임 전환

가장 교묘한 수법은 과거 사건에서 형성된 불신을 그대로 가져와서 새로운 사안에 적용하는 것이었다. 광우병 사태를 통해 형성된 '정부는 국민을 속인다.'라는 인식을 사드 문제에도 그대로 적용했다.

"또 정부가 국민의 생명을 담보로 위험한 결정을 내리고 있다", "전문가들이 또 정부 편을 들고 있다."라는 주장은 과거의 학습된 불신을 재활용한 것이다. 이는 인지적 일관성 원리를 악용한 전략으로, 사람들에게 새로운 정보를 객적으로 판단하지 못하게 만들었다.

이런 방식으로 사드 문제는 과학적 사실 검증의 영역에서 벗어나 감정과 불신의 영역으로 이동했다. 합리적 토론은 불가능해지고, 진영 논리에 따른 대립만 남게 되었다.

◆ 언론 보도 사례로 본 선동의 확산 과정

사드 전자파 괴담이 어떻게 시작되어 확산하고 최종적으로 진실이 밝혀지는지를 언론 보도를 통해 추적해 보면, 현대 사회에서 거짓 정보가 어떤 생명력을 가지는지 적나라하게 드러난다.

∴ 2016년 7월: 괴담의 발화점

사드 배치 지역이 성주로 확정 발표되자마자, 언론에는 전자파와 관련된 각종 추측성 기사가 쏟아지기 시작했다. 식품음료신문의 보도를 보면 당시 상황이 생생하게 드러난다. "사드 레이더에서 나오는 '전자파' 논란이 촉발되면서 전자파에 대한 각종 루머와 소문이 수면 위로 떠오르고 있다."라며, "'사드 레이더에서 내뿜는 전자파가 불임과 암을 유발한다', '전자파가 원전 오작동을 일으킨다'는 말부터 '전자파 참외' 우려까지 나온다."라고 보도했다.

이 시기의 언론 보도는 매우 문제가 많았다. 기자들은 괴담의 내용을 그대로 전달하면서도, 이에 대한 과학적 검증이나 반박 자료를 충분히 제시하지 않았다. 오히려 '논란이 일고 있다.'라는 식으로 표현함으로써 마치 정당한 우려인 것처럼 포장했다.

특히 '전자파 참외'라는 표현은 이 시기에 등장해서 강력한 상징이 되었다. 성주 참외가 마치 방사능에 오염된 농산물처럼 인식되기 시작한 것이다. 온라인에서는 "전자파 먹고 자란 참외 사세요."라는 조롱 섞인 댓글들이 퍼져나갔고, 이는 수십 년간 참외 농사로 생계를 이어온 농민들에게 치명적인 타격이었다.

언론이 이 괴담들을 단순히 '제기되고 있는 우려'로 다루면서, 의도치 않게 괴담 확산의 통로 역할을 했다는 점은 매우 심각한 문제였다. 과학적 근거가 전무한 주장들이 마치 검토할 가치가 있는 의견인 것처럼 포장되었다.

∴ 2016~2017년: 정부의 반박과 깊어지는 불신의 골

정부는 과학적 데이터를 무기로 괴담에 맞섰다. 국방부는 사드보다 훨씬 강한 전자파를 방출하는 그린파인 레이더의 측정 결과를 공개했다. 전방 30미터 지점에서 측정된 전자파가 안전 기준치의 겨우 4%에 불과하다는 것이었다. 이는 사드 레이더의 안전성을 입증하는 강력한 근거였다.

하지만 이미 형성된 불신의 벽은 쉽게 무너지지 않았다. 정부가 아무리 과학적 데이터를 제시해도 "정부 발표를 믿을 수 없다", "미국이 압력을 넣어서 조작된 것이다."라는 반응만 돌아왔다. 심지어 해외 전문가들의 안전성 평가마저 "미국의 로비를 받은 결과"라며 의심받았다.

이 시기의 언론 보도를 보면 정부와 시민들 사이의 소통 부재가 얼마나 심각했는지 알 수 있다. 정부는 기술적 데이터와 수치만 나열했을 뿐, 일반인들이 이해할 수 있는 쉬운 설명이나 비유는 부족했다. 반면 괴담 유포자들은 "우리 아이들의 건강", "농민들의 생존권." 같은 감성적 호소로 대중의 마음을 사로잡았다.

특히 문제가 된 것은 정부가 일방적인 정보 제공에만 그쳤다는 점이다. 주민들의 우려와 질문에 대해 충분히 들어주고 답변하는 대화의 과정이 부족했다. 이는 "정부가 뭔가 숨기고 있다."라는 의혹만 키우는 결과를 낳았다.

∴ 2017~2022년: 지속되는 갈등과 분열

사드가 실제로 배치된 이후에도 갈등은 계속되었다. 매일 아침 사드 기지 앞에서 벌어지는 시위는 일종의 의례가 되었다. 찬성 주민과 반대 주민 사이의 갈등은 더욱 심화되어 마을 공동체 자체가 분열되는 지경에 이르렀다.

이 시기 언론 보도를 보면, 처음에는 뜨겁게 달아올랐던 관심이 점차 식어가는 것을 알 수 있다. 전자파 위험에 대한 극적인 뉴스거리가 더 이상 나오지 않자, 언론의 관심도 다른 곳으로 옮겨갔다. 하지만 지역에서는 여전히 갈등이 지속되었고, 주민들의 피로감은 누적되었다.

특히 주목할 점은 시간이 지나면서 실제로 전자파로 인한 피해 사례가 전혀 보고되지 않았다는 것이다. 사드 기지 주변 주민들에게서 암 발생률이 높아진다거나, 농작물에 이상이 생긴다거나 하는 일은 전혀 일어나지 않았다. 오히려 성주 참외는 품질과 생산량 면에서 예년과 다를 바 없는 성과를 보였다.

하지만 이런 현실적 증거들도 괴담을 믿는 사람들의 생각을 바꾸지는 못했다. "아직 시간이 얼마 안 지나서 그렇다", "정부가 숨기고 있다."라는 식의 반응이 주를 이뤘다. 이는 한번 형성된 믿음이 얼마나 바꾸기 어려운지를 보여주는 사례였다.

∴ 2023년 6월: 6년 만에 확인된 진실

드디어 2023년 6월, 환경부가 공식적으로 사드 전자파의 안전성을 최종 확인했다. VOA 뉴스의 보도에 따르면, "환경부는 21일 관계 전문 기관과 함께 전자파 영향을 종합 검토한 결과 전자파 측정값이 인체 보호 기준의 0.189% 수준으로 인체와 주변 환경에 미치는 영향이 미미하다."라고 발표했다.

0.189%라는 수치는 매우 의미심장하다. 이는 안전 기준치의 200분의 1도 안 되는 미미한 수준이다. 일상생활에서 사용하는 전자레인지나 휴대폰에서 나오는 전자파보다도 훨씬 약한 수준이었던 것이다. 당시 야당의 일부 정치인들은 "내 몸이 사드 전자파에 튀겨진다."라며 근거 없는 주장을 바탕으로 한 괴담송을 퍼뜨렸으나, 결과적으로는 사드 포대에서 사용되는 기기의 전자파는 우리가 일상생활에서 흔히 쓰는 전자기기들과 별반 차이가 없었다.

하지만 6년간 지속된 괴담의 여파는 여전했다. 환경부의 발표에도 불구하고 여전히 일부 주민들과 반대 단체들은 못 믿겠다는 반응을 보였다. 이는 과학적 사실보다는 기존에 믿음과 감정이 얼마나 강력한지를 보여주는 대목이었다.

특히 주목할 점은 이 발표가 나온 시점이다. 사드 배치 결정이 내려진 지 7년, 실제 배치가 완료된 지 6년이 지난 후에야 정부가 공식적으로 안전성을 확인한 것이다. 이는 정부의 대응이 얼마나 늦고 소극적이었는지를 보여준다.

∴ 성주 참외의 부활: 시장이 증명한 안전성

아이러니하게도 가장 확실한 안전성의 증거는 시장에서 나타났다. 한때 '전자파 참외'라는 오명을 쓰며 기를 못 펴던 성주 참외가 최근 들어 오히려 최고 매출 기록을 갈아치우고 있다는 것이다.

이는 시간이 지나면서 소비자들이 괴담의 허위성을 스스로 깨닫기 시작했음을 의미한다. 실제로 성주 참외를 먹어도 아무런 문제가 없다는 것을 경험을 통해 확인한 것이다. 또한 성주 농민들의 끊임없는 노력과 품질 개선도 한몫했다.

이는 매우 중요한 교훈을 준다. 거짓 정보는 일시적으로 큰 파장을 일으킬 수 있지만, 결국은 현실 앞에서 무너질 수밖에 없다는 것이다. 하지만 그 과정에서 치러야 하는 사회적 비용은 너무나 많이 들었다.

◆ 치유하기 어려운 상처들

사드 전자파 위험 선동이 남긴 상처는 단순히 개인적 차원을 넘어 사회 전체에 깊은 흔적을 남겼다. 이 선동이 가져온 파급효과를 냉정하게 분석해 보면, 우리 사회가 얼마나 취약한 상태에 있었는지 그리고 선동이 가진 파괴력이 얼마나 무서운지를 깨달을 수 있다.

∴ 국가 안보 체계의 일시적 마비

가장 심각한 문제는 국가 안보에 생긴 공백이었다. 사드 배치가 지연되는 동안 북한은 계속해서 핵실험과 미사일 발사를 반복했다. 2017년에만 북한은 6차 핵실험을 강행하고 화성-15형 대륙간탄도미사일 시험 발사에 성공했다고 발표했다. 한반도를 넘어 미국 본토까지 위협할 수 있는 능력을 과시한 것이다.

이런 절박한 상황에서 우리나라는 내부 갈등으로 인해 제대로 된 대응을 하지 못했다. 북한의 실질적이고 현존하는 위협보다는 가상의 전자파 위험이 더 큰 관심을 받았다는 것은 매우 아이러니한 일이었다. 실제로 우리를 죽일 수 있는 핵미사일은 무시하면서, 전혀 해롭지 않은 전자파를 두려워한 셈이었다.

당시에 배치된 사드 레이더는 북한의 화성-12형을 탐지하였는데, 이는 사드 포대가 대한민국의 안보에 도움이 되었다는 것을 여실히 증명한 것이다.

국제사회에서 바라보는 한국의 신뢰도에도 타격이 있었다. 미국을 비롯한 동맹국들은 한국의 정치적 불안정성과 일관성 없는 정책 결정 과정에 대해 우려를 표했다. 이는 장기적으로 한국의 외교적 영향력에 부정적 영향을 미칠 수 있는 요소였다.

∴ 지역 공동체의 해체와 사회적 자본의 파괴

성주와 김천 지역에서 벌어진 공동체 분열은 선동이 가진 파괴력을 가장 생생하게 보여주는 사례다. 몇십 년간 함께 살아온 이웃들이 사드 찬성파와 반대파로 나뉘어 서로를 적대시하게 되었다. 마을 회의는 격론의 장이 되었고, 때로는 물리적 충돌로까지 번졌다.

특히 고통스러운 것은 가족 간의 분열이었다. 같은 집안에서도 세대 간, 혹은 개인 간의 견해 차이로 인해 갈등이 생겼다. 명절이나 가족 모임에서도 사드 이야기만 나오면 분위기가 험악해지곤 했다. 이는 사회심리학에서 말하는 사회적 자본(Social Capital)의 심각한 훼손을 의미했다.

사회적 자본이란 공동체 구성원들 간의 신뢰, 협력, 연대감을 의미한다. 이는 한 사회가 제대로 기능하기 위한 필수적 요소다. 하지만 사드 논란을 통해 이런 사회적 자본이 크게 훼손되었고, 이를 회복하는 데는 상당한 시간이 걸릴 것으로 예상된다.

또한 외부에서 온 시민단체들과 지역 주민들 간의 미묘한 관계도 문제가 되었다. 처음에는 주민들의 권익을 보호한다는 명목으로 시작된 연대였지만, 시간이 지나면서 이해관계의 차이가 드러나기 시작했다. 외부 단체들은 자신들의 정치적 목적을 달성하면 떠나갔지만, 지역 주민들은 계속 그 자리에서 갈등의 후유증을 감내해야 했다.

∴ 경제적 피해와 기회비용의 확산

사드 전자파 괴담으로 인한 경제적 피해는 단순히 성주 참외 농가에만 국한되지 않았다. 지역 전체의 이미지 훼손으로 인해 관광업, 서비스업 등 다양한 분야에서 연쇄적인 피해가 발생했다.

성주군의 한 관광업체 사장은 당시 상황을 이렇게 회고했다. "사드 소식이 나온 후 관광객이 절반으로 줄었다. 전자파가 위험하다고 하니까 누가 여기 오려고 하겠나. 숙박업소들도 연쇄적으로 타격을 받았다."

참외 농가의 피해는 더욱 직접적이었다. 온라인에서 '전자파 참외'라는 조롱이 퍼지면서 소비자들이 성주 참외를 기피하기 시작했다. 가격이 하락하고 판매량이 줄어들면서, 평생 참외 농사로 생계를 이어온 농민들은 절망감에 빠졌다.

더 큰 문제는 브랜드 이미지의 손상이었다. 성주 참외는 오랜 시간에 걸쳐 축적된 품질과 신뢰를 바탕으로 한 브랜드였다. 하지만 괴담 하나로 인해 그 모든 것이 한순간에 무너질 위험에 처했다. 브랜드 가치를 회복하는 데는 피해를 보는 시간보다 훨씬 오래 걸린다는 것이 마케팅의 기본 원리다.

국가적 차원에서도 막대한 기회비용이 발생했다. 사드 논란에 대응하기 위해 정부가 투입한 행정력과 예산, 국회에서 소모된 시간과 에너지, 언론이 집중한 관심과 자원 등을 모두 합치면 천문학적인 규모였다. 이런 자원들이 더 생산적인 용도로 사용되었다면 사회 전체에 훨씬 큰 이익을 가져다주었을 것이다.

∴ 과학에 대한 불신과 반지성주의의 확산

사드 사태가 남긴 가장 우려스러운 유산 중 하나는 과학과 전문성에 대한 불신이 사회 전반으로 확산된 것이다. 아무리 명확한 과학적 증거를 제시해도 “정부가 조작한 것이다”, “전문가들이 돈을 받고 거짓말을 한다.”라는 반응이 나타났다.

이는 매우 위험한 현상이다. 과학적 사실에 대한 신뢰가 무너지면, 합리적인 정책 결정을 할 수 없다. 모든 것이 정치적 해석과 음모론의 대상이 되어버리기 때문이다. 이런 상황에서는 객관적 진실보다는 감정적 호소와 선동적 메시지가 더 큰 영향력을 가지게 된다.

특히 환경부가 2023년 최종적으로 사드 전자파 측정값이 인체보호 기준의 0.189% 수준이라고 발표했음에도, 여전히 ‘믿을 수 없다’는 반응을 보이는 사람들이 있다는 것은 심각한 문제다. 이는 과학적 방법론 자체에 대한 불신으로 이어질 수 있다.

이런 반지성주의적 경향은 다른 분야에도 악영향을 미칠 수 있다. 백신 접종, 원자력 발전, 유전자 변형 작물 등 과학적 논란이 될 수 있는 모든 이슈에서 비슷한 양상이 나타날 가능성이 높다. 실제로 코로나19 팬데믹 기간에도 백신에 대한 음모론과 가짜뉴스가 확산하였는데, 이는 사드 사태에서 나타난 패턴과 매우 유사했다.

∴ 언론의 신뢰도 하락과 정보 생태계의 혼란

언론에 대한 신뢰도 역시 크게 타격을 받았다. 진보 성향 언론은 정부 정책에 비판적인 입장에서 전자파 위험론을 적극 보도했고, 보수 성향 언론은 정부 입장을 옹호하는 보도를 했다. 이 과정에서 객관적 사실보다는 정치적 성향이 보도 내용을 좌우한다는 인식이 확산되었다.

더 큰 문제는 선정적이고 자극적인 내용이 클릭과 조회수를 끌어들이는 데 효과적이라는 것이 확인되면서, 언론사들이 검증되지 않은 정보라도 일단 보도하고 보는 경향이 강화되었다는 점이다. “사드 전자파, 정말 안전한가?”라는 식의 의혹 제기 형태의 제목들이 난무했다.

이런 보도 행태는 결과적으로 대중들을 혼란에 빠뜨렸다. 어떤 정보를 믿어야 할지 모르겠다는 회의감이 확산되었고, 이는 건전한 공론장의 형성을 방해하는 요인이 되었다.

온라인 공간에서는 더욱 심각한 문제가 발생했다. 검증되지 않은 정보들이 빠른 속도로 확산하였고, 팩트 체킹이나 반박보다는 자극적인 내용이 더 많은 관심을 받았다. 이는 정보의 질보다는 전파력이 중요해지는 왜곡된 정보 생태계를 만들어냈다.

∴ 민주주의 제도에 대한 도전

사드 사태는 민주주의 제도 자체에 대한 근본적 질문을 제기했다. 전문적이고 복잡한 안보 정책을 일반 시민들의 직접적인 의사 결정에 맡기는 것이 과연 바람직한가라는 문제였다.

한편으로는 중요한 정책 결정에 대해 충분한 국민적 합의를 거쳐야 한다는 민주적 원칙이 있다. 하지만 다른 한편으로는 과학적 전문성과 국가 안보라는 특수성을 고려해야 한다는 현실적 요구가 있다. 이 두 가지 요구 사이에서 균형을 찾는 것이 현대 민주주의의 중요한 과제임이 드러났다.

특히 온라인 플랫폼의 발달로 인해 소수의 목소리도 쉽게 증폭될 수 있게 되면서, 실제 여론과 온라인상의 목소리 사이에 괴리가 생길 수 있다는 문제도 제기되었다. 가장 목소리가 큰 사람들이 다수를 대표하는 것처럼 보이는 착시 현상이 발생할 수 있는 것이다.

◆ 국제적 맥락에서 본 선동의 패턴

사드 전자파 선동은 한국만의 독특한 현상이 아니다. 세계 곳곳에서 비슷한 패턴의 과학 공포 선동이 반복적으로 나타나고 있다. 이런 국제적 사례들을 비교 분석해 보면, 선동의 보편적 메커니즘을 더 잘 이해할 수 있다.

∴ 독일의 탈핵 선동: 감정이 이성을 압도한 사례

독일의 탈핵 결정은 사드 사태와 매우 유사한 패턴을 보여준다. 2011년 후쿠시마 원전 사고가 발생하자, 독일 전역에서 반핵 감정이 폭발했다. 메르켈 정부는 여론의 압력을 견디지 못하고 2022년까지 모든 원전을 폐쇄하겠다고 발표했다.

하지만 이 결정은 과학적 근거보다는 감정적 반응에 기초한 것이었다. 독일의 원전은 후쿠시마와는 전혀 다른 기술과 안전 시스템을 갖추고 있었고, 지진이나 쓰나미 같은 자연재해의 위험도 거의 없었다. 객관적으로 보면 독일 원전의 안전성에는 문제가 없었다.

하지만 '방사능 공포'라는 감정적 프레임이 모든 이성적 판단을 압도했다. 원전의 경제적 효율성, 온실가스 감축 효과, 에너지 안보 등의 합리적 고려 사항들은 모두 부차적인 문제로 밀려났다. 결국 독일은 원전을 대체하기 위해 석탄 발전을 늘려야 했고, 이는 오히려 환경에 더 악영향을 미치는 결과를 낳았다.

독일 사례에서 주목할 점은 언론의 역할이다. 후쿠시마 사고 직후 독일 언론들은 연일 원전의 위험성을 강조하는 보도를 쏟아냈다. 감정적이고 선정적인 이미지들이 반복적으로 방송되면서, 독일 국민의 원전에 대한 공포는 극도로 증폭되었다.

∴ 미국의 GMO 공포: 과학 vs 마케팅의 대결

미국에서 벌어진 유전자변형식품(GMO)에 대한 논란도 사드 사태와 유사한 양상을 보였다. '프랑켄슈타인 푸드'라는 자극적인 표현이 등장하면서, GMO에 대한 막연한 공포가 확산하기 시작했다.

과학적으로는 현재까지 승인된 GMO 식품이 인체에 해롭다는 증거는 발견되지 않았다. 미국 식품의약국(FDA), 세계보건기구(WHO), 유럽식품안전청(EFSA) 등 모든 주요 규제기관이 GMO의 안전성을 확인했다. 하지만 이런 과학적 근거는 "거대 기업의 로비를 받은 결과."라며 의심받았다.

흥미로운 것은 GMO 반대 운동에서도 '아이들의 건강'이라는 프레임이 핵심적으로 활용되었다는 점이다. "우리 아이들을 실험용 쥐로 만들 수 없다."라는 구호는 부모들의 감정을 강력하게 자극했다. 이는 사드 사태에서 "우리 아이들이 전자파에 노출될 수 없다."라는 주장과 정확히 동일한 패턴이었다.

결과적으로 많은 식품회사들이 'Non-GMO' 라벨을 붙이기 시작했고, 이는 마치 GMO가 위험한 것처럼 인식시키는 역효과를 낳았다. 과학적 근거 없는 공포가 시장에서 경제적 가치를 갖게 된 것이다.

∴ 영국의 MMR 백신 사기: 가짜 연구가 낳은 참사

영국에서 벌어진 MMR(홍역-볼거리-풍진) 백신 논란은 선동이 어떻게 공중보건에 치명적 결과를 낳을 수 있는지 보여주는 극단적 사례다.

1998년 영국의 의사 앤드류 웨이크필드가 MMR 백신이 자폐증을 유발한다는 연구 결과를 발표했다. 이 연구는 매우 제한적인 샘플(12명)을 대상으로 한 것이었고, 방법론적으로도 심각한 문제가 있었다. 하지만 언론은 이 연구를 대대적으로 보도했고,

부모들 사이에서 백신에 대한 공포가 확산하기 시작했다.

결과는 참혹했다. 백신 접종률이 급격히 떨어지면서 홍역 발생률이 크게 증가했다. 수많은 아이가 예방할 수 있는 질병으로 고통받았고, 일부는 목숨을 잃기도 했다.

더욱 충격적인 것은 나중에 웨이크필드의 연구가 완전한 사기였다는 것이 밝혀진 점이다. 그는 대체 백신을 개발하려는 기업으로부터 돈을 받고 의도적으로 데이터를 조작한 것이었다. 2010년 그의 의사 면허는 박탈되었고, 해당 연구 논문도 철회되었다.

하지만 이미 퍼진 불신을 회복하는 데는 수십 년이 걸렸다. 아직도 일부 부모들은 MMR 백신을 의심하고 있으며, 이는 지속적인 공중보건 위협이 되고 있다.

∴ 공통적 패턴의 발견

이런 국제적 사례들을 분석해 보면 몇 가지 공통적인 패턴을 발견할 수 있다.

첫째, 모든 경우에서 과학적 소수 의견이 대중 매체를 통해 과도하게 증폭되었다. 압도적 다수의 과학자가 안전하다고 판단한 사안이라도, 소수의 반대 의견이 '논란'으로 포장되면서 마치 과학계 내부에 심각한 의견 대립이 있는 것처럼 왜곡되었다.

둘째, 모든 사례에서 '아이들의 건강'이라는 감정적 프레임이 핵심적으로 활용되었다. 이는 부모들의 보호 본능을 자극하는 가장 효과적인 방법이기 때문이다.

셋째, 기존 권위에 대한 불신이 선동의 토양이 되었다. 정부, 기업, 주류 과학자들에 대한 불신이 클수록 음모론적 설명이 더 쉽게 받아들여졌다.

넷째, 인터넷과 소셜미디어가 선동 확산의 주요 통로 역할을 했다. 기존 언론의 게이트키핑 기능이 약화하면서, 검증되지 않은 정보도 빠르게 전파될 수 있게 되었다.

다섯째, 경제적 이해관계가 선동의 배후에 있는 경우가 많았다. GMO 반대 운동의 경우 유기농 업체들이, MMR 백신 논란의 경우 대체 백신 개발업체가 배후에 있었다.

◆ 이성과 감정의 균형을 찾아서

사드 전자파 위험 선동은 21세기 정보사회의 어두운 단면을 적나라하게 보여준 사건이었다. 북한의 핵 위협이라는 명백하고 현존하는 위험보다, 과학적 근거가 전무한 전자파 위험이 더 큰 사회적 관심을 받았다는 것은 충격적이었다. 이는 현대 사회에서 진실보다는 감정이, 사실보다는 믿음이 얼마나 강력한 힘을 가질 수 있는지를 보여주었다.

∴ 선동의 완벽한 레시피

이 사건을 통해 우리는 선동이 성공하기 위한 조건들을 명확히 확인할 수 있었다. 불확실성과 불안감이 팽배한 상황, 기존 권위에 대한 불신, 복잡한 과학적 사실을 이해하기 어려운 일반인들의 한계, 감정적 호소의 강력함 그리고 이 모든 것을 증폭시키는 디지털 매체의 존재. 이런 요소들이 결합하였을 때 거짓 정보도 진실을 압도할 수 있다는 것을 목격했다.

특히 '아이들의 건강'이라는 프레임이 가진 파괴적 힘은 놀라웠다. 부모로서의 보호 본능을 자극하는 이 메시지 앞에서는 그 어떤 과학적 근거도 무력해졌다. 이는 인간이 여전히 감정적이고 직관적인 존재라는 것을 보여준다.

∴ 사회적 비용의 크기

선동이 치른 대가는 어마어마했다. 국가 안보 공백, 지역사회 분열, 막대한 경제적 손실, 과학에 대한 불신 확산 그리고 민주주의 토론 문화의 후퇴까지. 이 모든 비용을 합치면 사드 배치 자체보다 훨씬 큰 사회적 손실이었다.

특히 주목해야 할 것은 시간의 비가역성이다. 6년간 지속된 갈등으로 인해 파괴된 신뢰와 관계는 하루아침에 회복되지 않는다. 성주 지역의 공동체 분열, 과학자들에 대한 불신, 정부 정책에 대한 냉소주의는 앞으로도 오랫동안 우리 사회에 남아있을 것이다.

더 우려스러운 것은 이런 선동의 성공 사례가 앞으로 비슷한 시도들을 부추길 수 있다는 점이다. "전자파 공포로도 사회를 이렇게 흔들 수 있구나?"라는 학습 효과가 생긴 것이다.

∴ 진실의 지연된 승리

다행스러운 것은 결국 진실이 승리했다는 점이다. 환경부의 공식 발표를 통해 사드 전자파가 안전 기준치의 0.189% 수준에 불과하다는 것이 확인되었고, 성주 참외도 시장에서 다시 인정받고 있다. 하지만 이 승리는 너무 늦었고, 그 과정에서 치른 대가는 너무 컸다.

이는 중요한 교훈을 준다. 거짓 정보는 일시적으로 큰 파장을 일으킬 수 있지만, 장기적으로는 현실 앞에서 무너질 수밖에 없다는 것이다. 하지만 그 과정에서 발생하는 사회적 비용을 최소화하는 것이 우리의 과제다.

참고문헌

1. 환경부·국방부. (2023. 6. 21.). 성주 사드 기지 환경영향평가서 협의 완료.
2. VOA 뉴스. (2023. 6. 22.). 사드 전자파 '6년 괴담' 종료… '인프라 건설' 본격화.
3. MBC 뉴스. (2023. 6. 21.). 정부 '사드 전자파 인체 영향 미미.' 반대 단체 '측정값 신뢰할 수 없어'.
4. 한국경제. (2023. 6. 21.). 전자파 0.19%…인체 무해 사드 괴담 6년 만에 벗었다.
5. 경향신문. (2023. 6. 21.). '사드 전자파 무해'…주민들 '졸속 평가.'
6. 국방부. (2016. 7. 13.). 한미, 주한미군 사드 배치 부지 발표.
7. 대한민국의 사드 배치 논란. 위키백과.
8. 뉴스타파. (2016. 7. 22.). 누구를 위한 사드인가.

X. 천안함 폭침 의혹 선동

이승규(단국대 정치외교학과 21학번)

◆ 어둠 속에 가려진 46명의 희생

2010년 3월 26일 밤 9시 22분, 서해의 차가운 바다 위에서 비극이 일어났다. 백령도 남서쪽 1.8해리 지점에서 대한민국 해군의 PCC-772 천안함이 순간의 섬광과 함께 두 동강 나며 침몰했다. 1,200톤급 고속정이 단 몇 분 만에 바닷속으로 사라지면서, 46명의 젊은 장병들이 꽃다운 생을 마감했다.

이 사건은 단순한 군사적 도발을 넘어선 국가적 비극이었다. 하지만 더 큰 비극은 그 이후에 시작되었다. 합동조사단이 2개월간의 과학적 조사를 통해 '북한의 어뢰 공격'이라는 결론을 내리자마자, 한국 사회는 전례 없는 진실 공방의 소용돌이에 휘말렸다. 과학적 증거와 전문가들의 분석은 의심의 대상이 되었고, 다양한 의혹과 음모론이 거대한 파도처럼 사회 전체를 덮쳤다.

국가의 공식 조사 결과가 발표된 순간부터, 우리 사회는 두 개의 평행선을 달리는 세계로 분열되었다. 한쪽에서는 합동조사단의 과학적 분석을 신뢰하며 북한의 도발에 단호히 대응해야 한다고 주장했고, 다른 한쪽에서는 정부의 발표 자체가 의심스럽다며 '진실 규명'을 외쳤다. 그 사이에서 46명 장병의 죽음은 점점 정치적 논쟁의 소재가 되어갔다.

이 책에서 다루고자 하는 것은 바로 이 지점이다. 천안함 폭침이라는 명백한 안보 사건이 어떻게 의혹과 선동의 대상이 되었는가? 어떤 세력들이 어떤 목적으로 이러한 선동에 가담했는가? 그리고 그 결과 우리 사회는 어떤 상처를 입게 되었는가? 이는 단순히 하나의 사건에 대한 분석을 넘어서, 현대 민주주의 사회에서 선동이 어떤 메커니즘으로 작동하는지를 보여주는 중요한 사례 연구이기도 하다.

◆ 이념 갈등의 깊은 골

∴ 정치적 배경과 정권 교체의 갈등

천안함 사건이 발생한 2010년은 한국 정치사에서 특별한 의미를 갖는 시점이었다. 이명박 정부 집권 2년 차로, 10년간 이어진 진보 정권에서 보수 정권으로의 급격한 전환이 이루어진 후였다. 이명박 대통령은 '비핵·개방·3000' 구상을 내세우며 북한에 대한 강경 기조를 천명했는데, 이는 김대중-노무현 정부의 '햇볕정책'과는 정반대의 접근법이었다.

이러한 급격한 정책 변화는 사회 구성원들 사이에서 심각한 혼란을 초래했다. 심리학자 레온 페스팅거가 제시한 인지 부조화 이론으로 설명하면, 사람들은 자신이 오랫동안 믿어왔던 신념과 상반되는 정보에 직면했을 때 극심한 심리적 불편함을 느낀다. 지난 10년간 대북 화해 정책에 익숙해진 상당수 국민에게, 북한을 다시 적으로 규정하고 강경하게 대응하자는 새 정부의 방침은 받아들이기 어려운 것이었다.

이런 상황에서 사람들은 두 가지 방향으로 반응한다. 하나는 새로운 정보를 받아들여 기존 신념을 수정하는 것이고, 다른 하나는 새로운 정보를 거부하며 기존 신념을 더욱 강화하는 것이다. 안타깝게도 천안함 사건은 후자의 토양 위에서 발생했다. 이미 정부에 대한 불신이 깊어진 상황에서, 정부의 어떤 발표도 의심의 눈초리로 바라보는 분위기가 형성되어 있었던 것이다.

∴ 사회적 불신의 누적

2008년부터 2009년까지 이어진 일련의 사건들은 정부와 국민 사이의 신뢰 관계에 깊은 균열을 만들어냈다. 미국산 쇠고기 수입을 둘러싼 광우병 파동은 전국을 뒤덮은 촛불 시위로 이어졌고, 2009년 용산 참사는 정부의 강제 진압에 대한 거센 비판을 불러일으켰다. 이러한 사건들을 거치면서 상당수 시민 사이에서는 '정부는 국민을 속인다', '정부 발표는 믿을 수 없다.'라는 인식이 뿌리 깊게 자리 잡았다.

이는 심리학에서 말하는 확증 편향의 완벽한 조건이었다. 확증 편향이란 자신의 기존 믿음이나 가설을 확인해 주는 정보는 적극적으로 찾고 받아들이지만, 그에 반하는 정보는 무시하거나 잘못 해석하는 인지적 편향을 의미한다. 정부에 대한 불신이 높아진 상황에서는 정부가 무엇을 발표하든 '또 거짓말이겠지', '뭔가 숨기는 게 있겠지.'라는 선입견으로 접근하게 된다.

특히 안보와 관련된 사안에서 이러한 불신은 더욱 위험하다. 안보는 국가의 존재 자체와 직결되는 문제이기 때문에 정치적 이해관계를 떠나 객관적이고 냉정한 판단이 필요하다. 하지만 누적된 불신은 이러한 합리적 판단을 방해하는 가장 큰 장애물이 되었다.

∴ 인터넷과 소셜미디어의 확산

2010년은 디지털 혁명이 본격화되던 시기였다. 인터넷 보급률이 80%를 넘어섰고, 다음 아고라, 디시인사이드 같은 온라인 매체의 문제는 책임성의 부재였다. 전통 언론사는 잘못된 보도에 대해 정정 보도나 사과문을 내야 하는 제도적 장치가 있지만, 개인 방송이나 블로그는 그런 제약이 거의 없다. 잘못된 정보를 유포해도 별다른 책임을 지지 않기 때문에 더욱 무분별한 주장들이 나올 수 있었다.

◆ 의심의 씨앗을 뿌리는 자들

∴ 특정 정치 세력의 개입

천안함 사건이 정치적 쟁점으로 비화하는 데 가장 큰 역할을 한 것은 당시 야당이었던 민주당 내 일부 인사들이었다. 이들은 합동조사단의 조사 결과가 발표되자마자 '성급한 결론'이라며 의문을 제기했다. 추가 조사와 국제적 검증이 필요하다고 주장하면서, 정부 발표의 신뢰성에 근본적인 의문을 제기했다.

이러한 행동은 심리학에서 말하는 '반응적 평가절하' 현상으로 설명할 수 있다. 이는 상대방이 제시한 제안이나 결론을 그 내용과 상관없이 부정적으로 평가하는 심리적 편향이다. 정치적 대립이 극심한 상황에서는 상대편이 무엇을 주장하든 일단 의심부터 하게 되는 것이다.

물론 야당의 견제와 감시는 민주주의의 필수 요소다. 정부의 발표나 정책에 대해 비판적으로 검토하고 문제점을 지적하는 것은 야당의 당연한 역할이다. 하지만 천안함 사건에서 일부 정치인들의 행동은 건전한 견제의 범위를 넘어섰다. 과학적 증거에 기반한 합리적 비판보다는 감정적 호소와 근거 없는 의혹 제기에 치중했기 때문이다.

예를 들어, 당시 한 야당 의원은 기자회견에서 "합조단의 조사 결과에 여러 의문점이 있다."라며 구체적인 근거도 제시하지 않은 채 정부 발표에 대한 불신을 공개적으로 표명했다. 또 다른 의원은 "국민이 의심하고 있는데 어떻게 믿으라고 하느냐?"라며 여론의 의심 자체를 조사 결과를 부정하는 근거로 제시했다. 이는 논리적으로 전도된 주장이었다. 여론의 의심이 사실 여부를 결정하는 기준이 될 수는 없기 때문이다. 심지어는, 한 의원은 천안함이 기뢰에 의해 폭발했다는 음모론까지 주장하고 나섰다.[3] 또한, 장관을 역임한 유명 작가는 도지사 선거 토론회에서 "북한의 공격이 사실이라면 함장은 사형당해야 한다." 이러한 언행을 서슴지 않고 발언했다.[4]

∴ 일부 시민 사회단체의 역할

'평화와통일을여는사람들', '참여연대' 등 진보 성향의 시민단체들도 천안함 의혹 제기에 적극적으로 나섰다. 이들은 '진실 규명'과 '국민의 알 권리'를 명분으로 내세우며 정부의 조사 결과에 강한 의문을 제기했다. 독자적인 조사 활동을 벌이고, 전문가 세미나를 개최하며, 정부를 상대로 정보공개 청구를 하는 등 다양한 방식으로 문제를 제기했다.

표면적으로 보면 이들의 활동은 시민 사회의 건전한 견제 기능처럼 보였다. 시민 사회가 정부를 감시하고 견제하는 것은 민주주의의 기본 원리이기 때문이다. 하지만 문제는 이들의 접근 방

3) 국방부 천안함 보고서, 기뢰에 의한 원거리 폭발 시사, 프레시안, 박선원. https://www.pressian.com/pages/articles/61269
4) 2010.05.21. 백분토론 유시민 vs 김문수_천안함. https://www.youtube.com/watch?v=sG4IRUVdcO4

식에 있었다. 과학적 증거와 전문가의 분석을 존중하기보다는, 이미 결론을 내리고 그에 맞는 근거를 찾으려 하는 모습을 보였기 때문이다.

심리학에서 말하는 '집단 사고' 현상이 이들 단체 내에서 작동했을 가능성이 높다. 집단 사고란 집단의 결속력과 합의를 중시하다 보니 비판적 사고가 억제되고, 외부의 다른 의견을 받아들이지 않는 현상을 의미한다. 한번 '정부가 거짓말을 하고 있다.'라는 결론에 도달하고 나면, 그에 반하는 증거들은 모두 '조작'이나 '은폐'의 산물로 해석하게 되는 것이다.

특히 일부 단체들은 북한에 대한 우호적 시각을 바탕으로 북한의 책임을 희석시키려는 의도가 있다는 비판을 받았다. 이들은 '평화'와 '통일'을 추구한다는 명분으로 북한의 도발 행위를 축소하거나 합리화하려는 경향을 보였다. 이는 객관적 사실 인식보다는 이념적 신념이 우선시된 결과였다.

∴ 특정 언론 매체와 지식인의 영향력

언론의 역할은 천안함 의혹이 확산하는 과정에서 결정적이었다. 일부 진보 성향의 언론과 지식인들은 합동조사단의 조사 결과에 대한 의문점을 지속적으로 제기하며 여론 형성에 큰 영향을 미쳤다.

한겨레신문의 경우가 대표적이다. 2010년 7월 8일 한겨레신문은 러시아 소식통을 인용해 "러시아 조사팀이 북한의 어뢰 공격에 의한 침몰로 볼 수 없다고 결론지었다."라고 보도했다. 하지만 이 보도는 심각한 문제가 있었다. 첫째, 익명의 '소식통'에만 의존했고 공식적인 확인 절차를 거치지 않았다. 둘째, 실제로는 러시아가 공식적으로 북한의 소행임을 인정하는 입장을 밝히고 언론을 통해 러시아 정부의 입장을 정확히 자국민과 대외에 전달했음에도 불구하고, 이를 제대로 반영하지 않았다.[5)]

이러한 보도는 검증되지 않은 외국 소식통의 말을 그대로 전달하면서 국내 여론에 혼란을 가중시켰다. 많은 독자들은 '러시아도 의문을 제기했다.'라는 식으로 받아들였고, 이는 정부 발표에 대한 의심을 더욱 키우는 결과를 낳았다.

MBC PD수첩의 접근도 주목할 만하다. 이 프로그램은 천안함 생존자의 증언과 당시 북한의 어뢰 공격 사전 징후 및 첩보, 어뢰 및 적 잠수함 공격 보고를 묵살한 내용을 다루면서 천안함 사건 규명 방송을 제작했다. 탐사 저널리즘의 형태를 빌린 이러한 접근은 표면적으로는 진실 규명을 위한 것처럼 보였다.

하지만 실제 내용을 분석해 보면 심각한 문제점들이 드러난다. 검증되지 않은 주장들을 마치 사실인 것처럼 전달했고, 전체 맥락에서 벗어난 부분적 정보만을 강조했다. 또한 정부 조사 결과를 지지하는 전문가들의 의견은 배제하고, 의혹을 제기하는 인물들의 주장만을 부각했다.

5) 러시아 국영 TV, 천안함 北 어뢰에 폭침, KTV 국민방송, https://m.ktv.go.kr/program/again/view?content_id=353305

언론의 이러한 행동은 뉴스 가치 이론으로 설명할 수 있다. 갈등과 논란은 뉴스의 중요한 요소 중 하나로, 언론은 종종 균형 잡힌 보도보다는 자극적이고 논란이 될 만한 내용을 선호하는 경향이 있다. '정부 발표가 맞다.'라는 뉴스보다는 '정부 발표에 의혹이 있다.'라는 뉴스가 더 많은 관심을 끌 수 있기 때문이다.

∴ 온라인 커뮤니티의 음모론 생산

다음 아고라는 천안함 관련 음모론이 생산되고 확산되는 핵심 거점 역할을 했다. 이곳에서는 정부 발표를 의심하는 다양한 게시글들이 쏟아져 나왔고, 그중 상당수가 추측과 억측에 기반한 것들이었다.

특히 주목할 만한 사례는 2009년 군납 비리를 밝혀 화제를 모았던 김영수 소령의 사칭범 사건이다. 이 사칭범은 다음 아고라에서 김영수 소령을 사칭하며 "천안함 피격 사건이 군의 내부 비리로 인해 일어난 것"이라는 허위 사실을 유포했다. 김영수 소령이라는 '권위'를 악용해 전혀 근거 없는 주장을 퍼뜨린 것이다.

이 사건은 온라인 환경의 위험성을 단적으로 보여준다. 온라인에서는 신원 확인이 어렵고, 누구든지 자신을 다른 사람으로 가장할 수 있다. 특히 '전문가'나 '내부자'를 사칭하는 경우 사람들은 쉽게 속아 넘어가기 마련이다.

온라인 환경에서 이러한 현상이 확산하는 것은 '사회적 증명' 원리로 설명할 수 있다. 사람들은 불확실한 상황에서 다른 사람들의 행동을 보고 자신의 행동을 결정하는 경향이 있다. 온라인상에서 특정 주장이 많은 사람들에 의해 공유되고 지지받는 것을 보면, 그것이 사실일 가능성이 높다고 판단하게 되는 것이다.

하지만 온라인에서의 '많은 지지'가 반드시 진실을 의미하지는 않는다. 소수의 적극적인 사용자들이 여러 계정을 통해 같은 내용을 반복적으로 게시하거나, 감정적으로 자극적인 내용이 합리적 내용보다 더 빨리 확산하는 경우가 많기 때문이다.

∴ 북한의 직간접적 영향력과 정보전

북한은 천안함 폭침 이후에도 자신들의 소행임을 인정하지 않았다. 오히려 '남조선 당국의 자작극'이라는 식의 주장을 펴며 사건의 본질을 흐리려 했다. 북한의 조선중앙통신과 노동신문 등은 연일 "천안함 침몰은 남조선 당국이 북남 관계를 파탄시키고 대결을 격화시키기 위해 조작한 것."이라고 주장했다.

이는 현대 정보전의 대표적인 사례로, '허위 정보'와 '잘못된 정보'의 구별이 필요하다. 허위 정보는 의도적으로 거짓 정보를 퍼뜨리는 것이고, 잘못된 정보는 의도와 상관없이 부정확한 정보가 유통되는 것이다. 북한의 선전 매체들은 명백히 허위 정보를 의도적으로 생산했다.

문제는 이러한 허위 정보가 국내의 일부 세력들에 의해 잘못된 정보로 재생산되면서 혼란을 가중시켰다는 점이다. 북한의 직접적인 선전은 대부분의 한국인이 믿지 않지만, 그 내용이 국내의

'시민단체'나 '전문가'의 입을 통해 전달되면 신뢰도가 높아지게 된다.

특히 북한은 '평화'와 '통일'을 지향한다고 자처하는 국내 세력들의 심리를 교묘하게 악용했다. 이들에게는 '북한도 평화를 원하는데 남한 정부가 대결을 조장하고 있다.'라는 프레임이 상당한 호소력을 갖기 때문이다. 결과적으로 북한의 허위 정보 전략은 상당한 성과를 거두었다고 볼 수 있다.

◆ 불신과 의혹을 씨앗 삼아

∴ '합리적 의심'을 가장한 끊임없는 의혹 제기

천안함 의혹 선동의 가장 교묘한 특징은 '합리적 의심'이라는 탈을 쓰고 있었다는 점이다. 선동 세력은 정부 합동조사단의 보고서 내용을 파편적으로 제시하며 반복적인 의혹을 제기했다. 이는 심리학에서 말하는 '가용성 휴리스틱' 현상을 악용한 것이었다.

가용성 휴리스틱이란 쉽게 기억나는 정보나 최근에 접한 정보를 더 중요하거나 가능성이 높다고 판단하는 인지적 편향을 의미한다. 의혹 제기자들은 복잡하고 기술적인 조사 결과 전체를 다루기보다는, 일반인들이 쉽게 이해할 수 있고 의심스러워 보이는 몇 가지 포인트만을 반복적으로 강조했다.

어뢰 잔해에 대한 의혹이 대표적인 사례다. 선동 세력은 인양된 어뢰 잔해의 글씨체나 녹슨 정도를 가지고 '조작되었다.'라는 주장을 펼쳤다. '1번'이라고 쓰인 글씨가 너무 선명하다거나, 바닷물에 2개월 동안 있었는데 녹이 충분하지 않다는 식의 '상식적인' 의문을 제기했다.

하지만 이러한 주장은 해양 환경에서의 금속 부식 과정에 대한 과학적 이해 없이 제기된 것들이었다. 바닷물의 염분 농도, 수온, 산소 농도 등 다양한 변수가 부식 속도에 영향을 미치는데, 이런 전문적 지식 없이 '상식'만으로 판단하는 것은 위험한 일이다.

또 다른 예는 폭발음에 대한 의문이었다. "어뢰 폭발음이 물속에서 발생했는데 왜 승조원들이 어뢰를 직접 보지 못했냐?"라는 식의 질문이 대표적이다. 이는 수중 폭발의 메커니즘과 어뢰의 작동 원리에 대한 기본적인 이해 부족에서 비롯된 의문이었다. 어뢰는 직접 충돌해서 폭발하는 것이 아니라 선체 밑에서 폭발하여 버블 제트 현상을 일으키는데, 이런 기술적 내용을 모르는 일반인들에게는 의혹 제기자들의 주장이 그럴듯하게 들릴 수 있었다.

∴ 감성적 호소와 '희생자' 프레임의 왜곡

46명의 사망 장병은 분명 무고한 희생자들이었다. 꽃다운 나이에 나라를 지키다가 목숨을 잃은 젊은이들이었다. 그러나 일부 선동 세력은 이들의 죽음을 정치적 목적으로 악용했다. 이들을

'정부의 의도적인 희생양'으로 둔갑시키거나, '진실을 덮으려는 권력의 음모에 희생된 존재'로 그려냈다.

이는 심리학에서 말하는 '프레이밍 효과'의 대표적인 사례다. 같은 사건이라도 어떤 관점에서 바라보고 어떻게 표현하느냐에 따라 사람들의 인식과 판단이 크게 달라질 수 있다. 선동 세력은 희생자들을 '북한의 도발에 의한 희생자'가 아닌 '정부의 음모에 의한 희생자'로 프레임을 바꿔놓으려 했다.

특히 문제가 된 것은 유족들의 고통을 정치적으로 악용한 행위였다. 일부 언론과 시민단체는 천안함 생존자들과 유족들의 증언을 선별적으로 인용하면서, 마치 그들이 정부의 공식 입장에 반대하는 것처럼 포장했다. 예를 들어, 군이 전투준비 태만을 이유로 최원일 함장을 입건한 것을 두고 "경계 실패의 책임을 함장에게 전가했다."라며 이를 정부의 책임 회피 증거로 제시했다.

하지만 이는 사안의 본질을 왜곡한 것이었다. 군사작전에서 지휘관의 책임 추궁과 사건 자체의 원인 규명은 별개의 문제다. 북한의 어뢰 공격이라는 사실 자체가 지휘관의 책임 여부에 따라 달라지지는 않기 때문이다. 하지만 선동 세력은 이러한 구분을 의도적으로 모호하게 만들면서 혼란을 조장했다.

더군다나, 피해를 당한 천안함의 경우, 잠수함을 추적할 수 있는 규모의 전투함이 아니었다. 초계함은 글자 그대로, 해상에서 정찰 임무를 수행하며 소형 함정과 교전이 벌어졌을 시 대응하는 임무를 맡는 함선이다. 잠수함을 탐지할 수 있는 별도의 장비가 탑재되어 있지 않은데, 그럼에도 불구하고 천안함 폭침의 원인을 최원일 함장에게만 돌리는 잘못된 행동을 일삼았다.

∴ 인터넷을 통한 음모론의 확산과 재생산

음모론은 복잡한 현실을 단순한 도식으로 설명하려는 인간 심리의 취약점을 정확히 겨냥한다. 심리학자 카렌 더글라스는 음모론을 믿는 심리적 동기를 세 가지로 분류했다. 첫째는 인식적 동기로, 복잡한 세상을 이해하고 싶어 하는 욕구다. 둘째는 실존적 동기로, 안전감과 통제감을 느끼고 싶어 하는 욕구다. 셋째는 사회적 동기로, 긍정적인 자아상을 유지하고 싶어 하는 욕구다.

천안함 관련 음모론들은 이 세 가지 동기를 모두 충족시켰다. 먼저 미국 잠수함 충돌설을 살펴보자. 1,200톤급인 천안함이 7,000톤급인 LA급 잠수함이나 1,800톤급인 이스라엘 해군의 돌핀급 잠수함과 충돌하여 두 동강 났다는 주장이다. 이 음모론은 복잡한 국제 정치 상황을 '미군의 실수'라는 단순한 구조로 설명해 준다는 점에서 인식적 동기를 충족했다.

하지만 이 주장은 물리적으로 불가능하다는 점이 여러 차례 지적되었다. 잠수함과 수상함의 충돌로는 천안함과 같은 깔끔한 절단면이 만들어질 수 없으며, 충돌 흔적도 전혀 다르다. 또한 해당 시점에 그 해역에 미군이나 이스라엘 잠수함이 있었다는 어떤 증거도 발견되지 않았다. 그럼에도 불구하고 이 음모론은 온라인상에서 계속 확산되었다.

자작극설은 더욱 극단적인 음모론이었다. 정부가 북한과의 대결 구도를 만들기 위해 의도적으로 천안함을 폭파했다는 주장이다. 이는 실존적 동기와 사회적 동기를 동시에 충족했다. 세상의 복잡한 사건들이 모두 '권력자들의 음모'라는 명확한 구조로 설명된다는 점에서 통제감을 주었고, 동시에 '진실을 꿰뚫어 보는 깨어있는 시민'이라는 우월감을 제공했다.

하지만 이 음모론 역시 현실성이 전혀 없었다. 46명의 젊은 장병을 희생시켜 가며 정치적 이득을 추구할 정도로 냉혹한 정치인이 있다고 하더라도, 그런 거대한 음모를 완벽하게 은폐할 가능성은 거의 제로에 가깝다. 수백 명의 관련자들이 모두 입을 다물고 있어야 하고, 국제사회의 전문가들까지 모두 속여야 하기 때문이다.

∴ 선별적 정보 제공과 과학적 논쟁의 회피

선동 세력의 또 다른 전형적인 수법은 자신들의 주장을 뒷받침하는 특정 정보만을 강조하고, 정부 합동조사단이 제시한 방대한 과학적 증거와 데이터를 의도적으로 무시하거나 폄훼하는 것이었다. 이는 논리학에서 말하는 '체리 피킹' 논리 오류의 전형적인 사례다.

합동조사단이 제시한 주요 증거들을 살펴보면 그 규모와 정밀함에 놀라게 된다. 우선 사건 현장에서 수거된 어뢰 추진체가 북한 어뢰의 특징과 정확히 일치했다. 추진체에 새겨진 한글 표기,

특수한 알루미늄 합금 재질, 독특한 설계 구조 등이 모두 북한이 사용하는 CHT-02D 어뢰의 그것과 동일했다.

천안함 선체 파손 양상에 대한 폭발 전문가들의 분석도 매우 정밀했다. 선체 절단면의 형태, 금속 변형 패턴, 폭발 충격파의 방향성 등을 종합적으로 분석한 결과, 선체 외부에서 발생한 수중 폭발에 의한 것임이 명확히 드러났다. 특히 수중 폭발에 의한 버블 제트 현상의 흔적이 선체 곳곳에서 발견되었다.

백령도 근해에서 포착된 북한 잠수함의 행적도 중요한 증거였다. 사건 당일 해당 해역에서 북한 잠수함의 침투와 퇴각이 각종 탐지 장비에 의해 확인되었다. 이는 어뢰 공격의 주체가 북한임을 뒷받침하는 결정적 증거였다.

하지만 선동 세력은 이러한 핵심 증거들은 모두 '짜맞추기' 또는 '조작'으로 매도하면서, 비전문가의 피상적인 의혹 제기를 '진실'인 양 부각시켰다. 예를 들어, 복잡한 폭발 역학 분석은 무시하고 "어뢰 잔해의 글씨가 너무 선명하다."라는 식의 표면적 의혹만을 강조했다. 이는 마치 범죄 현장에서 발견된 방대한 과학적 증거들은 모두 무시하고, '범인의 옷이 너무 깨끗하다.'는 이유만으로 무죄를 주장하는 것과 같았다.

∴ 여론 조작을 통한 압박

선동 세력은 다양한 방법으로 여론 조작을 시도했다. 이들의 전략은 단순히 의혹을 제기하는 것에 그치지 않고, 조직적이고 체계적인 여론전을 펼치는 것이었다.

학술 세미나 조직은 그 대표적인 사례다. 특정 대학교나 연구 기관에서 '천안함 진실 규명'을 위한 학술 세미나를 개최했다. 이러한 세미나는 객관적인 학술 논의처럼 포장되었지만, 실제로는 정부 발표에 대한 의혹만을 제기하는 편향된 자리였다. 패널로 초청된 사람들은 대부분 이미 정부 발표에 반대하는 입장을 가진 인물들이었고, 정부 조사에 참여한 전문가들이나 조사 결과를 지지하는 학자들은 의도적으로 배제되었다.

이런 세미나의 문제점은 '학술적 권위'를 악용했다는 데 있다. 일반인들은 대학에서 열리는 세미나라면 객관적이고 공정할 것으로 생각하기 쉽다. 하지만 실제로는 특정한 정치적 목적을 가진 일방적인 주장만 반복되었다.

대규모 촛불 집회 조직도 중요한 전략이었다. 선동 세력은 광화문 광장과 청계천 일대에서 정기적으로 집회를 개최하며 정부에 대한 불신을 공론화하고, 정부의 재조사를 요구하는 압박 수단으로 활용했다. 이러한 집회는 민주주의의 기본 권리인 집회·시위의 자유를 행사한 것이었지만, 과학적 사실보다는 감정적 호소에 기반한 것이었다.

집회에서는 "진실을 밝혀라!", "국민을 속이지 마라!"라는 구호가 반복되었고, 46명 장병의 사진과 함께 "억울한 죽음을 밝혀달라."라는 플래카드가 등장했다. 이는 희생자들의 죽음을 정치적 동원의 도구로 사용하는 것이었다.

언론 플레이도 빼놓을 수 없는 전략이었다. 기자회견이나 언론 인터뷰를 통해 지속적으로 의혹을 제기했다. 특히 '전문가'라고 자칭하는 인물들이 언론에 등장하여 마치 권위 있는 의견인 양 자신들의 주장을 펼쳤다. 이들은 자기 경력을 과장하거나 전문 분야를 확대 해석하면서 신뢰도를 높이려 했다.

예를 들어, 어떤 인물은 자신을 '폭발물 전문가'라고 소개했지만 실제로는 관련 분야의 정식 교육을 받은 적이 없었다. 또 다른 인물은 '국제법 전문가'라고 했지만 실제로는 해당 분야의 학위나 실무 경험이 없었다. 하지만 언론은 이런 신원을 제대로 검증하지 않고 그들의 주장을 그대로 보도했다.

◆ 실제 언론 보도 사례 분석

∴ 한겨레 신문의 편향 보도

한겨레 신문은 천안함 사건 보도에서 처음부터 끝까지 일관되게 정부 발표에 의문을 제기하는 입장을 취했다. 이는 언론의 정당한 비판 기능을 넘어서 편향 보도의 영역에 들어간 것이었다.

가장 논란이 된 것은 2010년 7월 8일 자 보도였다. 한겨레는 "러시아 조사단 결론은 '어뢰 공격 아니다.'"라는 제목의 기사에서 러시아 소식통을 인용해 "러시아 전문가들이 북한의 어뢰 공격에 의한 침몰로 볼 수 없다고 결론 내렸다."라고 보도했다.

하지만 이 보도에는 심각한 문제가 있었다. 첫째, 보도의 근거가 익명의 '소식통'에만 의존했다는 점이다. 기사에는 구체적인 출처나 확인할 수 있는 증거가 제시되지 않았다. 둘째, 러시아 정부의 공식 입장과 배치되는 내용이었다는 점이다. 실제로 러시아는 나중에 공식적으로 북한의 소행임을 인정하는 입장을 밝혔다.

더욱 심각한 문제는 이 보도가 국내 여론에 미친 영향이었다. 많은 독자는 "러시아도 의문을 제기했다."라는 식으로 받아들였고, 이는 정부 발표에 대한 의심을 더욱 키우는 결과를 낳았다. 러시아는 한국의 우방국이면서 동시에 북한과도 밀접한 관계를 유지하고 있어, 그들의 의견은 상당한 권위를 갖는다고 여겨졌기 때문이다.

한겨레의 이런 보도 행태는 '확증 편향'에 사로잡힌 언론의 전형적인 모습이었다. 이미 정부 발표에 의문을 품고 있던 상황에서, 그 의문을 뒷받침해 줄 만한 정보는 검증 없이 받아들이고, 반대되는 정보는 무시하거나 축소한 것이다.

∴ MBC PD수첩의 문제점

MBC PD수첩은 한국의 대표적인 탐사 보도 프로그램으로 오랜 권위를 쌓아왔다. 하지만 천안함 관련 방송에서는 그 권위에 먹칠을 하는 결과를 낳았다.

2018년 방영된 천안함 관련 PD수첩은 "어뢰일 가능성은 십원 반 푼어치도 없다."라는 자극적인 인터뷰를 내세우며 시청자들의 관심을 끌었다. 8년 전 사건을 다시 다룬다는 것만으로도 화제성이 충분했지만, 내용 면에서는 실망스러운 수준이었다.

가장 큰 문제는 8년 전 천안함 사고 직후 흘러나왔던 의혹들을 그대로 반복했다는 점이다. 그 사이 과학적 검증과 추가 조사를 통해 해소된 의혹들을 마치 새로운 발견인 양 다시 제기했다. 이는 탐사 저널리즘의 기본 원칙인 '새로운 사실의 발굴'이나 '기존 보도의 검증'과는 거리가 먼 것이었다.

PD수첩의 접근 방식에는 여러 문제점이 있었다. 우선 선택적 인터뷰가 문제였다. 정부 조사 결과를 지지하는 전문가들의 의견은 배제하고, 의혹을 제기하는 인물들의 인터뷰만을 방영했다. 이는 균형 잡힌 보도의 원칙에 어긋나는 것이었다.

맥락 제거도 심각한 문제였다. 복잡한 기술적 설명에서 일부분만을 발췌하여 전체 맥락을 왜곡했다. 예를 들어, 전문가가 "일반적으로는 그렇지만, 이 경우에는 특수한 상황이었다"라고 말했다면, 앞부분만 인용해서 마치 전문가가 정부 발표에 반대하는 것처럼 편집하는 식이었다.

감정적 연출도 문제였다. BGM과 영상 편집 기법을 통해 시청자들의 감정을 조작하려 했다. 의혹을 제기하는 부분에서는 어두운 음악과 함께 긴장감을 조성하고, 정부 관계자의 해명 부분에서는 불신감을 조성하는 편집을 했다.

∴ 온라인 매체들의 확산

전통 언론뿐만 아니라 온라인 매체들도 천안함 의혹 확산에 중요한 역할을 했다. 특히 시민 기자 제도를 표방하는 오마이뉴스는 천안함 관련 의혹 기사를 대량으로 생산했다.

오마이뉴스의 역할은 특히 주목할 만하다. "천안함 어뢰 공격설, 과연 진실인가?", "천안함 의혹, 정부는 왜 숨기나?" 같은 제목의 기사들이 연일 쏟아져 나왔다. 이런 기사들의 특징은 새로운 사실을 발굴하기보다는 기존 의혹들을 재탕, 삼탕 하는 것이었다.

시민 기자라는 시스템의 한계도 드러났다. 전문 기자가 아닌 일반인들이 복잡한 기술적 사안을 다루다 보니 오류가 많았다. 또한 편집 과정에서의 팩트 체크도 제대로 이루어지지 않았다. 그 결과 검증되지 않은 정보들이 언론사의 이름으로 유통되었다.

유튜브와 개인 방송의 등장은 또 다른 변화였다. 개인이 운영하는 유튜브 채널들이 천안함 음모론의 새로운 유통 경로가 되었다. 이들은 정부 발표의 허점을 지적한다며 각종 추측과 가설을 마치 사실인 양 전달했다.

온라인 커뮤니티는 전통적인 언론을 뛰어넘는 영향력을 발휘하기 시작했다. 특히 젊은 세대를 중심으로 뉴스와 정보를 얻는 주요 창구가 포털 사이트와 온라인 커뮤니티로 바뀌고 있었다.

이러한 디지털 환경은 정보 확산에 획기적인 변화를 불러왔다. 과거에는 소수의 언론사가 정보 유통을 독점했다면, 이제는 누구든지 자신의 의견을 전파할 수 있게 되었다. 하지만 이 변화는 양날의 검이었다. 민주적 참여의 확대라는 긍정적 측면과 함께, 검증되지 않은 정보와 음모론의 무분별한 확산이라는 부작용도 낳았기 때문이다.

특히 문제가 된 것은 '에코 챔버' 효과와 '필터 버블' 현상이었다. 에코 챔버 효과란 비슷한 생각이 있는 사람들끼리만 소통하면서 특정 견해나 신념이 증폭되고 강화되는 현상을 의미한다. 온라인에서 사람들은 자신과 같은 생각이 있는 사람들과 주로 교류하게 되고, 그 결과 자신의 견해가 다수 의견이라는 착각에 빠지기 쉽다.

필터 버블은 개인화된 검색 결과와 추천 알고리즘으로 인해 사용자가 자신의 기존 관점과 일치하는 정보만 접하게 되는 상황을 뜻한다. 포털 사이트의 개인화된 뉴스 서비스나 SNS의 타임라인 알고리즘은 사용자의 성향에 맞는 정보만을 선별적으로 제공한다. 그 결과 사람들은 점점 더 편향된 정보만 접하게 되고, 다양한 관점을 접할 기회를 잃게 된다.

천안함 사건과 관련된 의혹과 음모론이 특정 온라인 커뮤니티에서 걷잡을 수 없이 퍼져나간 것도 바로 이러한 디지털 환경의 특성 때문이었다. 정부 발표에 의문을 품은 사람들이 온라인에서 모이면서 서로의 의혹을 강화하고 증폭시켰고, 그 과정에서 점점 더 극단적인 주장들이 등장하게 되었다.

◆ 끝나지 않는 이념적 분열

∴ 국가 안보에 대한 불신 증폭과 국론 분열

천안함 의혹 선동의 가장 심각한 결과는 국가 안보에 대한 불신이 증폭되고 국론이 분열된 것이었다. 이는 사회학에서 말하는 '사회적 신뢰'의 붕괴를 의미했다.

사회학자 프랜시스 후쿠야마는 신뢰를 '공동체 구성원들이 서로에 대해 갖는 기대, 즉 다른 구성원들이 정직하고 협력적으로 행동할 것이라는 기대'로 정의했다. 천안함 사건을 통해 우리 사회에서는 정부에 대한 신뢰, 전문가에 대한 신뢰, 언론에 대한 신뢰가 모두 심각하게 훼손되었다.

구체적인 피해 사례들을 살펴보면 그 심각성을 알 수 있다. 우선 정부의 안보 관련 발표에 대한 일반적 불신이 확산되었다. 천안함 사건 이후 정부가 북한의 도발이나 안보 위협에 대해 발표할 때마다 "또 거짓말 아니냐?", "과장하는 것 아니냐?"라는 반응이 나왔다. 이는 국가 안보에 대한 국민적 경각심을 약화시키는 결과를 낳았다.

군 전문가들의 분석에 대한 의심도 증가했다. 과거에는 군사 전문가나 안보 전문가의 분석이 상당한 권위를 가졌지만, 천안함 사건 이후에는 "군부의 이익을 대변하는 것 아니냐?", "정부 편에서 이야기하는 것 아니냐?"라는 의심을 받게 되었다. 전문가에 대한 이런 불신은 합리적 정책 토론을 어렵게 만들었다.

국제 공조에 대한 의구심도 발생했다. 천안함 사건에서는 미국, 영국, 호주, 스웨덴 등 여러 국가의 전문가들이 참여한 국제적 조사가 이루어졌다. 하지만 의혹론자들은 이를 "미국의 압력에 의한 것."이라고 폄하했다. 이런 인식은 한국이 국제사회와 협력하여 안보 문제에 대응하는 것에 대한 국민적 지지를 약화시켰다.

가장 심각한 것은 대북 정책에 대한 국민적 합의 도출이 실패했다는 점이다. 북한의 명백한 도발 행위에 대해서도 국민 사이에 다른 해석이 존재하게 되면서, 일관된 대북 정책을 추진하기 어려워졌다. 이는 북한이 한국 사회의 분열을 이용할 수 있는 기회를 제공했다.

∴ 희생자 유가족들의 고통 가중

46명 장병의 유가족들은 사랑하는 자녀와 가족을 잃은 슬픔 외에, 사건의 진실을 둘러싼 논쟁으로 인해 끊임없이 고통받아야 했다. 이는 범죄학에서 말하는 '이차 피해'의 전형적인 사례였다.

이차 피해란 범죄나 사고의 직접적 피해자가 사회의 부적절한 반응이나 제도적 문제로 인해 추가적인 정신적, 사회적 피해를 보는 것을 의미한다. 천안함 유가족들이 겪은 이차 피해는 다음과 같았다.

첫째, 자녀의 죽음이 정치적 논쟁의 소재가 되는 고통이었다. 본래 유가족들은 자녀의 희생이 나라를 위한 숭고한 것으로 기억되기를 원했다. 하지만 끊임없는 의혹 제기로 인해 그 죽음의 의미 자체가 의심받게 되었다. 이는 유가족들에게는 참을 수 없는 모독으로 느껴졌다.

둘째, 사건의 진실성이 의심받으면서 느끼는 분노와 좌절이었다. 유가족들은 자녀가 북한의 기습 공격으로 죽었다는 것을 누구보다 확신하고 있었다. 하지만 사회에서는 그 사실 자체를 두고 논쟁이 벌어지는 것을 목격해야 했다. 이는 마치 자녀의 죽음이 '가짜'라고 주장 받는 것과 같은 충격이었다.

셋째, 언론과 시민 사회로부터의 지속적인 관심과 접촉으로 인한 스트레스였다. 각종 언론사와 시민단체들이 유가족들을 찾아가 인터뷰를 요청하고, 때로는 자신들의 주장에 동조해달라고 압박하기도 했다. 유가족들은 조용히 슬픔을 추스를 시간도 갖지 못한 채 계속해서 사건에 대해 말해야 하는 상황에 놓였다.

넷째, 가족의 희생이 폄하되는 것에 대한 심리적 상처였다. 일부 의혹론자들은 직접적으로 표현하지는 않더라도, 천안함 사건 자체를 의심함으로써 결과적으로 희생자들의 죽음을 폄하하는 효과를 낳았다. 유가족들에게는 이것이 가장 큰 상처였다.

천안함 유족회는 2018년 성명서를 통해 이런 심정을 토로했다. "8년이 지났지만 여전히 우리 아들들의 죽음을 의심하고 모독하는 사람들이 있다."라며 "이는 유가족에게는 참을 수 없는 고통."이라고 밝혔다. 또한 "아들들은 나라를 지키다가 죽었는데, 그 죽음마저 정치적 논쟁의 도구로 사용되는 것을 보면 가슴이 찢어진다."라고 호소했다.

∴ 사회 전반의 신뢰 붕괴 및 음모론의 만연

천안함 사건을 둘러싼 의혹 제기는 한국 사회에 음모론적 사고가 확산하는 계기가 되었다. 이는 사회학에서 말하는 '일반화된 불신'으로 이어졌다.

일반화된 불신이란 특정 사안에 대한 불신이 사회 전반에 대한 불신으로 확산하는 현상을 의미한다. 천안함 사건에서 정부와 전문가, 언론에 대한 불신이 커지면서, 사람들은 다른 분야에서도 공식적인 발표나 전문가의 의견을 쉽게 믿지 않게 되었다.

음모론 확산의 사회적 비용은 매우 컸다. 첫째, 과학적 사고의 약화가 나타났다. 전문가의 분석보다 개인의 직관이나 추측을 더 신뢰하는 경향이 강해졌다. "전문가들도 틀릴 수 있다", "전문가들은 기득권 편이다."라는 인식이 퍼지면서, 과학적 방법론에 대한 신뢰가 약해졌다.

둘째, 합리적 토론 문화의 파괴가 일어났다. 사실에 기반한 논증보다는 감정적 호소가 득세하게 되었다. 복잡한 증거와 분석을 제시해도 "그건 조작이다", "그건 거짓말이다."라는 식으로 일축하는 경우가 많아졌다. 이는 민주적 토론의 기초를 훼손하는 결과를 낳았다.

셋째, 사회적 결속력 약화가 나타났다. 공통된 사실 인식 기반의 부재로 인해 소통이 단절되었다. 같은 사건을 놓고도 완전히 다른 해석을 하는 집단들이 생겨나면서, 사회적 대화를 할 수 없어졌다. 각자의 '팩트'를 가지고 있는 상황에서는 합의점을 찾기 어렵다.

넷째, 가짜뉴스에 대한 면역력 저하가 발생했다. 검증되지 않은 정보에 대한 비판적 사고 능력이 감소했다. 한번 정부나 전문가에 대한 불신이 형성되고 나면, 그들과 반대되는 어떤 주장이라도 쉽게 받아들이는 경향이 나타났다.

∴ 정치적 갈등의 격화와 비생산적인 소모전

천안함 문제는 단순한 안보 사안을 넘어선 이념 대결의 상징이 되었다. 이는 정치학에서 말하는 '정치적 양극화'를 심화시켰다.

정치적 양극화의 특징들이 뚜렷하게 나타났다. 우선 이슈에 대한 중간적 입장이 소멸하였다. 천안함 사건에 대해서는 '북한의 어뢰 공격이다.' 아니면 '정부의 조작이다.'라는 극단적 선택지만 존재하게 되었다. '북한의 공격이 맞지만, 정부 대응에 문제가 있었다.'라거나 '조사 과정에서 일부 오류가 있을 수 있지만 큰 틀은 맞다.'라는 식의 중간적 입장은 설 자리가 없었다.

상대방에 대한 적대감도 증가했다. 천안함 사건을 둘러싼 논쟁은 단순한 의견 차이를 넘어서 상대방의 인격이나 애국심까지 공격하는 수준으로 발전했다. 정부 발표를 지지하는 쪽에서는 의혹론자들을 '종북세력'이나 '국가 전복 세력'으로 매도했고, 의혹론자들은 정부 지지자들을 '권력의 주구'나 '맹목적 추종자'로 공격했다.

당파적 정체성의 강화도 뚜렷했다. 천안함 사건에 대한 견해가 정치적 정체성의 핵심 요소가 되었다. 진보적 성향의 사람이라면 당연히 정부 발표를 의심해야 하고, 보수적 성향의 사람이라면 당연히 정부 발표를 지지해야 한다는 식의 획일적 사고가 퍼졌다.

타협과 협상의 여지도 축소되었다. 양쪽 모두 자기 의견이 절대적으로 옳다고 확신하는 상황에서는 상대방과의 타협을 배신이나 굴복으로 여기게 된다. 그 결과 건설적인 대화나 합의점 모색이 불가능해졌다.

구체적 사례들을 보면 그 심각성을 알 수 있다. 국회에서의 천안함 관련 공방전은 수년간 계속되었다. 매년 국정감사 때마다 천안함 문제가 쟁점으로 부상했고, 정작 중요한 정책 논의는 뒷전으로 밀려났다. 정치권의 추도식 참석 여부를 둘러싼 논란도 반복되었다. 일부 야당 정치인들이 천안함 추도식 참석을 거부하면서 유가족들과 갈등을 빚기도 했다.

보수-진보 진영 간의 첨예한 대립도 지속되었다. 천안함 문제는 마치 진영을 가르는 리트머스 시험지처럼 작용했다. 어느 편에 서느냐에 따라 정치적 정체성이 판단되는 상황이 되었다. 매년 3월 26일마다 반복되는 정치적 갈등은 사회 통합에 큰 장애가 되었다.

∴ 국가적 이미지 실추와 외교적 타격

대한민국 내부에서 천안함 사건의 원인을 놓고 치열한 논쟁이 벌어지는 모습은 국제사회에도 전해졌다. 이는 다음과 같은 외교적 비용을 발생시켰다.

국제적 신뢰도 하락이 가장 직접적인 피해였다. 정부 발표에 대한 국민적 의심이 국제사회에 전달되면서, 한국 정부의 신뢰성에 대한 의문이 제기되었다. "한국 국민도 믿지 않는 발표를 우리가 왜 믿어야 하느냐?"라는 반응이 일부 국가에서 나왔다.

한국의 정치적 성숙도에 대한 의문도 제기되었다. 명백한 안보 사안을 놓고도 내부에서 합의를 이루지 못하는 모습은 한국 민주주의의 한계로 인식되었다. 일부 외국 언론은 "한국은 아직도 정치적으로 미성숙한 면이 있다."라고 평가하기도 했다.

안보 동맹국들의 우려도 증가했다. 특히 미국은 한미동맹의 핵심 파트너인 한국에서 안보 인식이 분열되는 것을 우려했다. 한국 내부의 분열이 동맹 관계에도 영향을 미칠 수 있다는 우려가 제기되었다.

대북 공조 체제도 약화되었다. 북한 도발에 대한 국제적 대응에서 한국 내부의 분열은 큰 약점으로 작용했다. 중국과 러시아 등은 한국 내부 분열을 근거로 대북 제재의 정당성을 의심하는 입장을 보였다. 유엔 안보리 대북 제재 논의 과정에서도 "한국 내부에서도 의견이 분분하지 않느냐?"라는 지적이 나왔다.

이러한 외교적 타격은 장기적으로 한국의 국제적 위상에 부정적 영향을 미쳤다. 안보 문제에서 내부 합의를 이루지 못하는 국가로 인식되면서, 국제사회에서 한국의 발언권이 약화하는 결과를 낳았다.

◆ 진실의 이름으로 행해진 거짓 선동의 비극

∴ 천안함 사건이 남긴 교훈

천안함 폭침 의혹 선동은 국가적 비극이라는 엄숙한 사건을 정치적, 이념적 논쟁의 장으로 끌어들인 한국 현대사의 아픈 단면이다. 이 사건을 통해 우리가 얻을 수 있는 교훈들은 절대 가볍지 않으며, 미래의 유사한 상황을 예방하기 위해 반드시 새겨야 할 내용들이다.

첫째, 과학적 사실과 정치적 신념의 분리가 절대적으로 필요하다는 교훈이다. 중대한 안보 사안에 대해서는 정치적 이해관계나 이념적 성향을 떠나 과학적이고 객관적인 사실에 기반하여 판단해야 한다. 천안함 사건에서는 합동조사단이 제시한 방대한 과학적 증거들이 정치적 선입견에 의해 왜곡되거나 무시되었다. 이념적 선입견이 사실 판단을 좌우할 때, 그 피해는 개인을 넘어 사회 전체, 더 나아가 국가 전체에 미친다.

과학적 방법론의 핵심은 검증 가능성과 반증 가능성에 있다. 합동조사단의 조사는 국내외 전문가들의 교차 검증을 거쳤고, 각종 물리적, 화학적 증거들로 뒷받침되었다. 반면 의혹론자들의 주장은 대부분 추측과 억측에 기반한 것들이었고, 구체적인 반증 자료를 제시하지 못했다. 이런 명백한 차이에도 불구하고 많은 사람들이 과학적 증거보다는 감정적 호소에 더 큰 영향을 받았다는 사실은 우리 사회의 과학적 소양이 얼마나 부족한지를 보여준다.

둘째, 정보 검증의 중요성이다. 디지털 시대에는 누구나 쉽게 정보를 생산하고 유통할 수 있다. 이는 민주적 참여의 확대라는 긍정적 효과도 있지만, 검증되지 않은 정보나 음모론의 무분별한 확산이라는 부작용도 낳는다. 천안함 사건에서도 온라인 커뮤니티와 소셜미디어를 통해 각종 의혹과 음모론이 빠르게 퍼져나갔다.

문제는 이런 정보들이 마치 사실인 것처럼 포장되어 유통되었다는 점이다. '김영수 소령 사칭범' 사건에서 보듯이, 권위 있는 인물을 사칭한 가짜 정보도 많은 사람들에게 영향을 미쳤다. 이는 정보의 출처를 확인하고 교차 검증하는 습관의 중요성을 보여준다.

정보 검증에는 기본적인 원칙들이 있다. 출처가 명확한가? 여러 독립적인 출처에서 같은 내용을 확인할 수 있는가? 해당 분야의 전문가들은 어떤 의견인가? 주장하는 사람이 실제로 그 분야의 전문성을 갖고 있는가? 이런 기본적인 질문들만 해봐도 상당수 가짜 정보를 걸러낼 수 있다.

셋째, 희생자에 대한 최소한의 예의를 지켜야 한다는 교훈이다. 국가를 위해 희생한 이들과 그 가족들에 대한 예의는 정치적 성향이나 이념과 상관없이 지켜져야 하는 기본적인 인간의 도리다. 천안함 사건에서 46명의 젊은 장병들의 죽음이 정치적 논쟁의 도구로 사용된 것은 명백히 잘못된 일이었다.

희생자들과 유가족들의 고통을 정치적 목적으로 이용하는 것은 인도적으로 용납될 수 없다. 설사 정부의 대응이나 조사 과정에 문제가 있다고 생각하더라도, 그것과 희생자들에 대한 예의는 별개의 문제다. 비판은 비판대로 하되, 희생자들의 명예는 보호되어야 한다.

∴ 진실이 통용되는 사회를 향하여

46명의 용감한 장병들의 희생이 의혹과 불신의 대상이 아닌, 안보의 중요성과 국가를 위한 숭고한 희생의 상징으로 기억되기 위해서는 무엇보다 거짓 선동의 그림자를 걷어내고 진실의 가치를 수호하는 것이 중요하다.

'진실 규명'이라는 그럴듯한 명분 아래 이루어진 끊임없는 의혹 제기와 음모론 확산은 희생 장병들과 그 가족들에게 이중의 고통을 안겨주었다. 이들은 이미 가족을 잃은 슬픔을 겪고 있었는데, 거기에 더해 그 죽음의 의미와 가치마저 의심받아야 했다. 이는 희생자와 유가족에 대한 명백한 2차 가해였다.

더 나아가 이런 선동은 국가 안보에 대한 불신과 심각한 국론 분열을 초래했다. 과학적 증거와 전문가들의 분석이 무시되고, 비이성적인 주장과 감정적 호소가 득세했다. 이는 한 사회가 얼마나 큰 혼란과 피해를 겪을 수 있는지를 극명하게 보여주었다.

하지만 이 모든 아픔과 시행착오를 통해 우리는 소중한 교훈을 얻을 수 있었다. 진실과 거짓을 구분하는 것이 얼마나 중요한지,

과학적 사고와 비판적 판단력이 얼마나 소중한지, 언론의 책임이 얼마나 무거운지, 시민 개개인의 성숙한 의식이 얼마나 절실한지를 깨달았다.

우리는 천안함의 교훈을 통해 거짓과 선동이 아닌, 이성과 진실이 통용되는 성숙한 사회를 만들어 나가야 한다. 이는 단순히 정치적 구호가 아니라, 우리가 모두 일상에서 실천해야 하는 구체적인 과제다.

민주주의는 시민들의 합리적 판단에 기반한다. 하지만 그 합리적 판단의 전제 조건은 정확한 정보와 사실에 대한 공유다. 사실에 대한 공통된 인식 없이는 어떤 민주적 토론도 불가능하다.

천안함 사건이 우리에게 던진 질문은 여전히 유효하다. 우리는 진실을 받아들일 준비가 되어 있는가? 우리는 불편한 진실보다 달콤한 거짓말을 선택하지는 않는가? 우리는 선동과 조작에 맞서 진실을 지킬 용기가 있는가?

이 질문에 대한 답은 우리 각자의 몫이다. 그리고 그 답들이 모여 우리 사회의 미래를 결정할 것이다. 천안함에서 산화한 46명의 영령이 진정한 안식을 얻을 수 있는 그날까지, 우리는 진실을 향한 여정을 멈춰서는 안 된다.

진실은 때로 불편하고 받아들이기 어려울 수 있다. 하지만 그 불편한 진실을 받아들이고 그 위에 서서 미래를 설계할 때만이, 우리는 진정으로 성숙한 민주시민이 될 수 있고, 진정으로 발전된 사회를 만들어갈 수 있다.

천안함의 비극을 딛고 일어선 대한민국이 진실의 힘으로 더욱 강해지기를, 그리하여 다시는 이런 선동과 분열의 아픔을 겪지 않기를 간절히 바란다. 이것이 천안함 영령들에게 바칠 수 있는 최고의 헌사일 것이다.

참고문헌

1. 민군합동조사단. (2010). 천안함 피격 사건 합동조사 결과 보고서. 국방부.
2. 민군합동조사단. (2010. 5. 20.). 천안함 침몰사건 조사결과 발표문. 국방부.
3. 한겨레. (2010. 7. 27.). '어뢰 아닌 기뢰'··· 러 보고서 '천안함 의혹' 재점화.
4. MBC 뉴스. (2010. 9. 13.). 천안함 최종보고서 공개··'北 어뢰 폭발' 재확인.
5. MBC PD수첩. (2021. 6. 15.). 천안함 생존자의 증언.
6. 미디어투데이. (2020. 3. 26.). 천안함 10년 2심재판서 밝혀진 의혹 8가지.
7. 천안함 피격 사건/왜곡. 나무위키.

XI. 후쿠시마 오염수 선동

이재환(단국대 정치외교학과 23학번)

2023년 8월 24일 오후 1시 3분, 일본 도쿄전력이 후쿠시마 제1원전의 ALPS 처리수를 바다로 흘려보낸 바로 그 순간, 한국 사회 전반을 감싸고 있던 공기는 순식간에 달궈졌다. 문자 그대로 들끓었다는 표현 외에는 달리 설명할 말이 없었다. 이미 수개월 전부터 국내 여론을 조각내고 있던 '후쿠시마 오염수'라는 단어는, 그날을 기점으로 하나의 정치적 상징이자 감정적 분노의 결집점으로 변모했다. 정부는 공식 논평을 통해 "일본이 계획대로 방류할 경우, 우리 해역에 미칠 영향은 미미하다."라는 입장을 거듭 강조했지만, 이러한 설명은 이미 건잡을 수 없이 증폭된 공포 앞에서 무력했다. 이는 단순한 환경 이슈가 아니었고, 일회성 외교적 갈등도 아니었다. 오랫동안 한국 사회의 밑바닥에 가라앉아 있던 불신과 트라우마가 한꺼번에 폭발하는 순간이었다.

문제는 과학적 사실보다 훨씬 더 깊은 층위에서 작동하고 있었다. 국제원자력기구(IAEA)가 수차례 상세한 검증 보고서를 내놓아 '정상 기준 이하의 방류'임을 밝혔지만, 대중 감정에는 사실상 아무런 영향도 주지 못했다. 사람들은 눈으로 보이지 않는 것을 두려워한다. 방사능은 그 보이지 않는 공포의 대표적 대상이었다. 오염수라는 단어가 던지는 직관적 이미지(까맣게 번져 퍼지는 잉크, 썩어가는 바다, 오염된 생선)는 이미 한국인의 심리 깊은 곳에 자리 잡은 불신과 완벽하게 이어졌다. 후쿠시마 처리수 문제가 이토록 강력한 선동의 도구가 된 이유도 바로 여기에 있었다. 사실 여부와 무관하게, '위험해 보인다.'라는 감정이 모든 이성적 판단을 압도했다.

∴ 집단 심리학의 렌즈로 본 공포의 전염

집단 심리학적 관점에서 보면, 이 현상은 놀라우리만큼 정교하게 설명된다. 구스타브 르 봉이 19세기 말 『군중심리학』에서 분석한 '감정의 전염'은 100년이 넘은 이론임에도 그대로 작동했다. 개인이 군중 속에 편입되는 순간, 판단 능력은 현저히 낮아지고 감정적 반응만 과도하게 확대된다. 후쿠시마 사태 이후 한국 사회에서 벌어진 일은 이 고전 이론의 교과서적 재현이었다. 특히 방사능이라는 소재는 인간의 원초적 공포를 자극하는 데 더없이 효과적이었다. 냄새도 없고, 색도 없고, 촉각도 없는 '투명한 공포'는 사람들의 상상력을 끝없이 자극했다. 여기에 인지심리학의 가용성 휴리스틱이 개입한다. 기억 속에 생생하게 남아 있는 체르노빌의 폐허, 방독면을 쓴 작업자들, 후쿠시마 사고 당시 쏟아져 들어오던 물과 증기, 그런 이미지들이 현실의 위험도를 과장하는 데 결정적 역할을 했다.

선동 세력은 이런 감정적 메커니즘을 누구보다 잘 알고 있었다. 정치적 목표를 가진 이들은 과학적 설명을 세부적으로 검토하지 않았다. 대신 사람들의 뇌 깊은 곳을 건드리는 언어를 선택했다. '처리수'라는 중립적인 용어 대신 '방사능 오염수', '핵 오염수', '죽음의 물' 같은 단어들이 끊임없이 반복됐다. 언어는 사고의 틀을 만든다. 조지 레이코프의 프레이밍 이론처럼, 무엇을 어떻게 부르는가에 따라 사람들이 떠올리는 이미지 자체가 달라진다. '오염수'라는 단어는 듣는 순간 이미 공포가 활성화된 상태로 뇌가 반응한다. 그 단어 하나가 모든 과학적 사실을 무력화시키는 효과를 냈다.

아이러니한 것은, 실제 과학적 수치는 오히려 공포의 반대 방향에 있었다는 점이다. 원자력공학자 정범진 교수는 정부 정책 브리핑 인터뷰에서 "문제를 판단할 때는 감정이 아니라 수치로 돌아가야 한다."라고 말했다. 삼중수소는 이미 빗물·하천·지하수 등 자연계 어디에나 존재하며, 우리나라 강물의 삼중수소 농도가 리터당 약 1베크렐 수준이라는 설명도 덧붙였다. 더 놀라운 사실은, 2011년 사고 직후 이미 '처리되지 않은' 오염수가 하루 300톤씩 바다로 들어갔음에도 한국 해역에서 측정조차 되지 않았다는 점이다. 방류 지점에서 2~3km만 떨어져도 삼중수소 농도는 자연적 희석을 통해 1베크렐 수준으로 떨어진다. 정범진 교수는 "야광 시계 하나에 들어가는 삼중수소가 2억 베크렐인데, 이런 제품을 손목에 차고 다녀도 아무 문제가 없다."라고 설명하기도 했다. 위험하다는 주장과 실제 과학적 수치 사이에는 애초에 거대한 간극이 존재했다.

그런데도 대중의 감정은 과학을 선택하지 않았다. 이는 단순한 지식 부족 문제가 아니다. 한국 사회 내부에 이미 깊은 뿌리를 둔 '방사능 트라우마'가 있었기 때문이다. 1986년 체르노빌 사고 이후 불거진 유럽산 분유 공포, 2008년 광우병 사태에서 정부 발표에 대한 전면적 불신, 후쿠시마 사고 직후 요오드131 검출 공포 등, 방사능과 정부 불신이 결합한 사건들은 반복적으로 대중의 기억을 형성했다. 제프리 알렉산더가 말하는 '문화적 트라우마'는 개별 사건이 아니라 집단의 정체성에 깊은 상흔으로 남는 경험이 이미 한국 사회에 자리 잡고 있었다. 선동 세력은 이 트라우마의 존재를 정확히 활용했다. 트라우마는 '과거의 상처'가 아니라 '현재의 위험'을 상상하게 한다. 이 상상력은 공포를 몇 배로 증폭시켰다.

문제의 복잡성은 국제 정치까지 연결되면서 배가되었다. 당시 한일 관계는 최악의 상태였다. 과거사 문제, 지소미아 논란, 일본의 경제 보복 조치 등으로 일본에 대한 국민의 감정은 극도로 악화한 상황이었다. 윤석열 정부가 한미일 협력 강화를 위해 대일 관계 개선을 추진하자, 정치적 반대 세력은 이 사안을 '굴욕 외교'라는 프레임과 결합했다. 이렇게 되면 후쿠시마 오염수 문제는 단순한 환경 이슈가 아니라, 곧바로 민족 감정과 엮인 정치적 상징으로 변화한다. 선동이 성공할 수밖에 없는 구조적 조건이 이미 갖춰져 있었던 것이다.

중국도 이 심리적·정치적 지형을 교묘하게 활용했다. 중국 관영 매체들은 연일 일본의 방류를 비난하며 한국 내 반대 여론을 적극 인용했다. 환경 보호라는 외피를 씌웠지만, 실질적으로는 한미일 안보 협력 축을 흔들려는 지정학적 의도가 분명했다. 중국은 자신들의 원전에서 후쿠시마보다 훨씬 높은 양의 삼중수소를 방류하고 있다는 사실을 언급하지 않았다. 선택적으로 정보가 사용되었다. 한국 내에서는 이런 중국발 여론이 일부 환경단체의 논리와 결합하면서 더욱 강력한 공포의 네트워크를 형성했다.

이런 구조 속에서 대중은 이미 '팩트'가 아니라 '감정'을 중심으로 사고하는 상태가 되었고, 이는 집단적 불안이 폭발하는 데 충분한 조건이었다. SNS와 유튜브는 이 공포를 실시간으로 확산시키는 플랫폼이 되었다. 알고리즘은 공포를 증폭시키는 데 최적화된 기술이었다. 사람들은 위험과 관련된 콘텐츠에 더 오래 머무르고, 더 빠르게 공유한다. 이는 경제적 이익과 연결된다. 즉, 공포는 클릭을 만든다. 클릭은 수익을 만든다. 이런 구조에서 '공포 콘텐츠'는 자연스럽게 시장에서 승리한다.

하지만 공포가 확산하는 속도와 달리, 과학적 사실은 더디고 조용하게 전달된다. 방사선량을 나타내는 베크렐이 무엇인지, 삼중수소가 왜 다른 방사성 물질과 달리 생물 농축을 하지 않는지, ALPS가 어떤 방식으로 62종 이상의 핵종을 제거하는지 같은 기본 원리들은 대중이 이해할 수 있도록 설명되기 전에 이미 감정적 프레임에 덮여버렸다. 정범진 교수는 "처리수의 삼중수소 총량은 동해에 내리는 빗속에 포함된 삼중수소보다도 적다." 라고 말했지만, 이러한 설명은 공포 프레임 안에서는 도달 자체가 불가능했다. 대중은 '실제 위험'보다 '느껴지는 위험'을 더 크게 평가했다. 이는 인간이 원래 감정에 따라 움직이기 때문이다.

결과적으로 이 문제는 단순한 사실 확인의 문제가 아니라, 심리·정치·언어·국제 관계가 모두 얽힌 복합적인 사회현상이 되었다. 그리고 이 복잡성 자체가 선동에 더 유리한 환경을 조성했다. 복잡한 문제일수록 단순한 결론을 제시하는 쪽이 승리한다. '위험하다.'라는 말은 단순하고 직관적이며, 사람들의 생존 본능을 자극한다. 반면 '안전하다.'라는 말은 수많은 조건과 설명이 필요하다. 이런 구조에서 과학은 선동에 밀릴 수밖에 없었다.

∴ 사실의 소멸

후쿠시마 처리수 논란이 이렇게 폭발적으로 번진 데에는 단지 국내 정치나 감정적 요인만으로 설명되지 않는 더 거대한 맥락이 있었다. 이 문제는 지진·원전 사고·정치·환경·국제 정치가 한데

엉켜 있는 복잡한 구조였고, 그 구조 속에서 한국 사회는 자신만의 방식으로 불안을 증폭시키며 독자적인 '집단 정서'를 형성했다. 이 정서의 배후에는 과학적 사실과 동떨어진 기억의 잔재, 인식의 왜곡, 불신의 누적 그리고 한국 특유의 '완전주의 문화'까지 겹겹이 쌓여 있었다.

2011년 3월 11일 동일본 대지진은 인간이 감당하기 어려운 재난이었다. 리히터 규모 9.0이라는 거대한 충격과 뒤이어 몰려온 쓰나미는 키가 수십 미터에 달하는 물 덩어리였다. 그것이 단 몇 분 만에 후쿠시마 제1원전의 모든 전력을 무력화시키고 냉각 시스템을 폐기했다는 사실은 당시 전 세계가 충격에 빠질 수밖에 없었다. 1·2·3호기에서는 연쇄적으로 노심 용융이 발생했고, 이후 12년 동안 원전 내부에서는 지속적인 냉각 작업이 필요했다. 이 과정에서 계속 생산된 물, 즉 지하수·빗물·냉각수 등이 합쳐져 만들어진 것이 오염수였다. 세슘·스트론튬·플루토늄을 포함한 방사성 핵종이 섞여 있었고, 이것들이 ALPS라는 정화 시스템을 거쳐 대부분 제거되었다. 삼중수소는 다른 핵종과 달리 물과 화학적으로 분리하기 어렵기 때문에 남았지만, 위험도는 극히 낮고 생물 농축이 되지 않는다는 것도 과학자들 사이에선 이미 잘 알려진 사실이었다.

문제는 이러한 과학적 설명이 대중의 머릿속에서 체계적으로 작동하지 않았다는 점이다. 오히려 '후쿠시마', '원전', '방사능'이라는 단어들이 한 번에 하나의 이미지로 묶이며 정서적 기억을 자극했다. 체르노빌에서 녹아내린 콘크리트, 2011년 후쿠시마 사고 당시 흩날리던 흰 증기 그리고 그 이후의 황폐한 도시 풍경 같은 장면들이 사람들의 마음속에서 현실보다 과장된 공포를 만들고 있었다. 뇌는 복잡한 과학적 정보를 처리하는 것보다 생생한 이미지 몇 개를 조합해 빠르게 결론을 내리는 것을 선호한다. 이 심리적 지름길을 휴리스틱이라고 부른다. 후쿠시마 처리수 논란은 바로 이 지름길이 가장 극적으로 작동한 사례였다.

한국 사회가 이 문제에 유독 민감하게 반응한 데에는 역사적 맥락도 있다. 체르노빌 사고 당시 한국 정부가 유럽산 분유 수입을 전격 중단했던 사건은 한국인에게 '방사능=먹으면 안 되는 것'이라는 도식적 공포를 남겼다. 광우병 사태 때 정부 설명을 믿지 못하고 '미국산 소고기 먹으면 뇌가 구멍 난다.'라는 공포가 전국을 뒤덮었던 기억은 여전히 강력했다. 후쿠시마 사고 직후, 한국의 대기 중에서도 요오드131이 검출되자 사람들은 '일본에서 뭔가 날아오고 있다.'라는 막연한 공포에 휩싸였다. 이런 경험들이 반복되자 방사능에 대한 공포는 사실상 한국인의 문화적 무의식에 깊게 자리 잡게 되었다.

이런 심리적 기반 위에 당시의 정치 상황이 결합했다. 윤석열 정부는 대일 관계 개선을 추진하고 있었고, 반대 진영은 이를

'친일 외교'라는 틀로 비판하고 있었다. 후쿠시마 처리수 문제는 그 자체가 정치적 증폭 장치였고, 어떤 사건보다도 쉽게 감정적 지지를 끌어낼 수 있는 소재였다. 정부가 "IAEA가 검증했다."라고 말해도, 반대 진영은 "그 IAEA 보고서가 신뢰할 수 없다."라고 하는 순간 논쟁은 과학의 영역에서 정치의 영역으로 이동했다. 그리고 정치의 영역에서는 감정이 이성을 압도한다.

IAEA는 실제로 5차례 이상의 검증 보고서를 통해 '국제 기준에 부합하는 방류'라고 결론냈다. 심지어 IAEA 팀은 일본이 제공한 샘플 외에도 독립적으로 샘플을 추출해 분석했다고 밝혔다. 도쿄전력은 ALPS 처리수 농도를 실시간으로 공개하고, 한국어로도 자료를 제공했다. 처리수 포털 사이트에는 매일 삼중수소 농도, 배출량, 희석 비율 등이 상세히 공개되고 있었다. 하지만 이미 공포의 바람이 불고 있는 상황에서는 이런 정보는 닿지 않는 정보였다. 사람들은 알고 싶어 하지 않았고, 대신 감정적으로 받아들이고 싶은 정보만을 더 적극적으로 소비했다.

이때 정치적 선동은 극도로 효과적이었다. 야당은 "국민의 생명보다 일본 눈치를 본다", "굴욕 외교", "우리 아이들 밥상에 방사능이 올라온다."라는 구호를 내세웠다. 이미 감정적으로 흥분된 대중에게는 이런 메시지가 훨씬 설득력 있게 다가갔다. 정보가 아니라 정서가 소통의 중심이 되었다. "위험해 보이니까 위험한 것이다."라는 단순하고 강력한 직관이 이성을 압도했다.

환경운동 단체들도 이 문제에 깊이 개입했다. 이들이 사용한 논리는 '예방 원칙'이었다. "100% 안전하지 않다면 해서는 안 된다."라는 주장. 일견 타당해 보이지만, 실제로 어떤 과학기술도 100% 안전을 보장하지는 않는다. 게다가 전 세계 모든 원전이 삼중수소를 포함한 처리수를 규정치 이하로 바다에 방류해 왔다는 사실은 의도적으로 무시됐다. 한국의 월성 원전에서도 삼중수소를 포함한 폐수를 꾸준히 배출해 왔고, 그 농도는 후쿠시마 방류 농도보다 훨씬 높았다는 사실도 말하지 않았다. 방사능 위험이라는 단어가 등장하는 순간, 사람들은 비교라는 과정을 건너뛰고 단숨에 공포로 이동했다.

언론도 문제를 더 키웠다. 전통 언론은 클릭 경쟁에 내몰려 자극적 제목을 택했고, 온라인 매체들은 과학적 사실보다 감정적 이미지에 집중했다. 유튜브는 더욱 과열되었다. '후쿠시마 오염수 먹으면 이렇게 된다', '정부가 숨기는 방사능의 진실', '일본 생선을 먹다 생긴 충격적 변화' 같은 제목들이 수백만 조회수를 기록했다. 알고리즘은 공포를 확대 증폭시키는 데 최적화돼 있었다. 사람은 감정적 콘텐츠에 더 반응한다. 분노, 불안, 공포 같은 부정 감정은 더 오랫동안 기억되고, 더 자주 공유된다. 이는 플랫폼의 경제 논리와 맞닿아 있다. 공포는 클릭을 부르고, 클릭은 수익을 만든다.

문제는 이런 공포의 파도가 실제 삶에 영향을 미치는 순간부터 심각해진다. 수산업계는 직격탄을 맞았다. 방류 직후 전국 수산시장은 한산해졌고, 노량진 수산시장처럼 상징적인 장소에서는 일부 상인들이 "망했다."라며 가게를 접겠다고 선언하기도 했다. 수산물 소비가 급감하면서 어민과 중도매인, 수산시장 상인들까지 연쇄적인 피해를 보았다. 일본산 수산물만이 아니라 국산 수산물까지 피해를 본 것도 한국 사회의 공포 메커니즘이 얼마나 무차별적으로 작동했는지 보여주는 증거였다.

이런 상황에서 "과학적 사실을 믿어라."라는 말은 설득력이 부족했다. 이미 감정적 서사가 대중의 마음을 장악한 뒤였다. 진실이 어떻게 전달되느냐보다, 누가 말하느냐가 더 중요한 상태였다. 전문가들이 아무리 데이터를 내밀어도, 대중은 "그 전문가들이 일본 편."이라는 음모론적 사고에 더 기울었다. 정보의 신뢰성을 판단할 때 기준이 '사실'이 아니라 '감정적 선호'가 된 것이다. 이 지점에서 선동은 거의 무적에 가까웠다.

더 큰 문제는, 이 모든 과정에서 한국 사회가 느끼는 불신이 구조적으로 강화되었다는 점이다. 정부의 말을 믿지 못하고, 언론의 말을 믿지 못하고, 전문가를 믿지 못하는 분위기는 한 번 형성되면 쉽게 사라지지 않는다. 방사능이라는 소재는 이러한 불신을 극대화하는 데 적합한 도구였다. 정부 발표 하나가 잘못 알려지면 '의도적으로 숨긴 것'으로 간주하고, 언론 보도가 누락되면 '무언가 감춘다.'라는 해석이 뒤따른다. 전문가가 "안전하다."라고 하면 "기득권 편을 든다."라고 비난받고, "위험하다."라고 하면 즉각적으로 믿어버린다. 이중 잣대가 작동하는 상황에서는 논의 자체가 성립되기 어렵다.

더욱 심각한 것은, 이 불신이 단순히 정보에 대한 불신을 넘어서 사회 전체의 제도적 신뢰를 약화한다는 점이다. 이런 상태에서 과학적 합의를 기반으로 한 정책은 추진되기 어렵다. 에너지 정책, 환경 규제, 원전 운영, 기후 위기 대응 같은 문제들은 모두 과학적 설명과 사회적 신뢰를 기반으로 해야 하는데, 선동이 이 신뢰를 잠식해 버리면 모든 정책이 정치적 공방으로 전락해 버린다. 후쿠시마 처리수 논란은 단지 일본의 문제가 아니라 한국 사회의 취약성을 여실히 드러내는 사건이었다.

∴ 디지털 선동의 시대

후쿠시마 처리수 논란에서 그러한 선동이 유난히 빠르고 강력하게 확산할 수 있었던 이유는, 21세기 디지털 환경이 만들어낸 새로운 정보 생태계에 있었다. 과거처럼 정보를 뉴스나 신문을 통해 일방적으로 소비하던 시대가 아니라, 오늘날은 누구나 생산자이자 유통자다. 정보의 생산 속도와 폭발력은 기존의 어떤 매체도 따라갈 수 없을 만큼 강력해졌다. 문제는 이러한 구조가 더 많은 사실, 더 정확한 정보를 퍼뜨리는 방향으로 작동하지 않는다는 점이다. 오히려 가장 자극적이고, 가장 분노를 자극하며, 가장 극단적인 서사가 시장을 점유한다. 디지털 생태계는 감정적 서사에 최적화된 구조를 갖추고 있고, 후쿠시마 처리수 이슈는 이 감정적 구조와 완벽하게 결합했다.

SNS 알고리즘은 기본적으로 사용자의 관심을 더 오래 붙잡아 두는 콘텐츠를 선호한다. 사람들은 분노·혐오·공포 같은 부정적인 감정에 더 오래 머문다. 이는 심리학에서 이미 오래전 확인된 사실이다. 그러나 이 감정적 편향이 SNS 알고리즘과 만나면 문제가 몇 배로 증폭된다. '후쿠시마 오염수' 관련 영상 하나를 클릭하는 순간, 사용자가 접하는 피드는 순식간에 비슷한 콘텐츠로 채워진다. 유튜브의 추천 영상, 인스타그램의 릴스, 페이스북의 추천 게시물이 모두 동일한 자극으로 연결된다. 알고리즘은 사람들에게 균형 잡힌 정보를 제공하려는 의도가 아니라, 그저 더 오래 머물게 하는 것을 목표로 한다. 그러니 공포와 분노가 담긴 콘텐츠가 압도적으로 유리해진다.

이런 구조 속에서 가장 흔하게 등장한 콘텐츠는 '극단적 시나리오'였다. 후쿠시마 인근에서 잡혔다는 기형 물고기 사진, 바다 생물에게 방사선이 축적되어 돌연변이가 일어나고 있다는 영상, 일본 생선을 먹은 사람의 손톱이 이상하게 변했다는 식의 주장까지 등장했다. 대부분은 조작된 이미지였고, 정범진 교수나 여러 원전·해양 전문가들이 "그런 현상은 삼중수소의 특성상 불가능하다."라고 수차례 설명했음에도 불구하고, 이러한 해명은 제대로 도달하지 않았다. 심지어 해외 사례를 끌어와 교묘하게 편집한 영상들도 퍼졌다. 어떤 영상은 체르노빌 사고 후 발견된 기형 동물 사진을 후쿠시마 상황에 갖다 붙였고, 어떤 영상은 해양 오염과 관련 없는 병든 어류 사진을 방사능 때문이라고 단정지었다. 그러나 디지털 환경에서는 팩트보다 이미지가 더 강력했다.

사람들은 과학적 개념을 이해하는 데 시간이 필요하지만, 공포 이미지는 단 몇 초면 충분하다. 이미지가 한 번 머릿속에 들어가면 그것은 논리보다 더 오래, 더 강하게 영향력을 행사한다. "바다 생물이 방사능으로 인해 변이하고 있다."라는 허위 영상이 퍼진 뒤 많은 사람들이 생선을 꺼리기 시작했고, 이를 언론이 다시 '국민 불안 증가'라는 제목으로 다루면서 공포는 다시 한번 강화됐다. 정보의 생산소비재생산 구조가 하나의 거대한 공포 공장을 만들어낸 셈이다.

더욱 심각한 문제는, 이런 콘텐츠가 단순히 잘못된 정보를 퍼뜨리는 데서 그치지 않았다는 점이다. 그것들은 특정 정치적 해석을 강화하는 데 쓰였다. "정부가 숨기고 있다", "전문가들은 일본 편을 든다", "언론이 진실을 보도하지 않는다."라는 음모론이 디지털 공간에서 거의 자동으로 따라붙었다. 과학적 내용을 설명하는 전문가는 '기득권' 혹은 '정부와 결탁한 세력'으로 간주하였고, 반대로 과학적 근거 없이 위험을 강조하는 사람들은 '양심적 내부자'로 추앙되었다. 이는 단순히 잘못된 정보가 아니라, 정보의 신뢰 체계 전체가 무너지는 과정이었다.

한국 사회가 이 음모론 구조에 취약한 이유는 명확하다. 이미 진영 간 불신이 심하게 고착돼 있고, 정치적 정체성이 사실 인식보다 우선하는 구조적인 특징이 있다. 진영에 따라 같은 팩트를 보고도 전혀 다른 해석을 내놓는다. IAEA의 보고서가 나왔을 때, 정부는 "국제사회가 과학적 안전성을 확인했다."라고 주장했지만, 반대 진영에서는 "IAEA도 일본이 돈을 줬을 것."이라는 음모론이 나왔다. 실제로 IAEA 검증단은 도쿄전력 제공 샘플 외에 독립적 채취를 수행했다고 보고서에 명시했지만, 이런 설명은 '이미 마음을 정해놓은 사람들'에게는 의미가 없었다. 사실을 제공해도, 그 사실을 받아들이지 않는 상태였기 때문이다.

디지털 플랫폼의 또 다른 문제는 '확증 편향의 강화'다. 이미 방사능에 대한 공포를 느끼는 사람들은 그 공포를 강화하는 콘텐츠를 더 오래 보고, 더 많이 공유한다. 그러면 알고리즘은 동일한 성향의 콘텐츠를 다시 추천한다. 이는 일종의 정보적 고립을 낳는다. 다른 관점을 접할 가능성이 극도로 줄어들고, 자신과 비슷한 생각을 하는 사람들끼리만 정보를 공유하며 서로의 공포를 증폭시킨다. 이런 구조 안에서는 논쟁이 성립되지 않는다. 서로 다른 세계에서 서로 다른 현실을 살고 있기 때문이다.

이처럼 디지털 플랫폼 기반 선동이 강력했다면, 전통 언론의 소극적 대응도 문제였다. 전통 언론은 기본적으로 '중립을 지키는 척'하면서도 조회수를 확보하기 위해 자극적인 표현을 사용했다. "후쿠시마 오염수 방류 시작… 수산업계 비상", "국민 불안 폭발" 같은 제목은 과학적 사실과 별개로 공포의 분위기를 자극하는 방식이었다. 심지어 일부 언론은 방류가 시작되기도 전에 "바닷가에서 기형 생선 발견." 같은 사실과 무관한 자극적 기사를 실었다. 언론의 역할은 사실 확인과 균형 잡힌 보도여야 하지만, 디지털 광고 구조가 언론을 자극적 콘텐츠 경쟁으로 내몰았고, 결국 언론 역시 공포 유통의 한 축이 되었다.

여기에 환경단체들의 역할도 빼놓을 수 없다. 환경단체들은 평소에도 원전 관련 이슈에 강하게 반대하는데, 이번 문제는 그들의 정체성과도 직결되는 만큼 강한 목소리를 냈다. 그들은 방사능 문제를 '생명 문제'로 규정하고, "국민의 생명과 안전을 위해 반대한다."라는 구호를 전면에 내세웠다. 문제는 이 명분이 절대 부정될 수 없는 것처럼 보이기 때문에, 그들의 주장에 담긴 과학적 오류나 과장이 논쟁의 대상이 되기 어렵다는 점이다. 예를 들어 "방사능은 생물 농축을 일으키므로 수산물 전반에 위험하다."라는 주장은 삼중수소의 특성상 사실이 아니지만, '생명의 문제'라는 맥락에서는 이런 반론 자체를 공격적인 것으로 해석하는 분위기가 형성된다. 감성적 호소는 과학적 설명보다 훨씬 강력했다.

이 문제는 한국 사회의 정치적 양극화 구조와 결합하며 매우 위험한 형태로 발전했다. 진영 간 상호 증오와 불신이 깊어질수록, 과학적 사실이나 국제기구의 검증은 '상대 진영의 주장'으로 치부되기 쉽다. 이 과정에서 처리수 논란은 과학의 문제가 아니라 '정치적 정체성의 문제'가 되어 버렸다. 어느 편을 선택하느냐가 곧 자신의 정치적 정체성을 드러내는 일처럼 되어 버린 것이다. 이 지점에서 사실은 어떤 영향력도 갖지 못한다. 진실은 더 이상 정보가 아니라, '진영에 따라 선택하는 것'이 되는 순간부터 사회는 합리적 토론 능력을 잃는다.

그런데 이러한 양극화와 불신이 한국 사회만의 문제는 아니다. 하지만 한국 사회는 그 정도가 매우 심하게 나타나는 경향이 있다. 그 이유는 '완전주의 문화'에서 찾을 수 있다. 한국인은 '완전히 안전하거나, 완전히 위험하다.'라는 이분법적 사고에 익숙하다. 이는 교육 방식과 사회 구조에서 오랫동안 형성된 특성이다. 99.9% 안전하다는 말은 받아들여지지 않는다. 0.01%라도 위험하다는 가능성이 생기면, 그 가능성에 모든 판단이 빨려 들어간다. 한국인의 위험 인식은 '확률'이 아니라 '가능성'을 중심으로 작동한다. 그리고 가능성은 상상력으로 쉽게 증폭된다. 삼중수소가 인체에 미치는 영향이 극히 미미하고, 몸속에서 빠르게 배출되며, 생물 농축이 없다는 과학적 설명은 이분법적 사고 앞에서는 효과가 없다. "그래도 혹시?"라는 생각이 모든 설명을 무산시킨다.

또한 한국 사회는 집단주의 문화가 강하다. 집단주의는 위기 상황에서 서로를 보호하고 연대하는 긍정적인 작용을 하기도 하지만, 잘못 작동할 경우 '무리 효과'를 극단적으로 강화하는 결과를 낳는다. 특히 공포 상황에서는 군중 행동이 신속하게 이루어진다. 누군가 "위험하다."라고 외치기 시작하면, 그 정보가 사실인지 아닌지는 중요하지 않다. 중요한 것은 집단이 움직였다는 사실 그 자체다. 사람들은 집단의 행동을 '증거'로 인식한다. 즉, 많은 사람이 반대한다는 사실이 그것이 위험하다는 증거처럼 작용한다. 이는 사회적 증명 효과다.

이 모든 요소가 결합하면서 후쿠시마 처리수 논란은 한국 사회의 약점을 적나라하게 드러냈다. 그것은 단순한 정보 오해의 문제가 아니라, 한국 사회의 구조적 허약함이 드러난 사건이었다. 과학적 사실에 대한 신뢰 부족, 정치적 양극화, 감정 중심의 위험 인식, 불완전함을 받아들이지 못하는 문화적 특성 그리고 디지털 플랫폼의 부정적 메커니즘이 하나의 거대한 구조로 얽혀 있었다. 이 구조는 언제든 또 다른 선동의 토양이 될 수 있다. 후쿠시마 처리수 논란은 그 첫 번째 사례가 아니라, 단지 가장 강렬하게 폭발한 사례였다.

∴ 선동의 재발을 막기 위해

후쿠시마 처리수 논란은 단순한 오해나 정보 부족에서 비롯된 사건이 아니다. 그것은 한국 사회가 집단으로 무엇을 두려워하고, 무엇을 믿지 못하며, 어디에 분노를 쏟아내는지 가장 적나라하게 드러낸 거울이었다. 많은 사람이 이 사건을 '일본 문제'로 부르지만, 사실 이 사건은 일본보다 훨씬 더 깊이 한국 사회의 내부 문제를 비추고 있었다. 과학의 실패가 아니라 사회의 실패, 정보의 실패가 아니라 신뢰의 실패, 정책의 실패가 아니라 심리의 실패였다. 그리고 이 실패는 동일한 형태로 반복된다. 몇 년 전에는 '백신 괴담'이었고, 그전에는 '미세먼지 음모론'이었고, 그 앞에는 '광우병 파동'이었다. 이번에는 일본 원전이었다. 다음에는 또 다른 이슈가 등장할 것이다. 구조는 늘 같다. 원인도 늘 같다. 그래서 이 문제는 한 번 정리하고 잊어버릴 성격의 것이 아니다. 다시 시작해야 하는 문제다.

우리가 이 문제에서 가장 먼저 마주해야 하는 지점은 "왜 한국 사회는 전문가의 설명을 믿지 않는가?"라는 질문이다. 많은 사람은 이 질문을 "전문가가 신뢰를 잃었기 때문."이라고 단순화한다. 그러나 문제는 그렇게 얕지 않다. 후쿠시마 처리수 논란에서 정범진 교수나 많은 원자력·해양 전문가들은 사실을 말하고 있었다. 그들의 수치나 논리는 국제 기준과 동일했고, IAEA의 검증 절차와도 정확히 일치했다. 그럼에도 그들의 말은 절반의 국민에게 닿지 않았다. 여기서 핵심은 '사실'이 아니라 '관계'다. 한국 사회에서 전문가는 '사실을 전달하는 사람'이 아니라 '어느 편인가를 증명해야 하는 사람'으로 간주한다. 전문가가 말한 내용보다 전문가가 서 있는 위치, 어느 정부와 가까운지, 기업과 어떤 관계가 있는지가 먼저 판단된다. 이 구조에서는 어떤 사실도 권위를 갖지 못한다. 사실은 '선택'되고, 그 선택은 진영의 논리에 따라 결정된다.

이 구조를 극복하려면 한국 사회가 '전문가-대중'의 관계를 다시 설계해야 한다. 원전·방사선·해양 환경과 같은 특수 과학 분야는 대중이 이해하기 어려운 영역이다. 따라서 전문가 집단이 투명성을 강화하고, 정부가 독립적 감시체계를 제도화하며, 정보 제공의 일관성을 유지하는 것이 중요한데, 한국은 이 영역에서 늘 절반만 완성한다. 전문가가 브리핑을 하고, 정부가 자료를 공개하지만, 그 정보에 신뢰를 부여할 수 있는 제도적 장치가 충분히 구축돼 있지 않다. 독립적 검증 기관이 있어도 정치적 공격이나 이슈 프레임에 휘말리기 쉽고, 정책 결정 과정에 대한 설명도 추상적이다. '신뢰하라'는 말만 있고 신뢰를 가능하게 하는 구조적 장치는 없다. 사람들은 정보를 믿지 않는 것이 아니라, 정보를 제공하는 구조 자체를 불신한다.

두 번째 문제는 "왜 한국 사회는 위험을 다루는 방식이 극단적으로 감정적이며 이분법적인가?"이다. 후쿠시마 논란에서 가장 자주 확인된 사고방식은 '0 아니면 100'이었다. 안전 vs 위험, 완전한 무해 vs 돌이킬 수 없는 재앙. 삼중수소가 체내에서 빠르게 배출되고, 생물 농축이 없으며, 국제 기준보다 수십 배 낮은 농도로 희석된다는 설명을 들은 사람들조차 "그래도 0은 아니지 않냐?"라고 반문한다. 한국 사회에서 '안전'은 과학적 의미가 아니라 정서적 의미로 받아들여진다. 즉, 위험이 '존재한다/존재하지 않는다.'가 아니라, '내 감정이 그것을 위험하다고 느끼는가?'로 결정된다. 이 감정적 안전 개념은 일종의 문화적 패턴이자, 한국 사회의 과도한 경쟁 환경에서 습득된 불안의 산물이다. 어디서든 '예외'가 용납되지 않는 환경에서 자라난 사람들에게 0.01%의 위험은 가능성이 아니라 공포 그 자체가 된다.

이런 위험 인식 구조를 완화하려면 한국 사회는 '확률적 사고'를 받아들여야 한다. 선행 연구에선 과학 기반 위험관리(risk management)의 핵심은 '완전한 무해함'을 요구하는 것이 아니라, '현실적 수준의 안전성을 확보하는 제도와 국제 기준을 유지하는 것'이다. 한국 사회는 이 부분에서 교육적으로도, 정책적으로도 매우 부족하다. 학교에서는 위험을 확률로 설명하지 않는다. 언론은 위험을 수치로 설명하는 대신 감정으로 포장한다. 정부는 위험 소통을 체계적으로 하지 않는다. 결국 국민은 '완전한 무해함'이라는 비현실적인 기준을 내면화한다. 이 기준은 어느 국가도 충족할 수 없고, 충족한다고 해도 설명할 방법이 없다. 한국 사회는 위험을 받아들이는 게 아니라, 위험을 부정한다. 위험을 관리하는 게 아니라, 위험을 상상한다.

세 번째 문제는 "왜 한국 사회는 국제기구조차 신뢰하지 않는가?"이다. IAEA는 국제 핵 안전 기준을 마련하는 기관이며, 후쿠시마 처리수 검증에는 여러 국가 전문가가 참여했다. 그리고 검증 결과는 매우 명확했다. 그러나 한국 사회에서는 그 결과가 '일본 편들기'라는 식으로 폄하되었다. 국제기구의 검증 과정이 어떻게 이루어지는지, 검증단의 표본 채취 방식이 어떻게 다른지, 어떤 절차로 투명성을 확보하는지조차 설명되지 않은 채, 결과만 받아들여졌기 때문이다. 국제기구는 '과학적 장치'라기보다 '정치적 도구'로 소비되었다. 이 역시 한국 사회가 국제 정치에 대한 불신을 감정화하여 받아들이는 구조에서 비롯된다.

해결하려면 국제기구의 검증 정보를 전달하는 과정 자체를 투명하게 해야 한다. 단순히 "IAEA가 괜찮다고 했다."에서 끝나는 것이 아니라, 어떤 방식으로, 어떤 절차로, 어떤 전문가들이 참여했는지를 대중이 직접 확인할 수 있어야 한다. 3번째 참고 논문에서도 제안한 바와 같이, 한국은 독자적 샘플 채취와 분석 시스템을 구축하고, 그 결과를 실시간 공개하는 방식으로 국제기구와 독립성을 동시에 확보해야 한다. 신뢰는 말로 쌓는 것이 아니라 구조로 쌓는 것이다.

네 번째 문제는 디지털 플랫폼의 책임이다. 오늘날 정보는 검증을 통과하지 않은 채 순식간에 증폭된다. 후쿠시마 논란에서 가장 많은 조회수를 기록한 영상들은 대부분 과장되거나 조작된 내용이었다. 반대로 전문가가 등장하여 차분히 설명한 영상은 조회수가 낮았다. 플랫폼은 '사실의 양'보다 '자극의 강도'를 우선시한다. 이 구조에서는 어떤 과학적 사실도 이길 수 없다. 결국 플랫폼의 알고리즘은 공포를 상품으로 만들고, 불신을 콘텐츠로 만든다. 한국 사회는 이 구조를 방치한 채 사람들에게만 "가짜뉴스에 속지 말라"고 말해왔다. 개인의 윤리 문제로 돌린 것이다. 그러나 플랫폼 기반 정보 환경에서 개인이 감당할 수 있는 영역은 매우 제한적이다.

이 문제를 해결하려면 한국도 플랫폼 책임 규제를 강화해야 한다. 그러나 그 규제가 표현의 자유를 침해해서는 안 된다. 3번째 참고 논문에서 제안하듯, 단순히 콘텐츠를 삭제하거나 계정을 차단하는 방식이 아니라, 알고리즘의 투명성·공개 의무·위험 정보 자동 확산 방지 등 기술적·구조적 개입이 필요하다. 플랫폼이 '중립적 도구'라는 환상을 버려야 한다. 플랫폼은 이미 공공의 위험에 직접적인 영향을 끼치는 정보 인프라이다. 인프라는 규제 없이는 유지되지 않는다.

마지막으로, 이 문제를 해결하려면 한국 사회가 '정치적 양극화의 관성'을 멈춰야 한다. 후쿠시마 논란이 이렇게까지 커진 근본 원인은 진영 갈등이었다. 어느 진영에 속한 사람들끼리는 과학적 사실을 서로 다르게 해석했다. 같은 현상을 보고도 완전히 다른 결론을 내렸다. 사실이 진영에 종속된 것이다. 이런 사회에서는 어떤 공공정책도 합리적으로 논의될 수 없다. 과학 문제조차 정치 문제가 된다. 과학자들이 정당의 눈치를 보고, 정부가 여론 폭발을 우려해 기술적 결정을 미루며, 전문가가 공격받는 기이한 장면이 반복된다.

양극화를 완화하기 위한 방법은 단순하지 않다. 그러나 첫걸음은 명확하다. 한국 사회는 '적대적 민주주의'에서 벗어나야 한다. 상대를 설득할 필요가 없다고 생각하는 순간, 사실은 쓸모를 잃는다. 상대를 증오하는 순간, 진실은 '우리 편에게 유리한 것'으로 축소된다. 민주주의는 상대를 죽이는 게임이 아니다. 서로 다른 의견을 조정하고, 조정 가능한 범위를 넓히며, 불완전한 세계를 분담하는 구조다. 지금의 한국 사회는 이 구조를 잃어버렸다. 후쿠시마 논란은 그 상실을 가장 극적으로 보여준 사건이었다.

결론적으로, 후쿠시마 처리수 논란은 한국 사회가 가진 모든 취약점이 한꺼번에 드러난 사건이다. 과학 불신, 제도 불신, 정부 불신, 국제기구 불신, 언론 불신, 정치 양극화, 감정적 위험 인식, 알고리즘 기반 정보 왜곡이 하나의 거대한 회오리를 만들었다. 그리고 그 회오리는 앞으로도 새로운 이슈를 잡아먹으며 반복적으로 나타날 것이다. 이것은 단지 일본 문제도, 원전 문제도 아니다. 한국 사회의 민주주의와 공공성의 문제다.

참고문헌

1. 홍서래, 이영화 and 김춘식. (2025). 「정치 이슈 보도에 나타난 정서 프레임: 취재원의 후쿠시마 오염수 관련 발언 내용 분석을 중심으로」 정치커뮤니케이션연구, 77, 133–182.
2. 박성하. (2024). 「후쿠시마 원전 오염수 해양 방류 영향 및 한국의 대응 방안」 일본문화연구, 89, 201–220. 10.18075/jcs..89.202401.201

XII. 문재인 정부의 프레임 정치

이주현(국민의 힘 용인시정 당협위원장)

◆ 촛불 이후, 새로운 갈등의 시작

2017년 5월, 박근혜 대통령 탄핵 이후 문재인 정부가 출범했다. 많은 국민이 새로운 변화를 기대했다. 특히 '적폐 청산'과 '검찰개혁'은 촛불 시위를 통해 국민이 원했던 과제였다.

문재인 대통령은 2017년 3월 조국 교수와의 대담에서 이렇게 말했다. "적폐를 만든 근본 원인을 없애야 진짜 적폐 청산이 된다." 국정원 댓글 조작, 문화예술인 블랙리스트 같은 박근혜 정부의 문제들이 드러나면서 개혁에 대한 공감대가 생겼다.

하지만 문제는 '어떻게' 개혁을 추진했느냐였다. 정부가 사용한 정치적 메시지와 소통 방식이 오히려 사회를 더 갈라놓는 결과를 만들었다.

◆ '적폐 청산'은 어떻게 진행되었나

∴ TV로 생중계된 검찰 비판

정부가 출범한 지 일주일만인 2017년 5월 17일, 청와대는 놀라운 일을 했다. 검찰 간부들의 '돈봉투 만찬' 사건을 TV로 생중계하며 발표한 것이다.

윤영찬 청와대 국민소통수석은 이렇게 말했다. "검찰국장이 수사팀장들에게 격려금을 줬다. 법무부와 대검찰청은 이게 불법인지 조사해야 한다."

왜 이게 문제였을까? 대통령이 "검찰 수사에 개입 안 하겠다."라고 약속해 놓고, 청와대가 공개적으로 검찰을 조사하라고 압박한 것이나 마찬가지였기 때문이다. 검찰개혁을 주장하던 한상희 건국대 교수도 이건 문제라고 비판했다. 직접 수사 지시는 안 하지만, 공개적으로 의혹을 제기하며 압박하는 새로운 방식의 수사 지시였다는 것이다.

∴ 모든 부처에 만들어진 적폐 청산 TF

이후 청와대는 각 부처에 '적폐 청산 TF(태스크포스)'를 만들라고 지시했다.

교육부는 국정 교과서 만든 공무원들을 징계하고, 문체부는 블랙리스트 만든 사람들을 징계하고, 외교부는 위안부 합의에 참여한 공무원들을 징계했다. 통일부는 북한 인권 관련자들을 조사하고, 환경부는 4대강 사업을 조사하며 탈원전을 추진했다. 거의 모든 부처에서 적폐 청산 TF가 만들어졌다.

∴ 적폐=정치적 반대자?

여기서 심각한 문제가 생겼다. '적폐'라는 말이 점점 '정치적으로 반대하는 사람들 전체'를 나쁜 사람으로 만드는 효과를 냈다.

서울중앙지검에서 부장검사로 일했던 법조인은 이렇게 증언했다. "예전에는 윗사람이 수사 지시를 해도 숨기고 부끄러워했다. 그런데 적폐 청산을 거치면서 검찰과 정권이 완전히 한편이 되어 버렸다."

고등검찰청장을 지낸 법조인은 더 직설적이었다. "적폐 청산 수사의 진짜 목적은 정치권력을 완전히 바꾸는 것이었다. 거기에 근본적인 문제가 있다."

◆ 조국 사태 – 대한민국을 둘로 나눈 사건

∴ 2019년 8월, 사건의 시작

2019년 8월, 조국 청와대 민정수석이 법무부 장관으로 지명되었다. 검찰개혁을 완성할 적임자라는 평가와 함께, 자녀 입시비리 의혹이 동시에 불거졌다. 정부의 의지와 공정성 논란이 정면 충돌한 것이다.

2019년 8월 27일, 검찰은 수사관 100여 명을 동원해 조국 후보자 딸이 다닌 대학 등 20여 곳을 대대적으로 압수 수색했다. 수사팀도 일반 사건을 맡는 형사1부에서 권력형 비리를 담당하는 특수2부로 바뀌었다.

박상기 전 법무부 장관은 나중에 인터뷰에서 이렇게 말했다. "정말 어이가 없었다. 이 수사가 정치에 어떤 영향을 줄지 뻔했다. 이건 수사가 아니라 정치 행위였다."

∴ 사회가 둘로 갈라지다

조국을 반대하는 쪽은 "권력자도 철저히 수사받아야 한다."고 했고, 옹호하는 쪽은 "검찰개혁을 막으려는 공격."이라고 했다. 사회 전체가 양쪽으로 갈라져 극심하게 대립했다.

아이러니한 점이 있었다. 조국은 과거 논문에서 "민주주의에서 공적 인물은 항상 비판받아야 한다."라고 주장했다. 그런데 정작 본인이 검증받을 때는 "가짜뉴스."라며 불쾌해했다.

한겨레 신문의 이춘재 기자는 이렇게 평가했다. "조국의 SNS 글과 정반대되는 행동들이 드러나면서 조롱거리가 되었다. 사람들은 '조적조(조국의 적은 조국)'라고 비꼬았다."

∴ 정부의 늦은 사과

정부와 여당은 검찰과 보수 언론을 '적폐'나 '정치공세'로 규정하며 편을 갈랐다. 문재인 대통령은 사태가 터진 지 한 달이 지나서야 "국민에게 갈등을 주고 분열시킨 것에 송구스럽다."라고 사과했다. 하지만 이미 사회는 깊이 갈라진 뒤였다.

1심 재판부도 이렇게 지적했다. "조국 가족을 둘러싼 의혹 때문에 극심한 사회 분열과 대립이 계속됐다. 죄책이 매우 무겁다."

∴ 공정성 논란의 폭발

더 큰 문제는 '공정성'에 대한 사회적 논의가 폭발했다는 점이다. 조국의 자녀 입시비리 의혹은 '부모 찬스', '현대판 음서제'라는 비판을 받으며 전 국민의 분노를 샀다. 문재인 정부가 강조했던 '공정'과 '기회의 평등'이 진짜인지 의문이 생긴 것이다.

∴ 윤석열을 대통령으로 만든 사태

조국 사태는 추미애 법무부 장관과 윤석열 검찰총장의 극심한 싸움으로 이어졌다. 추미애 장관은 수사지휘권을 발동하고 검찰총장 직무정지 징계까지 했다. 검찰 내부도 '윤석열 편'과 '문재인 편'으로 갈라졌다.

그 결과 윤석열이 검찰총장을 그만두고 정치에 뛰어들어 제20대 대통령이 되었다. 많은 시사평론가들이 "조국과 추미애가 윤석열을 대통령으로 만들었다."라고 평가한다. 언론에서도 자주 인용되는 분석이다.

◆ 프레임 전쟁과 소통의 실패

∴ 이분법의 함정

문재인 정부 정치 커뮤니케이션의 특징은 '프레임 설정'이었다. 적폐 청산, 검찰개혁이라는 좋은 목표를 '개혁 vs 반개혁', '정의 vs 기득권'이라는 구도로 만들었다.

과거 정부들이 은밀하게 압력을 넣었다면, 지지율이 높았던 문재인 정부는 공개 브리핑으로 의혹을 발표하며 '여론 압박'을 선호했다. 당시 법무부에서 일했던 법조인의 증언이다. "말로는 검찰에 수사 지시 안 한다고 했지만, 장관이나 차관이 제대로 확인도 안 된 내용을 발표하며 수사를 의뢰하는 경우가 정말 많았다."

∴ 중도층의 이탈

이런 방식은 열성 지지층을 결집하는 효과는 있었다. 하지만 중도층과 반대 진영은 점점 멀어졌다.

영국의 유명 시사지 이코노미스트는 문재인 정부를 이렇게 평가했다. "인권변호사 출신 문 대통령은 박근혜보다 열려있고 소통하는 정부를 만들겠다고 했다. 하지만 실제로는 권위주의적인 모습을 보였다."

조국혁신당 내부 인사도 인정했다. "문재인 정부가 검찰개혁 후 상황을 정치적으로 관리하는 데 실패했다." 적폐 청산 명분으로 검찰을 이용했지만, 정작 검찰개혁이 필요할 때는 검찰과 정면 대결을 피할 수 없었다는 역설이다.

한겨레 이춘재 기자는 자신의 책『검찰국가의 탄생』에서 이렇게 진단했다. "문재인 정권은 야당을 국정 파트너가 아니라 제거해야 할 정적으로 봤다."

∴ 내로남불의 문제

가장 심각한 비판은 '내로남불'이었다. 부동산 욕심을 나쁘게 말하면서도 청와대 참모 대부분이 2채 이상 집을 가지고 있었다. 이런 모순이 정부의 도덕성을 크게 떨어뜨렸다.

이춘재 기자의 분석이다. "86 운동권 출신 정권의 내로남불 때문에 윤석열이 '뻔뻔한 정권에 당당히 맞선 검찰총장' 이미지를 갖게 됐다. 그래서 검찰의 무리한 수사도 '정당한 수사'로 보이게 만들었다."

◆ 젠더 갈등, 외면하다 정치화되다

∴ 페미니스트 대통령의 약속

2017년 대선에서 문재인 후보는 "페미니스트 대통령이 되겠다."라고 선언했다. 여성계는 환영했지만, 동시에 반발도 있었다. 문제는 실제 정책보다 갈등 상황에 대응하는 방식이었다.

2017년 12만 명이 여성 징병제 청원에 동의하자, 문재인 대통령은 "재미있는 이슈."라고 웃어넘겼다. 2019년 신년 기자회견에서 "20대 남녀 지지율 차이가 크다."라는 질문에는 "그런 갈등이 있는 건 알지만 특별하다고 생각하지 않는다."라고 답했다.

2022년 2월에는 청년층 젠더 갈등이 심각하다며 "정부와 정치권이 책임져야 한다."라면서도 "정치적 목적으로 갈등을 키우는 건 아닌지 돌아봐야 한다."라고 말했다.

∴ 정면 돌파를 하지 않다

더불어민주당 권인숙 의원의 비판이다. "성소수자 이슈, 무고죄 논란, 여경 문제 등이 본격화될 때 대통령이 견해를 밝히고 논의를 이끌어야 했다. 전혀 정면 돌파를 안 했다."

그는 이렇게 덧붙였다. "갈등이 생겼을 때 대통령은 관점을 제시해야 한다. 당장 설득이 안 되더라도 '한국 사회의 성평등은 이 방향으로 가야 한다.'라고 말해야 한다."

∴ 성범죄 사건의 충격

더 심각한 건 정부 여당 인사들의 성범죄였다. 2020년 박원순 서울시장, 오거돈 부산시장의 성범죄 의혹이 터졌을 때 정부는 제대로 된 입장을 못 냈다.

CNN은 이렇게 비판했다. "한국 대통령은 페미니스트라고 했지만, 그의 동료 세 명이 성범죄로 기소됐다. 문재인 대통령이 성폭력을 얼마나 진지하게 생각하는지 의문이다."

∴ 문제를 알면서도 방치하다

청년층은 이런 태도를 '외면'으로 받아들였다. 실제로 대통령 직속 정책기획위원회는 2019년 2월 '20대 남성 지지율 하락 분석' 보고서를 만들었다.

보고서 내용은 이랬다. "20대 남성은 실리를 우선시하고 정치적 유동성이 강하다. 정부 정책이 여성 우선인 것 같아서 역차별을 느끼고, 그래서 문 정부 지지율이 떨어졌다."

정부는 이미 문제를 알고 있었다. 하지만 효과적으로 대응하지 못했다.

∴ 야당이 공백을 메우다

젠더 이슈는 결국 정치적 도구가 되었다. 2021년 서울·부산시장 보궐선거에서 국민의힘 이준석 대표는 "대한민국에 구조적 성차별은 없다."라며 젠더 갈등을 정치적으로 활용했다. 20대 남성의 압도적 지지를 받았다.

문재인 정부가 '정면 돌파'를 하지 않는 동안, 야당이 이 공백을 메웠고 갈등은 더 정치화되었다.

◆ 경제 정책, 공정의 약속은 지켜졌나

∴ 소득주도성장의 역설

문재인 정부의 소득주도성장 정책은 큰 논란을 불렀다. 2018년 통계청 자료를 보면 놀라운 결과가 나타난다.

가장 가난한 1분위 계층의 소득은 줄었다. 반대로 가장 부유한 5분위 계층의 소득은 급증했다. 빈부 격차가 더 벌어진 것이다. 소득 분배 지표는 10년 만에 최악을 기록했다.

재밌는 비교가 있다. 이명박 정부 때는 1분위 가구 소득이 연평균 6.6% 올랐고, 5분위 가구는 4.6% 올랐다. 박근혜 정부 때는 1분위가 2.5%, 5분위가 2.0% 올랐다. 보수 정권에서는 소득 격차가 개선되었는데, 진보 정권에서는 오히려 악화한 것이다.

연세대 이두원 경제학과 교수의 평가다. "보수 정권에서 양극화가 심해진다는 통념과 달리, 2000년대 이후로는 보수든 진보든 사회보장 제도가 많이 확대됐다. 오히려 경제성장을 통해 분배도 개선하는 게 효과적이라는 걸 보여주는 지표다."

∴ 부동산 폭등의 충격

부동산 정책은 더 심각한 신뢰 문제를 일으켰다. 집값이 폭등하면서 구조적 불평등이 과거보다 악화했다. 정부가 강조하던 '공정'과 '기회의 평등'은 현실과 동떨어진 말이 되어버렸다. 특히 청년층의 실망이 컸다.

이춘재 한겨레 기자의 지적이다. "부동산 욕심을 나쁘게 말하면서 청와대 참모 대부분이 집을 2채 이상 가진 모순. 문 정권은 임기 내내 '내로남불'에 발목 잡혔다."

∴ 일자리 쇼크

2018년 7월, 취업자 증가가 고작 5,000명에 불과했다. 취업자 증가율이 0%로 떨어진 것이다. 2010년 1월 이후 8년 6개월 만에 최악이었다. 실업자는 7개월 연속 100만 명을 넘어 18년 만에 최악을 기록했다.

경제 전문가들과 정치권은 비판했다. "문재인 정부가 실패를 인정하지 않고 독선을 부려서 재난 수준의 일자리 파국이 발생하고 있다."

∴ 정치 양극화, 구조적 문제도 있다

물론 문재인 정부 시기의 사회 분열을 정부 소통 방식만으로 설명할 수는 없다. 정치 양극화 때문에 선거구 획정이 지연되고, 선거 때마다 갈등과 공정성 논란이 반복된다. 양대 정당이 중도층을 제대로 대표하지 못하고 있다.

사회경제적 불평등 심화, SNS와 온라인 커뮤니티 확산, 기존 언론에 대한 불신 등 구조적 요인들이 복합적으로 작용했다.

하지만 정치 지도자는 이런 갈등을 완화하고 사회를 통합할 책임이 있다. 문재인 정부는 박근혜 정부 이후 새로운 리더십에 대한 기대를 충족시키지 못했다. 통치 스타일에서 이전 정부들과 다른 모습을 보여주지 못했다.

◆ 우리가 배워야 할 것들

문재인 정부 시기의 정치 커뮤니케이션은 중요한 교훈을 남겼다.

첫째, 이분법은 사회를 통합하지 못한다. 개혁의 명분이 아무리 정당해도 '우리 vs 그들' 구도로 몰아가면 중도층이 떠나고 반대 진영의 반발이 격해진다. 적폐 청산과 검찰개혁은 필요한 과제였다. 하지만 추진 방식이 문제였다.

둘째, 말과 행동이 일치해야 한다. 공정과 기회의 평등을 강조하면서도 조국 사태 대응, 부동산 정책 실패, 경제 불평등 심화는 정부의 도덕적 권위를 무너뜨렸다. 이런 괴리는 특히 공정성에 민감한 청년 세대에게 깊은 불신을 남겼다.

셋째, 사회 갈등에 적극 개입해야 한다. 젠더 갈등을 "특별하지 않다", "재미있는 이슈."라고 치부하는 태도는 당사자들에게 외면으로 받아들여졌다. 리더의 공백을 정치권이 메우면서 갈등은 더 정치화되었다.

넷째, 팬덤 정치는 민주주의를 해친다. 열성 지지층의 목소리에만 귀 기울이고 중도층과 반대 의견을 배제하는 정치는 양극화를 심화시킬 뿐이다. 조국 사태는 합리적 해결책을 찾기보다 감정적 대립을 부추기는 결과를 낳았다.

◆ 분열을 넘어 통합으로

2019년 8월 조국 장관 지명 사태는 기소부터 판결까지 5년이 걸렸다. 그동안 한국 사회는 '조국 지지 vs 반대'로 갈라져 계속 갈등했다. 이 기간에 쌓인 진영 간 불신과 적대감은 이후 정치 지형에도 깊은 영향을 미쳤다.

정치 커뮤니케이션은 단순히 메시지를 전달하는 게 아니다. 국민이 서로 믿을 수 있게 하고, 공동체가 나아갈 방향을 제시하는 중요한 역할을 한다.

문재인 정부 시기는 개혁의 필요성과 사회 통합 사이에서 균형을 찾지 못한 사례로 기록될 것이다. 명분은 있었지만, 과정에서 소통이 부족했고 일관성도 없었다. 그래서 오히려 사회 분열이 심해졌다.

한국 사회가 이 시기에서 배워야 할 것은 명확하다. 어떤 정치적 목표도 사회 구성원을 적과 동지로 나누는 방식으로는 오래갈 수 없다. 진짜 개혁은 반대자를 설득하고 중도층의 신뢰를 얻는 과정을 거쳐야만 성공할 수 있다.

정치 지도자의 말 한마디가 얼마나 큰 파장을 일으킬 수 있는지, 그 책임이 얼마나 무거운지를 이 시기는 분명히 보여주었다.

참고 문헌

1. 오유석. (2019). 「한국의 '적폐'정치: 역대 정부의 역사적 청산의 궤적과 과제」 경제와 사회, 121, 37-60.
2. 김귀옥. (2018). 「적폐 청산의 시대, 화해와 소통을 위한 사회 운동의 방향」 통일인문학, 76, 123-159.
3. 강문구. (2021). 「민주화 이후 정치 양극화 현상과 개선방안」 국회입법조사처.
4. 경제인문사회연구회. (2024). 「정치양극화 시대 한국 민주주의의 발전방안: 연구성과 보고서」 Author.
5. 대통령 직속 정책기획위원회. (2019). 「20대 남성 지지율 하락요인 분석 및 대응방안: 현안 보고서」 Author.
6. 한국리서치, & 한국사회갈등해소센터. (2021). 「2021 한국인의 공공갈등 의식조사」 Author.
7. 이춘재. (2023). 『검찰국가의 탄생』 후마니타스.
8. 조국백서추진위원회. (2020). 『검찰개혁과 촛불시민: 조국 사태로 본 정치검찰과 언론』 오월의봄.
9. 강양구. (2020). 『한번도 경험해보지 못한 나라』 천년의상상.
10. 한국의회발전연구회. (2022). 「문재인 정부 평가: 정치, 경제, 사회」 의정연구.

XIII. 정치적 올바름과 도덕적 허세

〈선의의 가면을 쓴 새로운 선동의 서곡〉

이정열(뉴스픽스 대표)

◆ 서론: 선동의 역사, 그 끊임없는 진화와 '선의'의 탈을 쓴 현대적 강요

이 책을 통해 우리는 4.3 사건의 왜곡된 진실, 경부고속도로 건설 반대의 집단적 감정, 미선·효순이 사건의 반미 선동, 사드 논란의 지정학적 갈등, 천안함 사건의 음모론, 후쿠시마 오염수 방류에 대한 괴담, 광우병 사태의 왜곡된 정보, 나치와 문화대혁명의 광기 어린 이념 주입 그리고 대선 병역 비리와 같은 개인적 스캔들까지, 선동이 역사 속에서 어떻게 작동하고 우리 사회를 뒤흔들었는지를 다각도로 탐구해 봤다. 이 모든 사례는 선동이 특정 목적을 위해 대중의 이성을 마비시키고 감정을 자극하여 행동을 유발하는 강력한 사회적 기술이었음을 입증하고 있다.

과거의 선동이 주로 적대적인 외부 세력이나 명확한 이데올로기적 대립 구도를 바탕으로 강압과 폭력을 수반하거나 명백한 허위 사실을 유포하는 방식으로 이루어졌다면, 현대 사회의 선동은 더욱 미묘하고 복잡한 형태로 진화하고 있는데, 이는 겉으로는 '선의(善意)'라는 강력하고도 거부하기 어려운 가면을 쓴 채 작동하며, 비판적 사고를 무력화하고 집단적 감정을 손쉽게 동원하여 특정 방향으로 여론을 유도하는 양상을 보인다. 과거의 선동이 '우리는 옳고 저들은 틀렸다.'라는 이분법을 직접 주입했다면, 현대적 선동은 '나는 선하며 너도 선해야 한다.'라는 도덕적 압박을 통해 순응을 유도하고, 비순응자를 손쉽게 '악'으로 규정하는 방식으로 진화했다. 이러한 변화는 선동의 본질적 위험성은 유지하면서도, 그 실체를 알아차리기 더욱 어렵게 만들고 있다.

본 챕터는 바로 이러한 현대적 선동의 두 가지 주요 형태, 즉 '정치적 올바름(Political Correctness, 이하 PC)'이라는 담론의 변질과 '도덕적 허세(Moral Grandstanding)'의 부상에 주목하고자 한다. PC는 본래 사회적 약자를 보호하고 차별을 시정하며 더 포용적인 사회를 만들려는 긍정적인 의제에서 출발했다. 이는 '언어가 사고를 규정한다.'라는 오웰적 경고를 인지하고 언어 속 차별을 지양하려는 의미 있는 사회적 개혁 흐름을 형성하려 했지만 21세기에 접어들면서 PC는 그 해방적 목적을 넘어 경직된 규범적 강요로 변모하고 있다는 비판에 직면하게 되었다. 2022년 퓨 리서치 센터(Pew Research Center)의 조사 결과, 미국 성인의 61%가 "정치적 올바름이 표현의 자유를 위축시킨다."라고 응답한 것은, 선의의 담론이 역설적으로 자유로운 소통과 비판적 사고를 저해하는 상황을 드러내는 지표로 볼 수 있는데, 이는 대중의 비판적 사유를 제한하고 특정 프레임 내에 가두려 한다는 점에서, 과거의 선동과 동일한 목적을 다른 방식으로 수행하고 있음을 보여주고 있다.

이러한 PC의 변질 과정에서 '도덕적 허세'는 핵심적인 메커니즘으로 작용된다. 철학자 저스틴 토시와 브랜든 웜왁은 이 현상을 '자신의 도덕적 지위를 과시하기 위해 공적 담론을 이용하는 행위'로 정의했다. 이는 개인이나 집단이 실제적인 윤리적 행동이나 성찰보다는, 도덕적으로 우월한 위치에 있음을 타인에게 드러내기 위해 과장된 방식으로 특정 도덕적 가치를 주장하는 현상을 의미한다. 이는 대중을 향한 '나는 너희보다 도덕적이다.'라는 미묘한 형태의 선동으로, 자신들의 주장에 대한 비판을 원천 차단하려는 시도로도 볼 수 있다. 특히 소셜미디어(SNS)의 확산은 이 현상의 가속화에 지대한 영향을 미치고 있다. SNS는 자신의 도덕적 입장을 손쉽게 공표하고, 이에 대한 즉각적인 사회적 인정과 피드백을 얻을 수 있는 플랫폼이기 때문이다. 2023년 영국 BBC의 분석에 따르면, 온라인 정치 담론의 약 43%가 '도덕적 비난 중심의 감정적 언어'로 구성된 것으로 나타난다고 발표했다. 이는 개인이 실제적인 정의 구현보다는 '정의로운 이미지'를 추구하게끔 부추기며, 비판적 사고를 마비시키고 혐오와 분노 같은 특정 집단적 감정을 자극하여 선동과 유사한 효과를 발생시키는 메커니즘으로 작용하게 된다. 이러한 역학 관계 속에서 복합적이고 다층적인 사회 문제는 선

(善)과 악(惡)이라는 이분법적 대결 구도로 단순화되어, 깊이 있는 이해와 성찰 그리고 실질적인 해결책 모색의 기회를 상실하는 현상이 심화되고 있는 형국이다.

본 챕터는 해외 및 국내의 구체적인 사례 분석을 통해, '선의의 가면을 쓴 새로운 선동'으로서 정치적 올바름과 도덕적 허세가 어떻게 작동하며, 궁극적으로 우리 사회에서 담론의 질과 신뢰 그리고 민주주의의 근간에 어떠한 위협을 가하는지 사회학적 관점에서 심층적으로 고찰해 보고자 한다. 이는 이 책이 탐구해 온 선동의 역사가 오늘날에도 끊임없이 진화하고 있으며, 우리 사회에 여전히 중요한 화두임을 강조하기 위함이다.

◆ 해외 사례: '선의'와 '도덕' 간 논란과 사회적 파장

해외 주요 사례들을 통해 정치적 올바름과 도덕적 허세가 현대 사회에서 어떤 형태로 발현되고 어떤 사회적 파장을 일으키는지 심층적으로 분석하고, 독자들에게 널리 알려진 문화 콘텐츠 및 인물 관련 논란들을 중심으로 몇몇 객관적 사례들을 나열해 보았다.

1. 할리우드의 '다양성' 캐스팅 논란: 원작 훼손과 대중의 지탄

할리우드는 수년간 다양성과 포용성을 강조하는 제작 기조를 유지해 왔다. 이러한 '정치적 올바름' 기조는 기존의 인기 콘텐츠를 재해석하거나 새롭게 제작하는 과정에서 원작 캐릭터의 인종, 성별, 신체적 특징 등을 변경하는 형태로 나타났는데, 이 과정에서 원작의 핵심적 요소를 훼손한다는 비판과 함께 대중의 광범위한 논란 및 지탄을 받는 사례들이 발생했다.

2023년 디즈니 실사 영화 「인어공주」에서 백인으로 묘사되었던 원작의 주인공 '에리얼' 역에 흑인 배우 핼리 베일리(Halle Bailey)가 캐스팅되었는데. 이 결정은 원작 캐릭터의 외형 변경에 대한 비판과 캐스팅 적합성에 대한 논쟁을 불러왔으며, 일부 대중과 비평가 사이에서는 '정치적 올바름'을 위한 원작 훼손이라는 비판이 제기되기도 했습니다. 영화는 흥행에 실패하며 이러한 캐스팅 논란이 요인 중 하나로 지목되기도 했다.

디즈니는 최근 과도한 화이트 워싱과 PC주의를 고집하여 논란이 되고 있는데 실사 영화 「백설공주」에서도 '흰 눈처럼 하얀 피부'를 특징으로 하는 원작의 백설공주 역에 라틴계 배우 레이첼 지글러(Rachel Zegler)가 캐스팅되었다. 이 또한 원작과 다른 인종의 배우를 기용한 것에 대해 대중으로부터 "정치적 올바름을 위한 원작 훼손"이라는 비판을 받았다. 영화 예고편 영상에 대한 부정적인 반응이 다수 나타났으며, 일곱 난쟁이 캐릭터 또한 다양한 연령과 인종의 배우로 구성하려 했던 시도 역시 원작의 고유한 특징을 인위적으로 변경한다는 논쟁을 야기하였다.

넷플릭스 오리지널 시리즈 「브리저튼(Bridgerton)」과 같은 역사

시대극에서는 흑인 배우들이 19세기 영국 귀족이나 왕실 인물을 연기한 사례가 있다. 제작진은 역사적 고증보다는 '다양성'과 '포용'이라는 현대적 가치를 반영했다고 밝혔으나, 일부 시청자들은 이러한 캐스팅에 대해 "역사 왜곡"이라는 비판을 제기했다. 이러한 할리우드의 사례들은 '정치적 올바름' 기조가 원작의 정체성을 변경하는 방식으로 적용될 때, 원작을 사랑했던 대중으로부터 광범위한 반발과 지탄을 받을 수 있음을 보여준다. 캐스팅 결정이 문화적 헤게모니와 원작의 보존 그리고 현대적 가치관 사이에서 복합적인 논쟁을 유발할 수 있다는 사실을 나타낸다.

2. 미국의 '성 정체성'과 공공 공간 논란: 프라이버시, 안전 그리고 충돌하는 권리 주장

미국 사회에서는 성 정체성을 존중하고 트랜스젠더 인권을 보호하려는 노력과 함께, 공공 화장실, 목욕탕, 탈의실 등 성별이 분리된 공간의 이용을 둘러싸고 격렬한 논쟁이 벌어져 왔다. 이는 '성 정체성'과 '생물학적 성(sex)'이라는 개념이 공공 정책 및 사회 규범과 충돌하면서 발생한 갈등으로 볼 수 있다.

주요 논쟁은 생물학적으로 남성이지만 여성으로 성 정체성을 밝힌 트랜스젠더 여성이 여성 전용 공간을 이용하는 문제에서 비롯된다. 예를 들어, 미국 로스앤젤레스(LA) 한인타운의 한 찜

질방에서 트랜스젠더 여성이 여탕에 출입하자, 다른 여성 이용객들이 프라이버시와 안전 문제로 항의하며 소동이 발생했다. 찜질방 측은 '성 정체성에 따른 시설 이용을 허용하는 주법(캘리포니아주)에 따랐을 뿐'이라고 설명했으나, 생물학적 여성들은 이에 대해 비판적인 태도를 보인다. "나는 여성."이라고 주장하는 남성의 여탕 출입 논란은 이후 여러 차례 미국 언론에서 다루어졌다.

또한 미국 의회에서는 트랜스젠더 당선인의 화장실 사용 문제로 정치권 내 논쟁이 발생하기도 했는데, 이는 개인의 편의 문제를 넘어, 트랜스젠더 인권 보호와 생물학적 여성의 권리 및 안전 보호라는 가치가 충돌하는 지점을 보여준다. 캘리포니아 대학교에서는 '여자 화장실에 남성 출입을 항의하면 괴롭힘'으로 규정하는 등, 이 문제를 둘러싼 가치 판단과 정책 방향이 사회적 논쟁을 심화시키는 경향을 보였다. 이러한 논쟁은 '성 정체성을 존중해야 한다.'라는 주장과 '생물학적 성에 기반한 프라이버시와 안전을 도모해야 한다.'라는 주장이 격렬하게 대립하며, 양측이 상대방의 주장을 비판하는 복잡한 사회적 대립을 야기한다.

3. J.K. 롤링과 '트랜스젠더 포용' 논쟁: 사상 검열과 취소 문화 확산에 대한 논쟁

『해리 포터』 시리즈의 저자인 J.K. 롤링은 2020년 이후 성(sex)과 젠더(gender)의 구분에 대한 자신의 견해를 밝히면서, 트랜스젠더 권리 운동 진영으로부터 비판을 받았다. 롤링은 생물학적 여성의 권리와 공간 보호의 필요성을 주장하는 발언을 했으며, 이는 일부로부터 트랜스젠더 여성을 배제하는 발언으로 해석되었다. 이로 인해 많은 팬과 『해리 포터』 시리즈의 배우들에게서까지 비판적인 의견이 제기되었다.

이러한 논란은 J.K. 롤링에 대한 대규모의 비판과 함께 '취소 운동(Cancel Culture)'으로 이어졌다. 그녀의 책 불매 운동, 명예훼손 캠페인 그리고 공공연한 비난 등이 발생했다. 이 사례는 특정 사회적 가치가 절대적인 기준으로 제시될 때, 다른 의견을 가진 사람들을 비판하고 사회적으로 고립시키려는 움직임이 어떻게 나타날 수 있는지를 보여주고 있다. 이는 표현의 자유, 소수자 인권 그리고 사회적 비판의 경계를 둘러싼 복잡한 논쟁을 불러왔다.

◆ 한국 사회의 맥락: 도덕적 허세의 확산과 부작용의 사회학적 분석

한국 사회 역시 PC와 도덕적 허세의 복합적인 현상으로부터 자유롭지 않다. 여러 사회 영역에서 이러한 경향이 명확히 관찰되며, 이는 한국 사회의 고유한 맥락 속에서 특정한 양상으로 발현되고 있다.

1. 온라인 여론의 '도덕적 낙인'과 비대칭적 권력: 연예계 학폭 논란을 중심으로

2021년 한국 연예계를 강타했던 학교 폭력(학폭) 논란들은 온라인 여론의 순기능과 역기능을 동시에 보여주는 대표적인 사례다. 상당수 사례에서 '피해자 고백'이라는 명분 아래 충분한 사실 확인이나 교차 검증 절차가 이루어지기 전에, 온라인 여론은 '가해자'로 지목된 인물에 대한 즉각적이고 폭력적인 단죄를 수행했다. 문화체육관광부의 2022년 방송계 인권 실태조사에 따르면, 최근 3년간 온라인 여론, 즉 특정인의 도덕적 결함에 대한 대중의 비난으로 인해 방송 활동이 중단된 사례가 27건에 달하는 것으로 나타났다.

이는 법적 절차나 객관적 증거 기반의 판단보다는, 대중적 비난과 '도덕적 낙인'이 개인의 사회적 생명을 끊어놓는 강력한 수단으로 활용될 수 있음을 증명하고 있다. 이러한 현상은 소셜미디어 시대의 도덕적 허세가 어떻게 비대칭적인 권력관계로 작동하는지를 보여주는데 피해자의 서사가 지닌 도덕적 우위는 '쉽게 비판 불가능한 성역'이 되고, 어떠한 이의 제기마저도 '2차 가해'로 규정되며 철저히 배제되는, 이른바 '마녀사냥'의 경향이 나타나게 된다. 이러한 마녀사냥식 단죄의 문화는 사회적 숙의 공간을 마비시키고, 복잡한 진실을 '선'과 '악'이라는 단순한 프레임으로 가둬버림으로써 대중을 특정 감정으로 선동하는 결과를 낳게 된다.

2. 젠더 평등 정책에 대한 '역차별' 인식 증대: 의도된 선의와 인식의 괴리

젠더 평등 정책은 사회 내 성 불평등을 해소하고 모든 성별이 동등한 기회와 권리를 가질 수 있도록 하려는 정당하고 높은 도덕적 목표를 가지고 있지만 서울시의 2022년 여론조사 결과에 따르면 20~30대 남성의 64%가 "젠더 평등 정책이 오히려 남성을 차별한다."라고 응답했으며, 이는 2019년 대비 무려 22%포인트나 증가한 수치라는 점은 매우 주목할 만하다.

이러한 결과는 '젠더 평등'이라는 도덕적 명분 아래 추진되는 정책이 일부 집단, 특히 청년 남성층에서는 '역차별'로 인식될 수 있음을 보여주는 사례이다. 정책 추진의 의도와 실제 수용자 인식 간의 심각한 괴리가 존재하며, 이는 사회적 갈등을 심화시키고 심지어 젠더 간의 적대감을 고조시키는 요인으로 작용하기도 하는데 이는 도덕적 허세가 실제적인 정책 효과보다 '옳은 것을 한다.'라는 자기 만족적 명분을 앞세울 때, 정책의 정당성과 공감대 형성에 심각한 균열을 일으킬 수 있음을 시사하고 있다. 즉, 도덕적 우위를 점하려는 시도가 사회 통합보다는 분열을 초래하고, 특정 집단을 희생양 삼는 새로운 형태의 선동으로 변질될 수 있다는 점을 지적하고 있다.

3. 기업의 '그린워싱(Greenwashing)'과 허구적 지속가능성 : 마케팅 수단으로 전락한 도덕성

기업 부문에서도 '도덕적 허세'는 '착한 기업' 이미지를 구축하기 위한 마케팅 전략, 즉 '그린워싱'의 형태로 빈번하게 활용되고 있다. 2023년 한 글로벌 의류 브랜드는 '친환경 재활용 소재' 사용을 대대적으로 홍보했지만, 한국소비자원의 실태조사 결과 실제 재활용 원단 사용률은 단 5%에 불과한 것으로 드러났다.

이는 지속가능성 및 환경 보호라는 매우 높은 도덕적 가치를 표방하면서도, 실제로는 그 가치에 미치지 못하는 최소한의 노력이나 심지어 허위 정보를 통해 기업 이미지를 제고하려는 '그린워싱'의 전형적인 사례로 볼 수 있다. 이러한 행태는 소비자의 신뢰를 심각하게 저하시키고, 기업의 사회적 책임을 '마케팅을 위한 도덕적 허세'의 영역으로 전락시킬 위험이 다분하다. 윤리 경영과 지속가능성이 기업의 핵심 가치로 부상하는 현대 사회에서, 이러한 허구적 도덕성은 장기적으로 기업의 브랜드 가치뿐만 아니라 산업 전체의 신뢰도에 부정적인 영향을 미치게 될 것이다. 기업이 선의를 명분 삼아 대중을 기만하려는 시도는 궁극적으로 소비자의 판단을 흐리게 하고 시장의 신뢰를 훼손하는 '경제적 선동'의 일환으로 해석될 수 있다.

∴ 도덕적 허세와 이미지 경쟁의 사회적 함의: 담론의 파편화와 신뢰의 붕괴

이 책을 통해 우리는 다양한 선동의 형태와 그 결과를 살펴보았다. 과거의 선동이 물리적 강제력이나 직접적인 이념 투쟁으로 대중을 통제했다면, 오늘날 정치적 올바름과 도덕적 허세는 훨씬 더 교묘하게 '정의'와 '도덕'이라는 가치를 이용하여 사회에 압력을 행사하고 있다. 도덕적 허세가 사회적 현상으로 광범위하게 확산하는 배경에는 '선함', '다양성', '포용' 등의 가치가 현대 사회에서 강력한 사회적 자본이자 마케팅 수단, 나아가 정치적 수사로 활용된다는 점이다. 이러한 가치 표방이 실제적인 구조 변화나 진정성 있는 실천 없이 표면적인 이미지 유지에만 초점을 맞출 때, 사회는 '정의의 외피'를 두른 억압적 프레임에 갇힐 위험이 있습니다. 이러한 프레임은 대중을 특정 감정적 반응으로 선동하고, 숙고 없는 집단적 행동을 유발할 수 있다.

대중은 '옳은 말'을 하는 데만 급급하여 본질적인 문제를 간과하게 되고, 정책은 심층적인 분석과 논리적 타당성보다는 '도덕적 지지'라는 단순한 기준으로 평가되며, 사회적 소통은 설득과 합의의 과정이 아닌 일방적인 '단죄'의 방식으로 변질될 수 있다. 이는 특정 집단을 향한 혐오와 불신을 증폭시키고, 사회 구성원 간의 연대와 협력을 저해하는 심각한 결과를 초래하게 될 것이다. 이는 곧 파편화된 담론 속에서 서로를 불신하게 만드는 현대적 선동의 결과로 볼 수 있다.

서울대학교 언론정보연구소의 2023년 '한국 사회도덕 피로도 조사'에 따르면, 국민의 67%가 "요즘은 도덕적으로 옳은 척하는 사람이 너무 많다."라고 응답했으며, 58%는 "SNS에서 누가 더 착한가 경쟁이 부담스럽다."라고 답했다. 이 수치는 도덕적 허세가 개인의 심리적 부담감을 가중시키는 것을 넘어, 사회적 신뢰의 기반 자체를 약화시키는 결과를 초래할 수 있음을 시사한다. 과도한 도덕적 압력은 개인으로 하여금 자기 검열을 유발하고, 자신의 진정한 의견을 표현하기보다 '올바르다고 여겨지는' 가면을 쓰게 만들어 사회 전체의 진정성을 훼손시키는 결과를 초래하게 된다. 이는 대중을 향한 일종의 '정서적 선동'으로, 끊임없이 '누가 더 나은가?'를 경쟁하게 함으로써 사회적 자원의 낭비를 유발한다.

◆ 결론: 담론의 질 향상과 '정직함'의 재발견을 위한 제언

이 책의 마지막 장에 다다르며 우리는 선동의 역사가 오늘날 정치적 올바름과 도덕적 허세라는 새로운 형태의 선동으로 계속되고 있음을 명확히 확인했다. 이러한 위험한 결탁은 궁극적으로 국가적 손실을 초래할 수밖에 없다.

선의의 언어가 자유로운 소통의 매개가 아닌 검열의 도구로, 건설적인 토론이 감정적 단죄로 변질됨으로써 민주주의 사회의 핵심 요소인 담론의 질이 심각하게 저하되고 사회적 숙의 과정 자체가 와해할 수 있다. 이는 다양한 의견이 공존하고 합의를 끌어내는 민주주의의 본질을 위협하고, '선의의 선동'이 가져올 수 있는 가장 위험한 결과다.

또한 인종, 성별, 정체성 등 특정 가치에 기반한 정책이 진정한 효율성과 형평성을 확보하기보다는, 표면적인 이미지 관리나 도덕적 우월성을 과시하기 위한 경쟁의 도구로 전락할 우려가 있다. 이러한 정책은 실제적인 사회 문제를 해결하기보다는 새로운 갈등을 낳거나, 자원의 비효율적 배분을 초래하며, 대중을 특정 정책 방향을 향해 비판적으로 이끄는 선동적 도구로 활용될 수 있다.

마지막으로 형식적인 다양성 추구와 도덕적 경쟁의 일상화는 사회 전반의 진정성과 상호 신뢰를 심각하게 약화시키게 된다. 개개인은 자신의 진정한 의견을 표명하기보다 사회적 비난을 피하고자 침묵하거나, 위선적으로 '착한' 이미지를 연기하게 되는 결과를 초래하게 되는데, 이러한 현상은 장기적으로 국가의 사회적 자본과 위기 대응 능력을 저하시키는 핵심적인 요인으로 작용할 수밖에 없다.

정치적 올바름은 분명 사회를 더욱 공정하고 포용적인 방향으로 이끌기 위한 이상적인 비전이었다. 하지만 그것이 도덕적 허세와 결합할 때 선의로 포장된 구조적 압박과 비판적 사고의 억압으로 변질될 수 있다는 점을 우리는 명심해야 한다.

선의가 본래의 긍정적 효과를 잃고 역기능을 하는 근본적인 이유는 그것이 진실에 기반하지 않고 표면적 이미지나 일방적인 도덕적 주장(Moral Grandstanding)에만 머무르기 때문이다. 즉, 이 모든 현상은 '선동'이라는 거대한 역사의 흐름 속에서, 현대 사회가 마주한 가장 교묘하고 강력한 형태의 대중 조작 기술일 수 있다는 통찰을 요구한다.

이 책을 통해 우리는 선동의 그림자가 역사 속에서 끊임없이 변모하고 우리 시대의 모습으로 투영되고 있음을 목도한다. 4.3의 비극에서부터 현대의 SNS 논란에 이르기까지, 선동은 인간의 본성과 사회 구조의 취약성을 파고들어 왔다. 이제 우리가 회복하고 다시금 강조해야 할 가치는 표면적인 '착함'이라는 이미지보다는 본질적인 '정직함'이라는 태도다. 즉, 진실을 왜곡하지 않고, 정의를 독점하려 하지 않으며, 타인의 의견을 섣부른 악의로 재단하지 않는 열린 자세와 비판적 사고야말로 악의적 선동이 우리 사회에 뿌리내리지 못하게 막는 강력하고도 지속 가능한 방패가 될 것이다. 우리의 깨어 있는 의식과 정직한 소통만이, 악의적 선동의 그림자로부터 자유로운 미래를 위한 에필로그를 써 내려갈 수 있을 것이다.

참고 문헌

1. Pew Research Center (2022). 「Americans See Strengths and Weaknesses in American Democracy」
2. Pew Research Center (2022). 「Political Correctness is Hindering the Expression of Ideas, According to a Majority of Americans」
3. Tosi, J., & Warmke, B. (2020). 『Grandstanding: The Use and Abuse of Moral Talk』 Oxford University Press.
4. Tosi, J., & Warmke, B. (2016). 『Moral Grandstanding: The Use and Abuse of Moral Talk in Public Life』 Philosophy, Public Affairs, Discussion.
5. BBC (2023). The Rise of Moral Outrage in Online Politics.
6. 문화체육관광부 (2022). 방송계 인권 실태조사. 한국문화관광연구원.
7. 서울특별시 (2022). 성평등 정책 인식 조사.
8. 서울대학교 사회발전연구소 (2022). 젠더 평등 정책 인식 조사 데이터. KOSSDA.
9. 한국여성단체연합 (2022). 서울시 여성정책 관련 인식조사.
10. Blog Naver (2023, 10월 27일). 패션업계의 지속가능성과 ESG 경영: 그린워싱 이슈를 중심으로.
11. 한국거래소 (2024). 한섬 지속가능경영보고서 2023.
12. FILA Korea (2023). YOUR FILA IMPACT 2023.

13. 한국소비자원 (2023). 지속가능패션 제품 실태조사 결과

14. 한국소비자원의 공식 실태조사 보고서

15. Color of Change (2018). Tell Disney: Stop Whitewashing Their Black Characters.

16. Animation World Network (2018, September 24). Disney Modifies Princess Tiana in 'Ralph Breaks the Internet' Amid Whitewashing Criticism.

17. BBC News (2017, September 7). Aladdin remake: Disney defends casting after 'whitewashing' criticism.

18. 서울대학교 언론정보연구소 (2023). 한국 사회 도덕 피로도 조사.

XIV. 선동 대응 방안

〈감정의 정치에서 깨어나, 대응하기〉

이제성(프럼어스 대표)

◆ 감정의 정치에서 이성의 사회로

선동의 역사는 언제나 사회의 분열과 함께 등장했다. 진실보다 감정이 더 빨리 번지고, 분노가 논리보다 앞서며, 사람들은 사실이 아닌 '느낌'을 근거로 세상을 판단하기 시작한다. 대한민국 또한 그 예외가 아니다. 역사 속 수많은 사건에서 사람들은 한쪽의 목소리에 열광했고, 뒤늦게야 그것이 선동이었음을 깨달았다. 그때는 모두가 '정의'를 외쳤지만, 시간이 지나고 나면 그 정의가 '감정의 환상' 위에 세워진 것이었음을 알게 된다.

이제 우리 사회가 마주한 과제는 단순하다. 그런 감정의 정치로부터 깨어나고, 다시는 같은 실수를 반복하지 않기 위해 이성의 대응 체계를 세우는 일이다. 선동은 한 개인의 도덕심으로만 막을 수 있는 것이 아니라, 국가의 시스템, 사회의 문화, 교육의 구조 그리고 개인의 습관 속에서 다뤄져야 한다.

이 장에서는 바로 그 다층적 대응의 길을 살펴본다.

◆ 국가의 역할, 신뢰가 무너질 때 선동은 자란다

선동은 언제나 '불신'의 틈새에서 싹튼다. 국민이 국가를 믿지 못하고, 언론을 믿지 못할 때, 그 빈자리를 대신 채우는 것은 늘 '소문'과 '감정'이었다. 따라서 선동을 막는 첫 번째 방패는 국가에 대한 신뢰 회복이다.

정부와 공공기관은 위기 상황에서 무엇보다 신속하고 투명해야 한다. 사실 확인이 늦어지는 순간, 여론은 이미 감정의 파도에 휩쓸린다. 정확한 정보를 국민에게 빠르게 전달하는 '팩트 브리핑 체계', 즉 진실을 즉각적으로 공유하는 구조가 상시로 작동해야 한다.

∴ 정부의 투명한 정보 공개와 소통 강화

정부는 정책 결정 과정이나 주요 현안에 대해 투명하고 정확하게 정보를 공개해야 한다. 불투명한 정보 공개나 불성실한 태도는 선동이 활개 칠 수 있는 불신을 낳는다. '불통'은 선동을 키우는 가장 비옥한 토양이 된다.

정보 공개의 원칙에는 여러 가지가 있다. 적시성 원칙에 따라 국민이 알아야 할 정보를 적절한 시기에 공개하고, 루머나 추측이 확산하기 전에 선제적 정보를 제공하며, 위기 상황에서 신속한 정보공개를 실시해야 한다. 정확성 원칙에 따라 검증된 사실만을 공개하되 불확실한 부분은 명확히 표시하고, 오류 발생 시 신속한 정정과 사과를 하며, 전문가 자문을 통한 과학적 정확성을 담보해야 한다. 완전성 원칙에 따라 국민이 판단할 수 있는 충분한 정보를 제공하고, 유리한 정보만 선별적으로 공개하지 않으며, 정책의 근거와 예상되는 부작용까지 솔직하게 공개해야 한다. 이해 가능성 원칙에 따라 전문용어나 행정 용어보다는 일반인이 이해하기 쉬운 표현을 사용하고, 시각적 자료나 인포그래픽을 활용한 직관적 정보 전달을 하며, 다양한 계층을 고려한 맞춤형 소통을 실시해야 한다.

정부 소통을 강화하기 위해서는 정기적인 브리핑과 기자회견을 통한 열린 소통을 실시하고, 소셜미디어와 온라인 플랫폼을 활용한 직접 소통을 확대하며, 시민 참여형 정책 토론회나 공청회를 활성화하고, 정책 실패나 문제점에 대한 솔직한 인정과 개선 의지를 표명해야 한다.

∴ 법적/제도적 보완

허위 정보 유포나 명예 훼손, 혐오 표현 등 명백히 법을 위반하는 선동 행위에 대해서는 일관성 있는 법적 집행이 필요하다. 특히 온라인 공간에서의 악의적인 가짜뉴스 생산 및 유포에 대한 규제 방안을 마련하되, 표현의 자유를 위축시키지 않는 범위 내에서 신중하게 접근해야 한다.

현행 법제의 한계를 살펴보면 여러 문제점이 드러난다. 정보통신망법의 모호함으로 인해 '허위사실 유포'의 기준이 불분명하고, 정치적 해석에 따라 다르게 적용될 가능성이 있으며, 표현의 자유 위축에 대한 우려가 존재한다. 명예훼손죄의 과도한 적용으로 공인에 대한 비판까지 위축시킬 가능성이 있고, 진실 여부보다는 명예훼손 여부에만 초점을 맞추며, 언론의 탐사보도나 시민의 감시 기능이 약화할 수 있다. 온라인 특성을 반영하지 못한 규제로 인해 빠른 전파 속도에 대응하지 못하는 사후 처벌 중심의 접근을 하고, 익명성과 국경을 초월한 유포에 대한 대응 한계가 있으며, 플랫폼 사업자의 책임 범위가 불분명하다.

개선 방향을 제시하면 다음과 같다. 명확한 기준을 설정해야 한다. 허위 사실과 의견, 비판을 구분하는 명확한 기준을 마련하고, 공익성과 표현의 자유를 고려한 균형점을 설정하며, 법원의 일관된 판단 기준을 정립해야 한다. 사전 예방 중심의 접근을 채택해야 한다. 처벌보다는 교육과 예방에 중점을 두고, 허위 정보 생산자에 대한 교육 명령제를 도입하며, 재범 방지를 위한 체계적 프로그램을 운영해야 한다.

∴ 독립적 기구 설치 및 지원

정치적 영향력에서 자유로운 독립적인 기구를 설치하여 특정 선동 사건에 대한 진상을 조사하고, 그 결과를 투명하게 공개하는 방안을 고려할 수 있다.

독립기구가 필요한 이유는 명확하다. 정치적 중립성을 확보하여 정권이나 정당의 이해관계에서 자유로운 조사를 실시하고, 공정하고 객관적인 사실 확인을 하며, 정치적 논란을 최소화한 전문적 접근을 할 수 있다. 전문성과 신뢰성을 바탕으로 해당 분야 전문가들로 구성된 조사 체계를 운영하고, 과학적이고 체계적인 검증 방법론을 적용하며, 사회적 공신력을 바탕으로 한 높은 수용성을 확보할 수 있다. 지속성과 일관성을 통해 정권 교체와 관계없이 지속되는 활동을 하고, 축적된 노하우와 데이터베이스를 활용하며, 일관된 기준과 원칙을 적용할 수 있다.

◆ 사회의 역할, 감정보다 대화의 문화를

선동이 가장 위험한 이유는 사회를 둘로 갈라놓기 때문이다. '우리 편'과 '저쪽 편', '정의'와 '악', '진실'과 '거짓'이라는 단순한 이분법은 공론의 장을 파괴하고, 타인을 적으로 만든다. 이때 필요한 것은 대화의 복원이다.

사회가 성숙하기 위해서는 다양한 의견을 포용하는 공론장이 필요하다. 시민단체와 지역 공동체, 학교와 언론은

서로 다른 입장을 가진 사람들이 안전하게 대화할 수 있는 공간을 만들어야 한다.

한 사회의 품격은 의견의 다양성을 감당할 수 있는 힘에서 비롯된다. '누가 옳으냐'의 싸움보다 '무엇이 옳은가'를 함께 찾는 과정이 중요하다. 시민 스스로가 '집단 분노'가 아닌 '집단 검증'을 하는 사회로 나아가야 한다. 허위 정보를 검증하고, 언론의 신뢰도를 감시하는 시민 네트워크가 필요하다. 이런 시민 자정의

생태계가 자리 잡을 때, 선동은 더 이상 대중의 마음을 장악하지 못한다.

∴ 언론의 역할과 책임 강화

언론은 선동에 대응하는 최전선의 방어선이다. 하지만 현실적으로 언론 자체가 선동의 도구로 악용되기도 한다. 따라서 언론의 자정 노력과 사회적 견제가 함께 필요하다.

언론이 해야 할 핵심적인 역할들이 있다. 먼저 객관적이고 균형 잡힌 보도가 필요하다. 다양한 관점을 균형 있게 제시하고, 확인되지 않은 추측이나 루머는 보도를 자제하며, 감정적 표현보다는 사실적 서술을 우선해야 한다. 정확한 팩트 체크도 중요하다. 허위 정보와 괴담을 적극적으로 바로잡고, 오보 발생 시 신속하고 정확한 정정 보도를 해야 하며, 전문가 의견을 통한 과학적 검증을 실시해야 한다.

자극적 보도를 자제하는 것도 언론의 책임이다. 클릭 유도성 제목을 지양하고, 선정적 이미지나 표현을 자제하며, 공포나 분노를 조장하는 프레이밍을 피해야 한다. 편향 보도 역시 지양해야 한다. 기자 개인이나 언론사의 정치적 성향이 보도에 개입하지 않도록 주의하고, 광고주나 소유주의 이해관계에 휘둘리지 않는 독립성을 유지해야 한다.

이에 대응하는 시민의 역할도 중요하다. 다양한 언론 매체를 구독하여 관점의 다양성을 확보하고, 언론의 오보나 편향 보도에 대해 적극적으로 문제를 제기해야 한다. 신뢰할 만한 언론사를 지지함으로써 건전한 언론 생태계를 조성하고, 언론사의 소유구조나 자금원에 대한 관심과 감시를 지속해야 한다.

∴ 플랫폼 기업의 책임 강화

구글, 메타(페이스북), 유튜브, X(트위터) 등 거대 디지털 플랫폼 기업들은 자사 플랫폼을 통해 확산하는 허위 정보와 선동에 대한 사회적 책임을 다해야 한다.

플랫폼 기업의 현재 문제점들을 살펴보면 알고리즘의 불투명성이 가장 큰 이슈다. 어떤 기준으로 콘텐츠를 선별하고 노출하는지가 불분명하고, 상업적 이익을 위해 자극적 콘텐츠를 우선 노출하며, 사용자가 알고리즘을 이해하거나 통제하기 어렵다. 일관성 없는 콘텐츠 정책도 문제다. 같은 내용이라도 시기나 대상에 따라 다른 기준을 적용하고, 문화적 차이나 지역적 특성을 고려하지 않은 일률적 적용을 하며, 정책 변경 시 충분한 사전 고지나 설명이 부족하다. 사후 대응 중심의 한계로 인해 허위 정보가 이미 확산한 후에야 조치를 취하는 경우가 많고, 삭제나 차단만으로는 이미 퍼진 영향을 되돌리기 어려우며, 지속적인 모니터링과 관리 시스템이 부족하다.

플랫폼 기업의 책임 강화 방안을 제시하면 다음과 같다. 알고리즘을 개선하고 투명성을 높여야 한다. 허위 정보나 극단적 콘텐츠의 확산을 억제하는 알고리즘을 개발하고, 알고리즘 작동 원리에 대한 최소한의 투명성을 확보해야 한다. 선제적 모니터링 시스템도 구축해야 한다. AI와 머신러닝을 활용한 실시간 허위 정보 탐지를 실시하고, 사용자 신고 시스템을 개선하여 빠른 대응을 해야 한다.

◆ 교육의 역할, 미래세대에 '의심의 기술'을

선동은 무지가 아니라 사고의 습관 부재에서 비롯된다. 따라서 선동을 이기는 힘은 교육에서 자라난다. 학교는 더 이상 '정답을 외우는 곳'이 되어서는 안 된다. 아이들에게 필요한 것은 '질문하는 힘'이다.

뉴스를 접했을 때 "이건 누가 쓴 기사일까?",

"왜 지금 이걸 보도했을까?",

"이건 사실일까, 의견일까?"를 스스로 묻게 하는 것,

그것이 선동에 대한 첫 예방 교육이다.

이러한 비판적 사고력은 단순한 교양이 아니라 민주주의 시민의 생존 기술이다. 교육과정 속에 미디어 리터러시, 논리적 사고, 정보 해독 훈련을 체계적으로 포함해야 한다. 청소년들이 정보의 신뢰도를 평가하고, 다른 견해를 존중하는 법을 배우는 것. 그것이 감정의 정치에 휘둘리지 않는 첫걸음이다.

가정 또한 작은 민주주의의 학교가 되어야 한다. 부모가 뉴스를 보고 "또 이런 선동이야."라고 단정 짓기보다, "이건 왜 이렇게 보

도됐을까?", "다른 시각도 있을까?"라고 묻는 순간 아이의 사고력은 확장된다. 감정이 아닌 생각의 언어를 물려주는 일, 그것이 부모 세대가 다음 세대에게 남겨줄 가장 큰 시민 교육이다.

∴ 미디어 리터러시 교육

미디어 리터러시는 '미디어 메시지를 비판적으로 분석하고 평가하며, 다양한 형태의 미디어를 사용하여 의사소통하는 능력'을 의미한다. 이는 사람들이 보고 듣고 읽는 것에 대해 질문하도록 장려하는 조사 기반의 교육 모델을 통해 함양될 수 있다.

디지털 시대의 미디어 리터러시는 특별한 실천법을 요구한다. 알고리즘을 이해해야 한다. 소셜미디어나 포털사이트가 어떤 기준으로 정보를 선별해서 보여주는지 이해하는 것이다. 딥페이크 식별 능력도 중요하다. AI로 조작된 영상이나 음성을 구별하는 방법을 익혀야 한다. 에코 체임버를 인식하는 것도 필요하다. 내가 보는 정보가 내 기존 생각을 강화하는 것들로만 구성되어 있지는 않은지 점검해야 한다. 소스 추적을 통해 정보의 최초 출처가 어디인지 거슬러 올라가서 확인하는 것도 중요하다.

연구 결과에 따르면 미디어 교육 경험은 비판적 사고 성향에 긍정적 영향을 미치는 것으로 나타났다. 체계적인 미디어 리터러시 교육은 선동에 대한 면역력을 높이는 가장 효과적인 방법의 하나다.

∴ 교육 시스템 개선

현재 한국의 교육 시스템은 여전히 정답을 외우고 시험에서 좋은 점수를 받는 것에 집중되어 있다. 하지만 선동이 난무하는 시대에는 스스로 생각하고 판단하는 능력이 더욱 중요하다.

비판적 사고력 교육은 여러 방향에서 접근되어야 한다. 토론과 논증 교육을 강화해야 한다. 찬성과 반대의 근거를 논리적으로 제시하는 연습을 하고, 상대방 의견을 경청하고 합리적으로 반박하는 방법을 학습하며, 복잡한 사회 문제를 다각도로 분석하는 능력을 함양해야 한다. 미디어 리터러시를 정규 교과로 편입시켜 초중고 전 과정에서 체계적인 미디어 교육을 실시하고, 뉴스와 광고, 사실과 의견, 객관과 주관을 구별하는 훈련을 하며, 온라인상의 정보를 비판적으로 평가하는 방법을 교육해야 한다.

다원주의적 가치관 교육도 중요하다. 절대적 진리보다는 상대적 관점의 존재를 인정하고, 다양한 문화와 가치관에 대한 이해와 존중을 기르며, 갈등 상황에서의 합리적 해결 방안을 모색하는 능력을 배양해야 한다. 창의적 문제해결 능력 함양을 위해서는 기존의 정답이 아닌 새로운 해결책을 모색하는 능력을 기르고, 복합적이고 모호한 상황에서 판단력을 기르며, 실패를 통한 학습과 성찰의 중요성을 강조해야 한다.

◆ 개인의 역할, 한 사람의 습관이 사회를 바꾼다

선동을 멈추는 가장 강력한 힘은 거대한 제도보다 한 사람의 '멈춤'에서 시작된다. 우리는 매일 수많은 정보 속에서 살아간다. 스마트폰 화면에 쏟아지는 주장과 영상들 앞에서, 단 한 번만이라도 멈춰 생각해 보자.

"이 정보는 어디서 나왔는가?"

"이걸 믿으면 누구에게 이익이 될까?"

"내가 지금 화나는 이유는 무엇일까?"

이 짧은 자기 질문 하나가 사회의 방향을 바꿀 수 있다.

감정이 폭발할 때 숨을 고르고, 그 감정을 곧바로 '진실'로 착각하지 않는 것, 그것이 성숙한 시민의 시작이다.

그리고 우리는 더 이상 단순한 정보 소비자가 아니다. SNS에 글을 쓰고, 영상을 공유하고, 댓글을 남기는 순간

모두가 미디어의 일부가 된다.

표현의 자유에는 책임이 따른다. 확인되지 않은 정보를 퍼뜨리지 않고, 감정적 영상에 즉각 반응하지 않으며, 근거 없는 주장에는 '좋아요'를 누르지 않는 것. 이 세 가지가 오늘날 시민의 기본 윤리다.

∴ 정보의 출처와 의도 파악

모든 정보는 특정 주체에 의해, 특정 의도를 가지고 생산되고 전달된다는 사실을 명심해야 한다. 심리학에서 말하는 '확증 편

향' 현상을 이용해 선동가들은 우리가 듣고 싶어 하는 내용을 교묘하게 포장해서 전달한다.

정보를 접했을 때 반복해서 던져야 할 핵심 질문들이 있다.

첫째, '누가 이 정보를 만들었는가?'를 자문해야 한다. 정보 생산자의 배경, 전문성, 이해관계를 파악해야 하며, 익명의 온라인 글보다는 신원이 확실한 전문가의 의견이 더 신뢰할 만하다.

둘째, '왜 이 정보를 나에게 전달하는가?'라는 의문을 가져야 한다. 정보 제공자가 얻고자 하는 것이 무엇인지 생각해 보면 조회수, 구독자, 정치적 지지, 경제적 이익 등 숨겨진 동기를 발견할 수 있다.

셋째, '이 정보의 궁극적인 목적은 무엇인가?'를 판단해야 한다. 단순한 정보 전달인지, 특정 행동이나 생각을 유도하려는 의도가 있는지 구분하는 것이 중요하다.

예를 들어, 특정 정치인에 대한 자극적인 영상이 선거철에 갑자기 확산한다면, 그 영상이 누구에 의해, 언제, 왜 만들어졌는지 의심해 볼 필요가 있다. 단순한 감성적 호응이나 자극적인 표현에 현혹되지 않고, 그 이면에 숨겨진 목적을 파악하려 노력해야 한다.

∴ 사실과 의견의 구분

심리학자들은 인간이 '휴리스틱' 즉, 인지적 지름길을 사용해 빠른 판단을 내리는 경향이 있다고 말한다. 하지만 이런 빠른 판단은 종종 오류를 낳는다. 언론 보도든 개인의 주장이든 '사실(fact)'과 '의견(opinion)'을 명확히 구분하는 훈련을 해야 한다.

사실은 검증할 수 있고 객관적인 증거로 뒷받침되며, 누가 확인해도 같은 결과가 나온다. 수치, 데이터, 공식 문서 등으로 입증이 가능하고 시간이 지나도 변하지 않는 객관적 정보다. 반면 의견은 개인의 해석이나 주관적인 판단으로서, 개인의 가치관, 경험, 관점에 따라 달라질 수 있다. '생각한다', '해야 한다', '것 같다.' 등의 표현을 사용하며, 합리적 근거가 있더라도 다른 해석이 가능하다.

선동은 종종 주관적인 의견을 사실인 것처럼 포장하여 전달한다는 점을 잊지 말아야 한다. 예를 들어, '미국 소를 먹으면 뇌에 구멍이 뚫린다.'라는 것은 광우병에 대한 과장된 공포를 조성한 괴담이자 의견이지 과학적 사실이 아니었다. 실제로는 광우병의 인간 전염 사례는 극히 드물고, 적절한 검역을 거친 쇠고기는 안전하다는 것이 과학적 사실이다.

∴ 교차 확인 및 다중 정보원 활용

정보의 신뢰성을 높이는 가장 효과적인 방법은 '삼각측량(Triangulation)'이다. 이는 여러 개의 독립적인 정보원을 통해 같은 내용을 확인하는 방법이다.

교차 확인은 여러 단계로 이루어진다. 먼저 다양한 성향의 언론 매체를 비교해야 한다. 보수, 진보, 중도 성향의 언론이 같은 사건을 어떻게 보도하는지 비교해 보는 것이다. 또한 1차 자료와 2차 자료를 구분해야 한다. 직접 취재한 기사인지, 다른 매체의 보도를 인용한 것인지 확인하는 것이 중요하다. 해당 분야 전문가들의 다양한 견해를 찾아보고, 정부 기관, 연구소, 대학 등의 공식 발표 자료를 확인하는 것도 필요하다. 한국언론진흥재단의 팩트 체크, SNU팩트체크센터 등 팩트체킹 사이트를 활용하는 것도 좋은 방법이다.

특히 정치적, 사회적으로 민감한 이슈일수록 다양한 관점을 가진 언론 매체나 전문가의 의견을 비교하고, 객관적인 데이터를 찾아 검증해야 한다. 코로나19 백신부터 가상통화, 각종 사건·사고와 선거 관련 뉴스에 이르기까지 광범위하게 퍼져있는 가짜뉴스들은 대부분 한쪽 관점만을 일방적으로 제시하는 특징을 보인다.

◆ 선동 이후의 시대를 위하여

선동은 감정을 먹고 자라지만, 진실은 이성을 통해 회복된다. 우리가 찾는 해답은 거대한 혁명이나 복잡한 제도 개혁이 아니다. 국가의 투명한 정보공개, 언론의 책임,

사회적 대화의 회복, 교육의 혁신 그리고 개인의 '생각하는 습관'. 이 다섯 가지가 합쳐질 때 비로소 선동을 막아내는 사회적 면역이 완성된다.

미래세대가 다시는 감정의 희생양이 되지 않으려면 지금 우리가 감정의 정치를 멈추고, 성찰의 정치를 회복해야 한다. 그 시작은 크지 않다. 뉴스를 볼 때, 글을 쓸 때, 말을 할 때 단 한 번이라도 스스로에게 묻는 것이다.

"이건, 누가 왜 이렇게 말하고 있을까?"

그 질문 하나가 감정의 어둠을 가르는 빛이 된다.

그리고 그 질문을 던질 줄 아는 시민이,

선동 이후의 시대를 지탱할 진짜 민주주의의 주인공이다.

참고문헌

1. 카너먼, D. (2012). 『생각에 관한 생각』

2. 르 봉, G. (2021). 『군중심리』(강주헌, 역). 현대지성.

3. 정현선. (2007). 『미디어 교육과 비판적 리터러시』 미디어교육연구.

4. 서중석. (2011). 『한국 현대사』 웅진지식하우스.

5. 강준만. (2019). 『한국 현대사 산책』 시리즈, 인물과사상사.

6. 한국언론진흥재단. (2018). 「한국의 팩트체크 저널리즘」

에필로그

우리는 이 책을 통해 인류의 역사와 궤를 같이해온 '선동'이라는 현상을 깊이 있게 탐구해 보았다. 프롤로그에서 시작하여 선동의 본질과 주체, 목적, 방식 그리고 그 영향력과 폐해를 냉철하게 분석했으며, 나치와 문화대혁명이라는 해외의 비극적인 사례들을 통해 이념의 광풍이 어떻게 한 사회를 파괴할 수 있는지를 목도했다. 또한 제주4.3사건, 경부고속국도 건설 논쟁, 미선·효순 사건, 대선후보 병역 비리 의혹, 광우병 사태, 사드 배치 논란, 천안함 폭침 의혹, 후쿠시마 오염수 방류 논란 그리고 코로나19 팬데믹, 젠더 갈등, 선거 네거티브 캠페인에 이르기까지, 대한민국 현대사를 관통했던 수많은 선동의 그림자를 짚어보았다. 그리고 궁극적으로, 이성을 마비시키는 선동에 맞서 우리 자신과 사회를 지키기 위한 개인적, 사회적, 제도적 대응 방안들을 모색했다.

이 긴 여정을 마무리하며, 우리가 발견한 것은 선동이 단순히 과거의 유물이나 특정 체제의 전유물이 아니라는 사실이다. 선동은 인간 사회의 DNA에 각인된 원시적 코드와 같다. 생존 본능이 만들어낸 집단 동조성, 불확실성을 회피하려는 심리적 기제, 복잡한 현실을 단순화하여 이해하고자 하는 인지적 편향 등 모든 것들이 선동가들에게는 영원히 변치 않는 비옥한 토양을 제공한다.

◆ 변하지 않는 인간의 본성, 진화하는 선동의 기술

우리가 살펴본 역사는 한 가지 명확한 교훈을 준다. 선동은 특정 시대나 특정 이념의 전유물이 아니라는 점이다. 히틀러의 대중 집회에서 울려 퍼졌던 광적인 구호와 현재 소셜미디어에서 바이럴 하는 가짜뉴스 사이에는 70여 년의 시간 차가 있지만, 그 핵심 메커니즘은 놀라울 정도로 유사하다. 인간의 심리가 가진 취약점(집단 동조성, 공포와 불안에 대한 반응, 불확실성에 대한 회피 그리고 단순하고 자극적인 정보에 쉽게 현혹되는 경향)은 시대를 초월한 상수였다.

더욱 우려스러운 것은 기술의 발전이 선동의 효과를 기하급수적으로 증폭시키고 있다는 점이다. 과거 선동가들이 광장에서 수천 명을 상대로 해야 했던 일을 이제는 스마트폰 하나로 수백만 명에게 동시에 전달할 수 있게 되었다. 알고리즘은 각 개인의 취향과 성향을 분석하여 맞춤형 선동 메시지를 제공하고, 딥페이크 기술은 거짓을 진실처럼 보이게 만든다. 과학기술의 진보가 민주주의의 근간인 합리적 토론과 진실 추구를 더욱 어렵게 만드는 역설적 상황에 우리는 직면해 있다.

심리학자 다니엘 카너먼이 말했듯이, 인간은 '빠르게 생각하는' 시스템 1과 '천천히 생각하는' 시스템 2를 동시에 가지고 있다. 선동은 항상 시스템 1을 겨냥한다. 즉각적이고 감정적인 판단을 유도하여, 신중한 사고와 비판적 분석의 여지를 차단하는 것이다. 이것이 바로 선동이 '긴급성'과 '위기감'을 조성하는 이유다. 급할수록 돌아가라는 속담과는 정반대로, 선동은 급할수록 곧장 달려가라고 부추긴다.

◆ 증오의 정치학

가장 아픈 역사의 장면들은 선동이 특정 개인이나 집단을 희생양 삼아 전체 사회를 혼란과 광기로 몰아넣었을 때 발생했다. 사회적 갈등과 불안이 고조될 때, 사람들은 무의식적으로 그 모든 문제의 원인을 한 곳에 집중시키려 한다. 그리고 그 대상이 제거되면 모든 것이 해결될 것이라는 착각에 빠진다.

역사 속에서 이런 희생양은 다양한 모습으로 나타났다. 중세 유럽의 유대인, 나치 독일의 집시와 장애인, 문화대혁명 시기의 지식인, 르완다 대학살의 투치족 그리고 현대 한국 사회의 특정 지역민이나 이념 집단까지. 선동가들은 복잡한 사회 문제를 단순화하여 '우리 vs

그들'의 이분법적 구조로 만들어버린다. 그리고 '그들' 때문에 '우리'가 고통받고 있으며, '그들'을 제거하면 모든 문제가 해결될 것이라고 설득한다.

이러한 증오의 정치학은 특히 경제적 불안정이나 사회적 변화가 급격할 때 더욱 맹위를 떨친다. 경제적 박탈감과 상대적 박탈감이 클수록 사람들은 희생양을 찾으려는 경향이 강해진다고 한다. 2008년 금융위기 이후 전 세계적으로 극우 정치 세력이 부상한 것도 같은 맥락에서 이해할 수 있다.

◆ 정보의 홍수 속에서 진실 찾기

21세기 디지털 혁명은 선동의 판도를 완전히 바꿔놓았다. 과거에는 대중매체를 통제하면 정보의 흐름을 어느 정도 통제할 수 있었지만, 이제는 누구나 정보의 생산자이자 유통업자가 될 수 있다. 이는 민주적 가치의 확산이라는 긍정적 측면과 함께, 가짜뉴스와 편향된 정보의 범람이라는 부작용을 동시에 가져왔다.

특히 소셜미디어의 알고리즘은 사용자의 기존 신념과 성향에 맞는 정보만을 선별적으로 제공하여 '확증 편향'을 심화시킨다. 이른바 '에코 챔버' 현상이다. 같은 생각을 하는 사람들끼리만 소통하게 되면서, 자신의 의견이 절대적 진리라는 착각에 빠지기 쉽다. 이런 환경에서는 반대 의견을 가진 사람들이 '적'으로 인식되고, 대화와 타협보다는 대립과 갈등이 일상화된다.

더욱 심각한 문제는 딥페이크와 AI 기술의 발전으로 거짓과 진실을 구분하는 것이 기술적으로도 어려워지고 있다는 점이다. 과거에는 '사진이 증거'였지만, 이제는 사진도, 영상도, 심지어 음성도 조작 가능한 시대가 되었다. 진실의 객관적 기준 자체가 흔들리고 있다.

◆ 그럼에도 불구하고 희망은 있다

그렇다면 우리는 이 선동의 그림자에서 벗어날 수 있을까? 완전한 자유는 어쩌면 불가능할지도 모른다. 선동에 완전히 면역인 인간은 존재하지 않기 때문이다. 하지만 역설적으로, 이 그림자가 존재하는 한 우리는 끊임없이 '이성의 파수꾼'이 되어야 한다는 숙명을 받아들일 때, 비로소 진정한 자유에 한 걸음 다가갈 수 있다.

역사는 또한 인간이 선동을 극복할 수 있는 능력을 갖추고 있음을 보여준다. 나치의 광기에 맞서 저항했던 사람들, 문화대혁명의 폭풍 속에서도 양심을 지켰던 지식인들, 한국의 민주화 과정에서 권위주의에 맞서 싸웠던 시민들. 이들은 모두 선동의 유혹을 뿌리치고 이성과 양심의 목소리에 귀 기울였던 사람들이다.

더욱 고무적인 것은 현재 전 세계적으로 미디어 리터러시 교육과 팩트 체킹 문화가 확산하고 있다는 점이다. 핀란드의 경우 초등학교부터 체계적인 비판적 사고 교육을 시행하여 가짜뉴스에 대한 면역력을 기르고 있고, 많은 언론사가 팩트 체킹 전담팀을 운영하여 허위 정보의 확산을 차단하려 노력하고 있다. 시민 사회에서도 다양한 시민 감시 단체들이 활동하며 권력의 견제와 감시 역할을 하고 있다.

◆ 이성의 파수꾼이 되기 위한 실천적 지혜

진실을 향한 의지, 불확실성 속에서도 합리적인 판단을 내리려는 용기 그리고 나아가 나 자신뿐만 아니라 공동체 전체의 건전성을 지키려는 시민 의식이 바로 우리가 선동에 맞설 수 있는 가장 강력한 무기다. 영국의 정치 철학자 존 스튜어트 밀은 "다수의 의견이라 할지라도 그것이 진실이라는 보장은 없다."라고 했다. 대중적 동의가 진리인 것처럼 보일 때일수록, 우리는 한 발짝 물러서서 비판적인 시각을 유지하는 지혜가 필요하다.

구체적으로 우리가 일상에서 실천할 수 있는 방법들을 제시해 보자.

첫째, 정보의 출처를 확인하는 습관을 기르자. 단순히 내용만 보는 것이 아니라, 누가, 언제, 어떤 목적으로 이 정보를 생산했는지를 따져보는 것이다.

둘째, 내가 원하는 정보만 찾는 확증 편향에서 벗어나 반대 의견에도 귀를 기울이자. 진실은 때로는 불편하고 복잡하다. 단순하고 달콤한 해답보다는 복잡하고 쓴 진실을 선택하는 용기가 필요하다.

셋째, 감정적으로 격앙될 때일수록 한 박자 쉬어가는 습관을 기르자. 선동은 항상 긴급성을 강조하며 즉흥적 반응을 유도한다. "지금 당장 행동하지 않으면 큰일 난다."는 식의 메시지를 접했을 때는 오히려 더욱 신중해야 한다.

넷째, 다양한 관점의 사람들과 대화하자. 나와 다른 생각을 하는 사람을 적으로 보지 말고, 내가 놓친 부분을 가르쳐줄 수 있는 선생님으로 여기는 열린 마음이 필요하다.

◆ 시민 사회의 역할

개인의 노력만으로는 한계가 있다. 민주주의는 개인의 덕성에만 의존할 수 없는 시스템이다. 그래서 제도적 안전장치와 사회적 견제 메커니즘이 필요하다. 투명한 언론, 독립적인 사법부, 견제와 균형을 이루는 권력구조 그리고 활발한 시민 사회가 모두 조화를 이룰 때 비로소 선동에 대한 면역력을 갖춘 건강한 사회가 가능하다.

특히 교육의 역할은 아무리 강조해도 지나치지 않다. 단순히 지식을 암기하는 교육이 아니라, 스스로 생각하고 판단할 수 있는 능력을 기르는 교육이 필요하다. 의심하는 법, 질문하는 법, 증거를 요구하는 법 그리고 내가 틀릴 수도 있음을 인정하는 겸손함까지. 이 모든 것이 민주 시민의 기본 소양이어야 한다.

언론의 책임도 막중하다. 단순히 자극적인 뉴스로 클릭을 유도하거나, 특정 집단의 이익을 대변하는 것이 아니라, 사실에 기반한 정확한 정보를 제공하고, 복잡한 현실을 있는 그대로 전달하는 것이 언론의 본분이다. 때로는 독자나 시청자가 원하지 않는 불편한 진실을 전달하는 것도 언론의 중요한 역할이다.

◆ 미래를 향한 도전

이 책을 덮는 이 시점에서, 독자 여러분에게 다시 한번 질문한다. 당신은 역사라는 거울에 비친 선동의 그림자 속에서 어떤 자신을 보았는가? 감정적으로 격앙되고, 단순한 구호에 현혹되었던 과거의 자신은 없었는가? 중요한 것은 과거의 실수에 머무르지 않고, 그로부터 교훈을 얻어 더 나은 미래를 만들어가는 것이다.

우리는 모두 선동에 취약한 존재다. 이를 인정하는 것이 선동에 맞서는 첫 번째 단계다. 완벽한 인간은 없고, 완벽한 사회도 없다. 하지만 우리에게는 실수로부터 배우고, 더 나은 방향으로 나아갈 수 있는 능력이 있다. 그리고 그 능력을 발휘할 때 우리는 선동의 그림자를 뚫고 진실의 빛에 한 발짝 더 가까이 다가갈 수 있다.

절대 쉽지 않은 싸움이 될 것이다. 선동은 매번 새로운 옷을 입고 우리 앞에 나타날 것이기 때문이다. 인공지능의 발전, 가상현실 기술의 진화, 뇌 과학의 발달 등은 선동가들에게는 새로운 도구가 될 수 있다. 하지만 우리에게는 역사가 선물한 고통스러운 교훈이 있고, 그 교훈을 통해 끊임없이 배우고 성장할 수 있는 능력이 있다.

빅토르 위고는 "진실보다 강한 것은 없다."라고 했고, 갈릴레이는 "그래도 지구는 돌고 있다."라며 진실의 힘을 믿었다. 마틴 루터 킹 목사는 "진리로 무장된 소수가 거짓에 속은 다수보다 강하다.라"고 했다. "진실은 그것이 받아들여지지 않았을 때도 승리한다."라는 말처럼, 우리는 결국 진실이 승리할 것임을 믿으며, 모든 유혹과 혼란 속에서도 이성의 등불을 높이 들고 나아가야 한다.

◆ 마지막 당부

이 책이 당신의 판단력을 밝히는 작은 등대가 되어, 거짓 선동의 거센 파도 속에서 흔들리지 않는 굳건한 이성의 섬을 지키는 데

도움이 되기를 간절히 바란다. 민주주의는 완벽한 제도가 아니다. 처칠은 "많은 형태의 정부가 시도되었고, 죄와 고통이 가득한 이 세상에서 앞으로도 시도될 것입니다. 그 누구도 민주주의가 완벽하거나 전지전능하다고 주장하지 않습니다. 사실, 일찍이 시도되었던 다른 모든 형태의 정부를 제외하고는 민주주의가 최악의 정부 형태라고 말해져 왔습니다."라고 말했다. 하지만 그럼에도 불구하고 민주주의가 소중한 이유는 그것이 오류를 수정할 수 있는 시스템이기 때문이다.

선동에 맞서는 일은 마라톤과 같다. 단거리 달리기처럼 빠른 결과를 기대해서는 안 된다. 꾸준히, 끈기 있게 그리고 함께 달려야 한다. 혼자서는 할 수 없는 일이다. 가족과 친구, 동료와 이웃 그리고 이름도 모르는 시민들과 함께 연대할 때 비로소 가능한 일이다.

우리의 자유는 우리가 선택할 자유를 지키는 데 달려있다. 무엇을 믿을지, 누구를 지지할지, 어떤 가치를 추구할지를 스스로 결정할 수 있는 권리. 이것이야말로 인간의 존엄성이자 민주주의의 핵심이다. 선동은 바로 이 자유를 빼앗으려 한다. 우리 대신 생각해 주고, 우리 대신 판단해 주고, 우리 대신 선택해 주겠다고 달콤하게 속삭인다.

하지만 우리는 알고 있다. 진정한 자유는 공짜로 주어지는 것이 아니라 끊임없이 쟁취해야 하는 것임을. 매일매일 새롭게 선택해야 하는 것임을. 그리고 다음 세대에게 물려주기 위해 소중히 지켜야 하는 것임을.

영원히.

"자유로운 사회에서 가장 큰 위험은

자유를 당연한 것으로 여기는 것이다."

— 프랭클린 D. 루스벨트

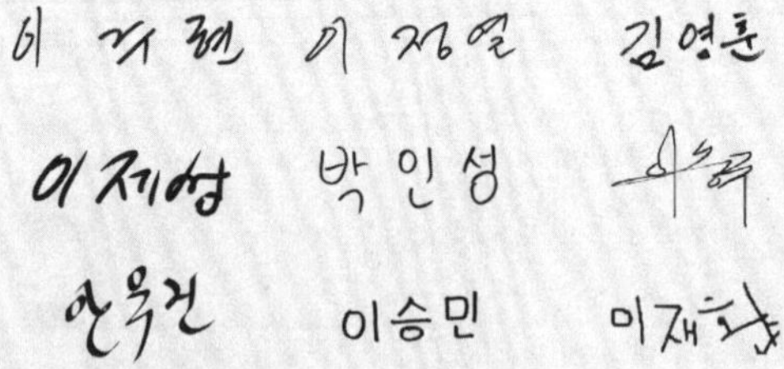